미래를 여는 한국의 역사 5

역사문제연구소 **기획**
류시현, 문영주, 박종린, 허수, 허영란 **지음**

웅진 지식하우스

일러두기

— 본문에 나오는 인명, 지명 등은 가독성을 위해 가급적 원어를 병기하지 않고, 찾아보기에 따로 병기했다.
— 외국 인명과 지명 등은 국립국어원의 외래어표기법을 따랐다. 단, 중국어 고유명사의 경우 신해혁명(1911년) 이전과 이후로 구분하는 원칙에 따라, 1-4권은 한자음으로 표기하고 5권 이후는 중국어 발음대로 표기했다. 하지만 간도, 만주 등의 고유명사는 한자음대로 읽었다. 일본 지명과 인명은 일본어 발음대로 표기했다.
— 잡지, 신문 등의 정기간행물과 단행본은 『 』로 묶고, 기사, 논문, 영화, 예술작품 등은 「 」로 묶었다.

— 추천사 —

재미있고 믿을 만한 우리 집 역사도서관

이이화_역사학자

오늘날 한국의 역사는 안팎으로 심각한 도전에 직면해 있습니다. 나라 안에서는 한국사를 아주 소홀하게 다루고 있습니다. 정부에서는 국사 교육을 여러 과정 중 하나쯤으로 여겨서 모든 시험 과목에서 빼고 있으며 학교에서는 이런 교육 방침에 따라 한국사를 가르치려 하지 않습니다. 한편 중국에서 '동북공정'이라는 이름으로 고구려와 발해의 역사를 자기네 역사라고 주장하는 괴상한 논리를 펴고 있으며 일본에서는 한국의 식민지 지배에 대해 여전히 반성은커녕 합리화하는 데에 열중하고 있습니다. 이를 두고 역사전쟁이라 불러도 틀리지 않을 것입니다. 이런 과정을 거치면서 한국사는 점점 작아지기도 하고 누더기가 되기도 합니다.

그동안 한국사는 왕조를 중심으로 서술되어 지배자의 역사를 강조한 경우도 있었고 지나친 민족의식으로 균형감을 잃고 한쪽으로 치우친 경우도 있었습니다. 또 민중의 삶을 소홀하게 다루는가 하면 이데올로기의 잣대로 어느 한쪽의 역사를 배제한 경우도 있었습니다. 더구나 남쪽에서 쓴 역사와 북쪽에서 쓴 역사가 서로 달라서 혼란스럽기도 합니다. 이를 어떻게 포괄해서 균형감을 잃지 않고 독자에게 제시할 수 있을지, 역사학자들은 고민을 거듭해왔습니다. 게다가 딱딱한 내용을 이해하기 쉽고 감동을 줄 수 있게 서술하는 방법에 대해서도 역사학자들은 지혜를 짜보았습니다.

이 책 『미래를 여는 한국의 역사』는 이런 여러 복잡한 문제를 풀어보려 노력한 흔적이 보입니다. 젊고 참신한 교수들이 참여해 시대로는 선사시대부터 근대사에 이르기까지, 분야로는 제도사에서 생활사에 이르기까지, 오른쪽이나 왼쪽에 치우치지 않고 고루 서술해 균형감을 살리고 있습니다. 또 우리 역사만을 다룬 게 아니라 중국, 일본은 물론 동남아시아 등 여러 나라와 교류한 사실도 담아내고 있습니다. 또 임금의 존호를 어떤 뜻으로 붙였는지부터 노비의 이름은 어떻게 지었는지까지, 한국사 지식의 범위를 넓혀 주고 있습니다.

이런 내용들을 좀 더 이해하기 쉽게 하려는 뜻에서 본문을 복잡하고 산만하지 않게 구성했고, 100여 개의 특강과 생생한 사료를 곁들여 재미와 지식을 더해주고 있습니다. 또 내용을 입체적으로 이해할 수 있도록 희귀한 사진과 지도 등을 잘 배치한 점도 돋보입니다. 이 책은 한국사 지식을 공급해주는 보고(寶庫)여서, '우리 집 도서관'이나 '역사박물관'으로 불러도 과장이 아닐 것입니다.

역사문제연구소의 연구자들과 웅진지식하우스의 출판전문가들이 힘을 합쳐 3년에 걸쳐 이루어낸 책입니다. 우리 역사를 알아보고 싶은 시민이나 학생, 주부나 청소년을 두루 독자의 대상으로 삼았습니다. 이 책을 통해 학교에서나 여느 역사책에서는 배울 수도 없고 알 수도 없는 재미와 지식을 얻을 수 있을 것입니다. 이 늙은 역사학자는 평생 동안 '역사 대중화'에 심혈을 기울여 왔는데 이 책을 추천하는 동기가 바로 여기에 있습니다.

저는 중국에 유학 가 있는 제자들에게서 가끔 전화를 받습니다. 그들의 질문은 "선생님, 지금 논쟁을 벌이고 있는데요. 고구려, 백제, 신라는 같은 민족인가요? 같은 말을 썼나요?" 따위였습니다. 그러면 저는 "예끼, 이 사람아, 그걸 몰라서 지금 야단스럽게 전화를 하는 거야?" 하고 핀잔을 주지만 사실 이런 간단한 상식도 모르는 경우가 많습니다. 하지만 우리가 그걸 모르면 고구려 역사를 중국에 빼앗기고 마는 것입니다. 통일의 그날에 대비하기 위해서라도 우리 역사에 대한 지식은 꼭 필요합니다.

자기의 역사를 모르게 되면 자기의 정체성을 세울 수 없으며 자기 존재를 확인할 수도 없습니다. 족보를 끌어안고 아무리 열심히 조상의 행적을 들여다본다 해도 전체의 흐름을 모르면 바른 지식을 얻을 수 없습니다. 허투루 듣지 말고 한번 짬을 내어 읽어보십시오. 두고두고 큰 도움이 될 것입니다.

건강한 시민으로 살아가기 위한 준비

박원순_소셜 디자이너

나는 변호사 출신의 사회운동가지만, 역사에 대한 애정은 남다른 데가 있다고 생각한다. 1975년 학생운동에 연루되어 서울대학에서 제적을 당한 후 다시 시험을 쳐서 다른 대학에 입학한 것도 사학과였다. 이후 변호사가 되어 동분서주하면서 힘을 보탠 곳 역시 한국사를 공부하는 모임이었다. 그 모임이 바로 이 책 『미래를 여는 한국의 역사』를 기획한 역사문제연구소의 시작이었다.

왜 역사였을까? 시대의 폭력에 상처 입은 학생이, 부조리한 현실을 바꿔보겠다고 마음먹은 변호사가 답을 구했던 곳이 왜 하필 역사였을까? 그것은 우리 사회를 건강하게 바꾸어 나가는 일, 모든 사람이 자유롭게 토론하며 환경과 사회를 함께 만들어가는 과정, 서로 어울려 살아가는 성숙한 시민들의 공동체. 그리로 갈 길을 알려주는 것이 역사였기 때문이다. 그렇게 내게 역사는 건강한 시민 공동체를 위한 정신적 토대이자 미래를 위한 비전이었다.

따라서 역사는 학교에서 배우는 일련의 선택과목들 중 하나가 아니다. 어린아이가 태어나 건강한 성인으로 자라려면 몸만 자라는 것만으로는 안 된다. 남과 소통하기 위한 말과 글, 배려와 예절, 도덕과 세계관 등 사람을 진정 사람답게 만들어주는 덕목들을 깊이 익히고 깨달아야 한다.

마찬가지로, 한 사람이 성숙한 시민으로 자라나 이웃과 조화롭게 소통하고 시민사회에 의미 있는 기여를 하기 위해선 무엇보다 자기 공동체의 역사에 대해 알아야 한다. 지식을 위한 지식이 아니라 나와 부모와 이웃의 뿌리를 알기 위한 지식, 세계 속의 우리를 알기 위한 지식이 바로 역사 지식이다. 가깝게는 '나의 오늘'을 만들어온 것들에 대한 간접 체험이며, 크게는 앞으로 만들어가야 할 '우리의 내일'을 보여주는 청사진이다. 역사를 모르고는, 내가 없고, 미래가 없다. E. H. 카가 이미 역사는 현재와 미래를 비추는 거울이라고 설파하지 않았던가.

이 책 『미래를 여는 한국의 역사』의 기획 의도가 '건강한 시민을 위한 열린 한국사'라는 말을 듣고 무척 반가웠다. 맨 처음 자그마한 씨를 보탰던 사람으로서의 커다란 보람이요, 우리 사회가 다시금 새로운 '시민'을 움틔우고 있다는 기쁜 신호이기 때문이다. 과거 독재 정권과 맞서 싸우던 민주주의 수호자로서의 시민, 약자와 환경을 보살피는 지역공동체의 주체로서의 시민을 넘어 이제 '시민'은 새로운 정의를 요구한다. 그것은 보편적 가치를 주어진 상황에 맞게 꽃피워내는 세계시민, 기존의 제도와 상식에 얽매이지 않고 가능성을 현실로 바꿔내는 상상 설계자로서의 시민이다.

　『미래를 여는 한국의 역사』는 특히 세계와 우리와의 교류를 강조하고 있고, 한국사를 한 나라의 국사라는 관점을 넘어 세계사의 관점으로 보고자 했다는 점에서 정말 '미래를 여는' 한국사 교양서라고 생각한다. 자학적이거나 국수적인 역사관이 아닌 세계사의 관점에서 우리를 돌아볼 때 우리의 가능성도 더욱 잘 보일 것이다.

　역사는 삶의 필수과목이다. 자신의 역사를 자신 있게 외국인 친구에게 이야기할 수 있는 청년, 신문기사의 이면을 깊이 읽고 토론하는 부모와 자녀, 미래를 열린 눈으로 통찰할 수 있는 시민에게 우리의 미래가 있다. 모쪼록 많은 시민들이 읽고 우리와 세계에 대해 이야기하는 마당이 되었으면 한다.

새로운 한국사 교양서를 펴내며

이승렬_기획총괄·역사문제연구소 부소장

역사문제연구소가 중구 필동에 있던 1989년, 웅진 출판사의 두 분이 물어물어 연구소를 찾아왔다. 한국사 교양서를 만들고 싶다는 것이었다. 연구소 측에서는 이렇게 말했다. "그동안 역사책에 삽입된 사진과 그림은 글의 장식에 지나지 않았습니다. 텍스트도 이야기가 약하고 딱딱한 정보 중심으로 나열되어 있었습니다. 글과 사진과 그림이 삼위일체가 되어 역사를 입체적인 이미지로 표현하는, 새로운 개념의 역사교양서가 필요합니다." 웅진 측은 이 이야기에 깊이 공감했고, 그렇게 해서 새로운 역사교양서를 만드는 작업이 시작되었다.

본문 내용에 맞는 사진 한 장을 고르기 위해 기획자·편집자·필자들이 모여 하루 종일 자료를 찾고 회의를 했다. 화가들과 디자이너들도 그때 할 수 있는 수고를 다했다. 고대편, 중세편, 근대편 3권으로 이루어진 『사진과 그림으로 보는 한국의 역사』 초판(1993년)은 이렇게 세상에 나올 수 있었다. 그때 필자들과 편집부의 모습은 내게 기분 좋은 추억으로 남아 있다. 독자들은 기획 의도를 잘 이해해주었고, 꾸준한 사랑을 주셨다. 이 책이 출간된 이후에 역사책의 편집과 디자인 방향이 많이 바뀐 것도 또 다른 보람이었다. 어떤 대학생은 이 책을 읽고 웅진 출판사에 입사했다. 그가 2004년도에 『사진과 그림으로 보는 한국 현대사』와 『사진과 그림으로 보는 북한 현대사』를 열렬한 정성으로 편집했다. 그렇게 『사진과 그림으로 보는 한국의 역사』 시리즈는 5권이 되었다.

이제 우리는 18년 만에 새로운 한국사 교양서를 내놓는다. 독자들에게 역사를 입체적으로 보여준다는 처음의 기획 의도는 다시 한번 우리의 나침반이 되어주었다. 이번엔 특히 '건강한 시민을 위한 열린 한국사'라는 콘셉트 아래 기획과 집필, 편집을 진행했다. 누구나 쉽게 읽을 수 있으면서도 시각이 믿을 만하고, 세계사와의 연관성이 잘 드러나는 한국사 교양서를 선보이려 했다.

이를 위해 우선 본문의 서술에 가급적 이야기를 넣으려고 노력했다. 본문의 아래쪽에는 따로 공간을 두어 내용을 입체적으로 보여주는 정보와 자료들을 배치했다. 각 절의 끝에는 특강을 두어 본문에서는 다루지 못했던 사항들을 입체적으로 들여다보았다. 각종 인물과 사상, 사건과 문물 등 우리 역사에서 가장 흥미진진한 이야기들을 만날 수 있을 것이다.

또 가급적 한반도의 역사와 동아시아 국제 관계, 세계사가 어떤 관계를 맺고 있는지를 보여주고자 했다. 외교와 전쟁, 문물과 사상의 교류는 물론이고, 중국과 일본 등 주변국과의 역학 관계가 어떻게 우리 역사와 뗄 수 없이 연관되어 있는지 크고 긴 안목에서 서술하려 했다. 독자들은 오늘날 우리의 현실이 과거부터 오랫동안 반복되어온 것임을 알 수 있을 것이다.

마지막으로, 역사의 중심인 '사람'이 살아 있는 책으로 만들고자 했다. 추상적인 서술과 차가운 도표로 생략될 수 없는, 사람들의 살림살이와 문화를 담고자 했다. 조선시대 농민들의 한해살이부터 한말 이주민의 애환까지, 사람들이 실제로 무엇을 꿈꾸며 어떻게 살았는지에 초점을 맞추었다.

이와 함께 2000여 컷의 이미지 자료를 함께 실었고 새로운 디자인 기법도 적용해보았다. 각종 지도, 도표, 사진 역시 본문과 밀접하게 결합되도록 연출하는 한편, 본문을 읽어나가기에 부담스럽지 않도록 최대한 가독성을 살렸다. 이번 시리즈를 통해 독자들은 최근 역사책이 어떻게 진화하고 있는지를 느낄 수 있을 것이다.

우리 사회에서 '역사 문제'는 늘 정치적 갈등을 유발하는 요인이 되곤 했다. 교과서 문제가 국내에서는 정치적 이념 대립의 장이 되었고, 국제적으로는 뜨거운 외교 쟁점으로 부각되곤 했다. 언제나 그랬듯이 '역사 문제'는 과거의 일이 아니라 현재의 일이었고, 앞으로도 그럴 것이다.

특히 우리는 강대국들에 둘러싸인 한반도의 과거와 현재를 직시할 필요가 있다. 삼국시대의 고구려, 백제, 신라는 중국 등 주변국과의 전쟁 속에서 부침했다. 고려는 원이 쇠약해지고 명이 일어나는 격동기에 국운을 다했다. 조선은 도요토미 히데요시가 일본을 통일하고 그 힘을 대륙으로 뻗을 때 전쟁의 소용돌이에 휘말렸다. 20세기 초 대한제국이 일본의 식민지가 되었을 때나, 1945년 일본의 지배가 끝나고 분단이라는 새로운 비극이 시작된 순간에나, 우리는 언제나 세계사 속에 살고 있었다. 이제 세계사의 흐름을 의식하지 않고서는 한국의 역사를 제대로 이해하기 어렵다. 이번 시리즈가 '열린 한국사'를 표방하는 이유다.

또 우리는 『미래를 여는 한국의 역사』가 '건강한 시민'을 위한 바로미터가 되길 바란다. 한반도가 주변 강대국의 침략을 받을 때마다 가장 고통받고 피해를 본 것은 언제나 평범한 사람들이었다.

20세기 후반부터 세계사적으로는 냉전 시대가 끝났지만, 한반도에서는 여전히 냉전 시대가 이어지고 있다. 그 위에 세계화(Globalization), 신자유주의의 확산이라는 사조들이 덧씌워진 새로운 시대가 만들어지고 있다. 시민들이 소외되고 사회적 양극화가 심화되면서 정치 세력의 분열이 가속화되면, 또다시 한반도는 위험에 빠질 수 있다. 16세기 후반에 일본의 침략을 받아 전 국토가 유린되었음에도 불구하고 20세기 초 한반도는 일본의 식민지가 되었듯이, '역사'를 잃어버리면 그러한 일이 반복될 수 있다.

이제는 시민의 이름으로, 시민의 힘으로 한반도 내의 분열과 대립을 막고, 평화와 인영을 실천할 수 있는 시대가 되었다. 그것을 위한 수단의 하나가 '역사와 시민'의 대화다. 이 책이 좁게는 역사학자와 일반 대중이 소통하는 길, 넓게는 시민과 시민, 한국인과 세계 시민이 소통할 수 있는 통로가 된다면 우리의 작은 노고가 헛되지 않을 것이다.

차례

추천사	5
발간사	9
서문	16

1 일제의 강제 병합과 무단통치 1910 • 1919

01 사라진 나라와 총독부 시대의 서막 : 1910년대 무단통치와 수탈의 시작   22
- 동화와 차별의 끝없는 모순 : 일본의 식민지 지배 논리   32

02 일본 제국의 우월성을 과시하라 : 총칼 아래 펼쳐진 총독의 '선정'   34
- 박람회의 정치학 : 조선물산공진회와 식민지 미화 정책   48

03 공화국의 국민으로 거듭나다 : 1910년대 사상과 지식의 전파   50
- 도쿄삼재, 3인의 천재 : 시대의 주역이 된 도쿄 유학생들   60

04 만세의 함성과 독립에 대한 열망 : 3·1운동과 대한민국 임시정부 수립   62
- 삼천만 동포가 주인 되는 신대한국을 위하여 : 만주에서의 독립군 무장투쟁   72

05 백성에서 난민으로 : 병합 이후 본격화된 해외 이주   74
- 하와이로 간 사진 신부 : 조선인 이민 사회의 결혼 실태   84

2 강요된 근대와 문화정치 1919•1929

01 조선의 어린이들을 일본인으로 교육하라 : 제국주의 강화와 통치 방식의 변화　88
　식민지의 지배자들 : 조선총독, 8인의 초상　98

02 근대라는 종이 울리다 : 근대의 수용과 식민지의 명암　100
　선망과 비하의 일본 여행 : 총독부가 파견한 내지 시찰단　112

03 민족이란 공동체의 이름으로 : 민족주의 계열 민족운동의 전개와 분화　114
　나라 잃은 설움을 노래하다 : 식민지 조선의 대중가요　126

04 신사회 건설을 위하여 : 사회주의 계열 민족운동의 점화　128
　마르크스는 어떻게 조선과 마주했나 : 『공산당선언』과 동아시아　140

05 부평초의 고단한 타향살이 : 재외 한인의 정치·경제적 시련　142
　어느 슬픈 아낙네의 귀향 : 독립운동가의 아내, 그들의 삶과 애환　152

3 일제에 맞선 계몽과 투쟁 1929•1937

01 조선인에게 빵을 주고 순종하게 하라 : 경제공황과 식민지 공업화 정책　156
　식민지 경제의 근대적 변화, 어떻게 볼 것인가 : 식민지 근대화에 대한 끝없는 논쟁　168

02 아스팔트 위를 산책하며 도시를 소비하다 : 자본주의적 욕망과 대중문화의 성장　170
　신체, 운동 그리고 베를린 올림픽 : 손기정의 세계 제패와 일장기 말소 사건　182

03 배워야 산다, 조선의 문화 저항 : 조선학 운동과 '민중 속으로'　184
　조선에 사는 일본인 : 재조 일본인, 또 하나의 식민지 경험　192

04 새로운 전위당과 만주벌의 무장투쟁 : 조선공산당 재건 운동과 항일 전선　194
　MAYDAY : 세계 노동자 연대와 근로자의 날　206

05 조선인, 정처 없는 바람꽃 : 재외 식민지 세대의 방황과 고난　208
　세 얼굴의 만주국 : 만주국을 둘러싼 상반된 시선　216

4 민족말살과 벼랑 끝의 일본 1937•1945

- **01 대동아공영이라는 원대한 허상** : 전쟁의 광기와 민족말살정책   220
  - 가문을 지켜라 : 창씨개명과 조선인의 궁여지책   232
- **02 일상에 스며든 황민화의 압력** : 내선일체 정책과 총후의 삶   234
  - 위대한 황국 청년의 죽음 : 지원병 최초의 전사자 이인석 상등병   248
- **03 친일과 항일, 우울한 공존** : 전시체제기의 사상과 문화   250
  - 침략 전쟁을 관람하다 : 일제 말의 친일 영화   260
- **04 망국의 설움을 면하려거든** : 1940년대 민족해방운동   262
  - 귀환하는 지도자들 : 해방의 순간, 그들은 어디에 있었나   272
- **05 전쟁이 남긴 상처를 딛고** : 강제 이주와 동원, 그리고 귀환의 순간   274
  - 춘래불사춘, 1945년 해방의 그날   284

- 특집 : 강제 병합 100년사, 아직 끝나지 않은 이야기   288
- 연표   293
- 찾아보기   297
- 이미지 제공처   303

● 각 권 차례

1권 원시시대에서 남북국시대까지
1. 원시시대와 국가의 형성
2. 여러 나라의 성장
3. 삼국시대의 전개
4. 남북국시대
5. 고대의 사회와 문화

2권 고려시대
1. 새 나라 고려, 기틀을 다지다
2. 귀족의 시대
3. 무신의 시대
4. 전쟁의 시대
5. 원 제국과 고려
6. 왕조의 갈림길

3권 조선시대
1. 조선왕조의 성립과 체제 정비
2. 양반 사회의 성장
3. 흔들리는 사대교린의 외교 관계
4. 정치 변동과 경제의 성장
5. 양반 사회의 동요와 민중의 성장

4권 개항에서 강제 병합까지
1. 개항, 조심스러운 선택
2. 청과 일본의 틈바구니에서
3. 자주독립국, 대한제국
4. 식민지화의 위기와 민족의 발견

| 서문 |

100년 전 '그날의 기억'을 되새기는 까닭

지금 우리는 재화와 사람의 이동과 교류가 자유로운 지구화Globalization 시대에 살고 있다. 1980년대 말 사회주의권의 몰락을 계기로 지구화의 물결은 갈수록 더 거세지고 있다. 이제 이러한 시대적 조류에 각 국가와 민족, 기업과 개인이 어떻게 대응하며 살아갈 것인가의 문제는 누구에게도 예외가 될 수 없는 시대의 화두가 되었다. 그리고 동아시아 각국은 서양 제국주의 열강의 압력으로 인해 문호를 개방하던 19세기 후반부터 이 문제를 고민하기 시작했다.

1910년 일본 제국주의가 대한제국을 강제로 병합한 것은 대한제국이 19세기식 지구화의 방식에 능동적으로 응전하지 못한 결과였다. 그러나 일제강점 기간 동안 식민지 조선인은 일제가 주도한 종속적 근대화에 대한 다양한 대응으로 시대를 메워갔다. 거시적 차원에서는 국권 회복과 경제 자립을 위한 노력, 차별 반대와 민족 정체성 수호를 위한 움직임 등이 일어났고, 미시적 차원에서는 근대 문물의 수용과 지식의 확대, 도시와 대중문화의 발달, 해외 이주와 이異문화 체험 등이 이루어졌다.

일제강점기의 역사를 통해 우리는 지구화가 위기와 기회라는 두 얼굴을 가진다는 사실을 배웠다. 더불어 종속적 근대화의 형태로나마 한국인이 이미 지구화의 양상을 경험했다는 사실을 알게 되었다. 이런 점에서 일제강점기는 지구화 시대를 사는 오늘의 한국인에게 생생한 현재적 의미를 갖는다. 그간 이 시대에 대한 이해는 수탈사와 민족해방운동사라는 양대 축을 중심으로 이루어져 왔다. 그러나 시대적 조류가 변한 만큼 이제 '종속적 근대화 과정에서 경험한 20세기형 지구화'라는 더 넓은 맥락 속에서 재해석되어야 할 필요가 있다.

전 지구적 교류와 경쟁에 직면한 오늘날 역사는 더 이상 국경선 내부의 연대기에 그칠 수 없다. 더욱이 일제강점기의 한국 사회는, '식민'이라는 용어의 본래적 의미처럼 일본의 지배 방식이 우리의 일상과 문화 깊숙이까지 구조화된 체제였다. 그에 따라 우리의 운명이 우리 자신의 주체적 실천 못지않게 국제적 변수와 이해관계에 크게 좌우될 수밖에 없었다.

이 시기 식민지 조선은 일본과의 인적·물적 교류가 극단적으로 확대되었고, 그 압력으로 한반도의 궁핍한 이들은 해외로 밀려나게 되었다. 조선총독부라는 식민지 지배자의 정책 결정 과정에서 조선인의 삶은 부차적인 고려 대상에 지나지 않던 시대였다. 그러므로 세계 각국 및 동아시아 이웃들과의 갈등과 협력, 교류의 흔적이 우리 역사 속에서 충분히 다루어질 때 한국사 본연의 정체와 세계성이 드러날 수 있게 된다. 이와 같은 일제강점기의 특성을 고려하여 『미래를 여는 한국의 역사』시리즈의 제5권은 주요 사건이나 정세의 국제적 연관성과 비교사적 고찰을 중요시했고, 사회·문화사 영역의 서술 비중을 대폭 확장했다.

이 책의 구성은 4장 5절 체제를 취하고 있다. 일반적인 구분 방식에 따라 일제강점기를 4개 시기로 나누어 4개 장을 두었으나, 전통적인 분류사적 구분을 따르는 대신 주제에 따라 각 장에 5개의 절을 둔 것이 특징이다. 장별로 다소 편차는 있지만, 5개 절은 각각 정치·경제, 생활·문화, 민족주의사상 및 운동, 사회주의사상 및 운동, 해외 이주민의 순서로 구성했다.

이 책에서는 특별히 해외 이주민에 관한 내용을 독립된 절로 다루고 있다. 해외 이주민은 국가의 보호막을 상실한 한국인의 처지를 집약적으로 표상하는 사람들이다. 우리는 이들의 파란만장하고 곤궁한 삶을 통하여 식민지 체제를 비판적으로 바라보고자 했다. 이 밖에도 일제의 식민지 정책을 일본 사회의 변화는 물론 세계사의 흐름 속에서 살펴보려고 한 점, 일제강점기 도시의 근대적 일상과 농촌의 낙후한 생활을 대비하면서 독립된 절로 다룬 점, 사회주의사상과 운동에 관한 내용을 지성·문화사적 접근법을 가미해서 별도의 절로 특화시킨 점 등이 이 책의 구성상 두드러진 특징이라 할 수 있다.

『미래를 여는 한국의 역사』시리즈 제5권은 5명의 한국근·현대사 전공자가 필자로 참여했다. 각 필자들은 4개 장에 걸쳐 특정 주제의 절 서술을 분담하되, 긴밀한 상호 논의를 통해 각 절의 시기별 통일성과 주제별 연관성을 높이고자 했다. 전반적으로는 최근 연구 성과를 충실히 반영하면서도 이야기가 생생하게 살아 있도록 서술했으며, 다양한 사료와 이미지, 도표 등을 활용하여 역사적 지식을 효과적으로 전달하고자 했다.

21세기에 접어든 지 벌써 10년이 지났다. 이 책이 다루는 시기 또한 지난 세기의 역사가 되어 버린 셈이다. 이제 세계는 20세기 말 이래 거침이 없었던 지구화와 신자유주의적 자본주의 발전 방향에 대해 진지한 성찰을 시작했다. 우리 사회도 예외는 아니다. 정치·경제적으로는 남북한 대립, 동아시아 지역공동체 수립 문제를 비롯하여 개발과 성장 위주의 발전주의에 대한 반성과 지속 가능한 성장 모델의 모색 등을 논의하고 있다. 또한 사회·문화적 현안으로, 극심한 사회 양극화를 해결하기 위한 복지 제도의 마련, 과거사 문제 등이 뜨거운 쟁점이 되고 있다.

이처럼 다양한 이슈에 대해 이 책이 직접적이고도 즉각적인 해답을 제시하기는 어렵다. 그러나 한 세기 전에 우리 사회가 직면했던 시대적 고민과 그에 대응했던 사람들의 모습에서 이 시대를 살아나가는 데 필요한 지혜와 안목, 실천적 에너지를 길어 올릴 수는 있을 것이다.

무無에서 시작하는 역사는 없다. 한 시대를 지배하는 단단한 구조와 그 압력을 버티며 만들어낸 실천의 변주곡이 다음 시대의 출발점이 된다. 그것을 '역사성'이라고 부를 수 있을 것이다. 지난 시대의 역사성을 통찰하고 이해하는 일은 우리 스스로의 역사를 만들어 가는 데 중요한 토대가 된다. 또한 경로 의존성을 가진 우리에게 지난 시대가 만들어놓은 제도와 관행, 가치 체계와 의식은 커다란 영향력을 행사한다. 그러므로 이 시대를 능동적으로 살아가기 위해서는, 일제강점기에서 출발하여 현재에 이르는 역사의 궤적을 반성적으로 성찰하는 것이 필요하다.

아무쪼록 독자들이 이 책을 읽고 역사를 바라보는 자신만의 관점을 세우기를 기대한다. 나아가 21세기를 자립적인 실천가로 살아가려는 사람들에게 이 책이 작게나마 지침이 될 수 있기를 희망한다.

▲ 일제가 발행한 한국 병합 기념엽서 ▶ 대한민국 임시정부의 독립 선전 전단

日韓合邦紀念

일제의
강제 병합과   1910·1919
무단통치

나라 잃은 고통을 감내하기는 쉽지 않았다. 제국주의 일본은 조선인을 총칼로 겁박하면서 가진 것을 빼앗아 갔다. 조선을 문명화시킨다는 것은 구실에 지나지 않았다.
그러나 고통 속에서도 희망은 자라났다. 식자들 사이에서 국민이 주인 되는 공화제가 모색되었고, 해외 유학이나 잡지·서적을 통해 근대 문물에 대한 이해와 민족적 자각이 진전되었다. 이런 바탕 위에서 3·1운동이 일어났고 해외에 대한민국 임시정부가 수립되었다.

사라진 나라와 총독부 시대의 서막

| 1910년대 무단통치와 수탈의 시작

19세기, 서구 세력이 몰고 온 충격을 경험한 이후 동아시아 3국은 서양 중심주의가 깊숙이 내면화된 근대화를 추진했다. 1910년 이후 대한제국과 일본 그리고 중국은 서로 다른 조건과 마주하게 되었다.

대한제국을 강제 병합한 일본은 동아시아에서 유일하게 주권과 식민지를 보유한 제국주의 국가가 되었다. 일본은 내부의 억압과 외부로의 팽창이라는 두 바퀴를 축으로 근대화를 추진했다. 대한제국은 일본 제국주의의 희생양이 되어, 식민지를 겪으면서 근대화를 추진해야 하는 악조건을 맞이했다.

1910년, 식민지 조선이 되다

1910년 8월, 일본은 대한제국을 강제로 병합했다. 대한제국 황제가 일본 천황에게 모든 통치권을 넘긴다는 조약「한국 병합에 관한 조약」이 근거였지만, 마지막 황제 순종은 조약에 직접 날인하지 않았다. 일본은 자국 영토로 편입된 한반도를 조선이라고 불렀고, 500여 년 동안 이어온 조선왕조는 대한제국이라는 이름과 함께 사라졌다.

백성들은 나라 잃은 슬픔을 분노와 저항으로 표출했다. 경성에 사는 일본인들이 축하 행사로 들떠 있을 때, 황현은「절명시」를 남기고 스스로 목숨을 끊었고, 어떤 지식인은 각국 공사관에 독립을 호소했다. 만주로 이주해 독립운동에 투신하는 사람들이 늘어났고, 재미 교포들은 강제 병합이 원천 무효임을 선언하고 나섰다.

식민지 지배자들은 조선총독 암살 음모 사건을 날조한 105인사건으로 응수하며 조선인의 저항 의지를 꺾으려 했다. 국제사회도 일본의 강제 병합 조치를 인정했다. 국제사회는 러일전쟁에서 승리한 일본이 대한제국을 지배하는 것은 시간문제라고 생각했다. 중국만이 자신들 또한 대한제국과 같은 운명에 처해질 것을 두려워하면서

일장기가 걸린 경복궁 근정전
1910년 8월 29일부터 일제는 근정전에 일장기를 걸어 놓고 국권 탈취를 철저히 상징화했다. 이에 앞선 22일『월스트리트저널』은 "국가로서의 대한제국은 이번 주 사라진다(Korea as a nation to end this week)"라는 제목의 기사로 한국 병합 소식을 대서특필했다.

일본을 비난했을 뿐이다.

원래 식민지는 한 민족 또는 국민의 일부가 다른 땅에 이주해 새롭게 만든 지역을 의미했다. 19세기 후반 이후, 서구 열강은 원료를 쉽게 손에 넣고 상품을 팔기 위한 시장 확보를 위해 아시아, 아프리카, 태평양 지역에서 영토 획득 경쟁을 펼쳤다. 이때부터 식민지는 제국주의 국가가 정치·경제적 목적으로 군대를 동원해 지배하는 영토를 의미했다. 그러나 제국주의 국가 중에서 일본과 같이 고대부터 교류가 있는 주변 국가를 식민지로 삼은 예는 드물었다.

일본의 조선 강제 병합 이후, 정치 주권을 상실한 조선은 일본의 한 지방으로 편입되었다. 다만, 식민지 조선은 일본 헌법이 적용되지 않는 특수 지역이었다. 일본이 미개한 조선인에게 아직은 권리를 부여할 수 없다고 생각했기 때문이었다. 조선인은 일제가 요구하는 것을 무조건 따르는 의무만 강요된 식민지민이 되었다. 이로써 민족차별은 조선인이 어쩔 수 없이 감당해야 하는 삶의 조건이 되고 말았다.

조선총독부의 무단통치

일본 제국주의는 조선을 정치적·경제적·군사적 이익이 보장되는 영원한 식민지로

| 강제 병합, 조약의 효력을 논하다

조약 당일 순종 황제는 두 시간 이상 버티다 병합조약에 '대한국새大韓國璽'를 찍고 그 위에 자신의 이름을 직접 서명한 것으로 알려졌었다. 그런데 조약이 효력을 발휘하려면 병합 사실을 알리는 양국 황제의 조서가 공포되어야 했다. 1910년 8월 29일 일본 천황은 한국 병합을 공포하는 조서에 국새天皇御璽를 찍고 '睦仁메이지 천황의 본명 무쓰히토'이라고 서명했지만, 순종 황제가 같은 날 반포한 조서에는 국새가 찍히지 않았고 '이척李拓'이라는 이름도 서명되어 있지 않다. 대신 행정적 결재에만 사용하는 '칙명지보勅命之寶'라는 어새가 날인돼 있다. 이 사실은 일본이 한국 병합조약을 조약 체결의 절차와 형식을 무시한 채 강제로 체결하였음을 말해준다.

만들려고 했다. 이를 위해 맨 먼저 식민지 지배망을 촘촘히 구축했다. 그 일환으로 통감부와는 격이 다른, 식민지 중앙정부와 같은 위상을 갖는 조선총독부를 설치했다. 곧이어 지방의 행정구역을 통폐합했다. 전국을 13도로 나누고 도 밑에 부·군·면을 두었다. 또한 개항 이래 형성되었던 외국인 거류지의 특권을 폐지하고 지방 행정 조직으로 편입했다. 1917년에는 면에 공공사무 처리 권한을 부여해 조선인의 일상을 감시하고 지역 자치권을 없애면서 식민지 지배 체제 구축을 마무리했다.

조선총독부의 우두머리인 조선총독은 일본 천황에게 조선 통치의 전권을 부여받은 절대 권력자였다. 조선총독은 식민지 조선의 모든 정무를 총괄하는 권한을 가졌다. 총독부령을 공포할 수 있고 일본 법률에 준하는 명령을 내릴 권한도 가졌다. 식민지 조선에 주둔하는 일본 군대의 사용권도 가지고 있었다. 초대 총독은 강제 병합 당시 통감이던 데라우치 마사타케가 맡았다. 이후 여덟 명의 조선총독이 부임했는데 모두 육해군 대장 출신의 군인이었다.

일본인 관리, 군인, 경찰 들은 식민지 지배망의 촉수가 되어 조선의 구석구석을 감시했다. 우선 행정기관의 고위직 관리를 대부분 일본인이 맡았고, 조선인은 지방 행정 기관의 하급 관리로 일했다. 중앙 기관인 조선총독부 관료는 대부분 일본인이었고, 예외적으로 조선인이 한두 사람 있었다. 도지사는 조선인이었지만, 실제 지방행정을 좌

1904. 2. 23.	1905. 11. 17.	1907. 7. 24.	1910. 8. 22.	1910. 8. 29.
한일의정서 체결 대한제국은 일본제국을 확실히 믿고 시장 개선에 관한 충고를 받아들인다.	**을사늑약 체결** 대한제국의 외교권을 강탈하고 이른바 '보호국'으로 삼는다.	**3차 한일 협약** 대한제국의 군대를 해산하고, 사법권과 경찰권을 위임, 일본인 차관을 채용한다.	**한국 병합조약 조인** 대한제국의 통치권을 천황에게 넘긴다.	**한국 병합조약 공표** 조선왕조는 건국 519년 만에 식민지로 전락했다.

통감부 수뇌부진
한국 병합 당시의 통감부 수뇌. 앞줄 가운데가 데라우치 통감이다. 통감부는 한국의 각부·국에 일본인 고문을 두고 조선 내정에 관여하면서 병합 준비를 진행해 왔다. 데라우치는 1910년 10월 1일 최고 통치 기구로 신설된 조선총독부 초대 총독이 되면서 무단통치를 단행했다.

식민지 지배의 산실, 조선총독부

강제 병합 후 조선총독부는 식민지 지배의 산실이 되었다. 일제는 남산에 있던 통감부 건물을 그대로 조선총독부 청사로 사용하다, 1926년에 경복궁에 새로운 청사를 짓고 총독부를 이전했다. 해방 이후에는 총독부 청사를 중앙청, 국립중앙박물관 건물로 사용하다가 1995년에 완전히 철거해 역사의 저편으로 사라졌다.

당시 조선총독부는 식민지 통치에 조선인의 의사를 반영한다는 명분으로 조선총독의 자문기관인 중추원中樞院을 두었다. 1910년 9월에 65명의 귀족과 친일 인사들이 중추원 참의가 되었다. 중추원 참의는 친일 인사를 우대하는 일종의 명예직이었다. 중추원은 조선총독이 요청할 때만 의견을 말할 수 있는 겉치레 기구였다. 그나마 3·1운동 때까지 한 번도 소집된 일이 없었다.

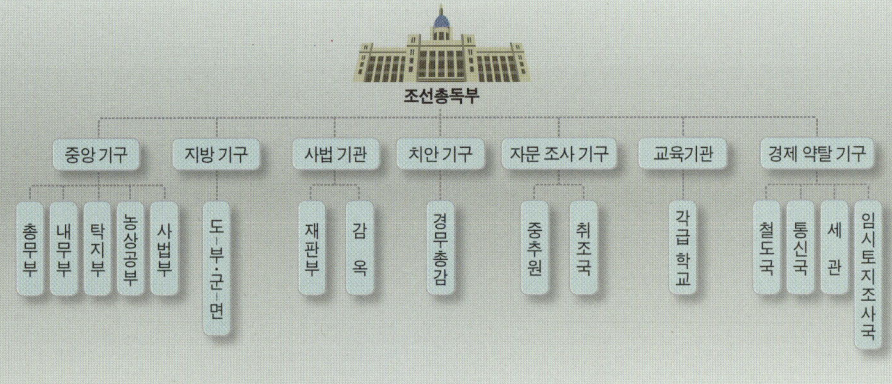

강제 병합 이전에 통감부로 사용하던 남산 청사

1926년에 새로 지은 조선총독부 청사

1995년 강제 철거된 구 총독부 청사. 70년 만에 경복궁이 제 모습을 찾았다.

해방 후에도 조선총독부 청사는 중앙청, 국립중앙박물관으로 사용되었다.

지우지하는 고위직 관리는 대부분 일본인이었다. 군수 중에는 조선인도 많이 임명되었지만, 실권은 일본인 내무국장이나 재무국장이 쥐고 있었다. 일본인 관리는 본봉과 맞먹는 외지 근무 수당을 받았다. 승진도 늘 일본인이 조선인보다 빨랐다.

1910년부터 1919년 3·1운동까지의 10년 동안을 흔히 '무단武斷통치' 시대라고 부른다. 조선총독부는 헌병을 통해 치안을 유지하고 언론·출판·결사의 자유를 모두 박탈했다. 칼을 차고 말 위에서 조선인을 내려다보는 헌병 경찰은 그 자체로 식민지 지배의 폭력성을 상징했다. 헌병경찰제도는 조선에 주둔한 일본군 헌병이 경찰 업무를 맡도록 한 제도인데, 일본군 헌병대장이 각 도의 경찰부장을 겸임했다.

전국의 산간벽지까지 설치된 헌병분견소나 파출소에는 헌병 경찰이 적어도 대여섯 명씩 배치되었다. 이들은 30종에 이르는 업무를 취급할 수 있는 권한을 가졌다. 또한 치안 문제뿐만 아니라 식민지 행정상 중요한 역할을 담당했다. 첩보 수집, 의병 토벌, 범죄 즉결 처분을 비롯해 산림 감시, 어업 단속, 징세 원조, 그 밖에 일본어 보급, 도로 개수, 식림농사 개량, 부업 장려, 법령 보급 등 이들의 업무는 조선인의 일상과 밀접히 관련되어 있었다. 조선인들은 정치적 권리가 없는 상태에서 침묵과 복종만을 강요받았다.

일상의 감시자인 헌병 경찰의 시선은 사회 곳곳에

헌병 경찰서 부원과 전국 배치도

미쳤다. 그들의 손에는 늘 회초리가 들려 있었고, 조선인은 사사건건 트집을 잡혀 매질을 당했다. 경성에 사는 과일 장수 이완우는 익지 않은 감을 팔았다는 이유로, 인천에 사는 김원택은 집 주변을 청소하지 않았다는 이유로 매를 맞았다. 조선인은 무슨 일로 매를 맞을지 몰라 항시 불안에 떨어야 했다.

한편 일제는 미개한 조선인을 문명화된 일본인처럼 만들겠다며 '동화주의'를 통치 방침으로 내세웠다. 조선인의 야만성을 문명화시키겠다는 명분이었지만, 실상은 조선인의 민족의식을 없애는 것이 목적이었다. 이에 따라 민족 교육을 중시하는 사립학교를 해산하고, 근대식 교육제도를 도입했다. 이는 일본어와 일본사를 국어와 국사로 가르치고 천황에 대한 충성을 몸에 배게 하는 교육이었다. 교사들은 금테 두른 제복을 입고 칼을 차고 학생들 앞에 섰다. 위협과 폭력을 동화주의를 실현하는 유일한 수단으로 삼았다.

수탈을 위한 식민지 개발

조선총독부가 시행한 경제정책의 목적은 조선을 일본의 자본주의 발전에 보조 역할을 하도록 만드는 데 있었다. 이에 따라 조선은 일본에 필요한 식량과 공업 원료를 공

│ 조선태형령

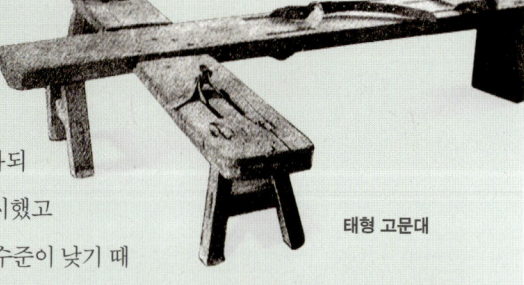

태형 고문대

1910년대 식민지 조선에서 경찰의 구타는 합법적 행위였다. 무자비하고 악랄한 이 시대의 태형 제도는 1912년에 제정된 조선태형령으로 법제화되었다. 태형령은 '조선인에 한해 적용할 것'을 명시했고 일본인은 적용 대상이 아니었다. 조선인은 문명 수준이 낮기 때문에 명태처럼 두들겨 패야 말을 알아듣는다는 것이 태형의 이유였다. 조선태형령에서는 3월 이하의 징역 또는 구류, 100원 이하의 벌금 또는 과료, 미납된 벌금 또는 과료를 태형으로 바꾸어 처벌할 수 있도록 했다. 이에 따라 1911년에 전체 유죄 사건 가운데 21퍼센트였던 태형이, 1916년에는 전체 행형의 47퍼센트를 차지하며 징역형을 넘어서게 되었다.

급하고 일본 공산품을 소비하는 식민지 시장이 되었다. 세금을 안정적으로 거두어 식민지 지배에 필요한 재정을 확보하기 위해 강제 병합 직후 '토지조사령'을 공포해 실시한 토지조사사업은 이러한 식민지 경제정책의 기반 작업이었다.

토지조사사업은 1918년까지 약 2000만 엔이라는 거액을 들여 계속했는데, 소유권 조사를 통해 납세자들을 분명히 했다. 또한 등기 제도를 시행하면서 토지소유권을 법적으로 보호하는 근대적 토지소유권을 확립했다. 이에 따라 토지 거래가 활발해지고 토지가 은행 대출의 담보물로 안정적으로 이용되면서 산업자본이 형성될 수 있는 조건도 마련되었다. 그러나 근대적 토지소유권의 확립은 예로부터 토지에 대한 경작권을 보호받아 왔던 소작농의 입지를 크게 약화시켰다.

한편 일본의 인구는 메이지유신 이래 급격히 증가해 1913년에는 5200만 명에 달했다. 종자 개량과 비료 덕분에 농업 생산성은 향상되었지만, 1900년 무렵부터 농업 생산이 한계에 도달해 외국에서 식량을 수입하기 시작했다. 인구 성장과 식량 수요 증가에 대한 대책으로 일본은 일찍부터 이민정책을 시행했다. 그 결과, 식민지 조선을 많은 일본인 이민을 수용할 수 있는 신천지로 인식했다. 동양척식주식회사는 연리 6퍼센트, 25년 분할상환이라는 좋은 조건으로 일본인에게 토지를 분배했다. 일본 농민들은 저렴한 토지를 좋은 상환 조건으로 구매할 수 있는 조선으로 이주해 왔다. 이들은

식민지 교실의 수업 장면
조선인을 일본인으로 만들겠다는 동화주의는 학교 교실에서 철저하게 실행되었다.

토지조사사업

일제는 1912년 토지조사령과 그 시행규칙을 발표해 토지조사사업을 전국적으로 시행했다. 토지를 가지고 있는 사람이라도 일정한 기간 안에 땅의 소재지, 소유자의 이름 및 주소, 땅의 용도, 등급, 면적을 신고해야만 엄격한 심사를 거쳐 토지의 소유권을 인정했다. 토지조사사업은 토지에 대한 근대적 소유권을 확립하고 세금 부담을 공평하게 한다는 명분으로 시행했으나, 실제로는 토지에 대한 세금 수입을 늘리고 식민지 재정을 안정시켜 식민 지배에 필요한 비용을 마련하는 데 그 목적이 있었다.

조선은 토지 관습상 비록 소유권을 가지고 있지 않더라도 대대로 땅을 경작하는 경우가 많았다. 이들은 국가나 지주에게 일정한 소작료만 내면 자기 마음대로 땅을 경작해 이득을 올릴 수 있었다. 이러한 경작권은 매매나 양도, 세습할 수 있는 사실상의 소유권이나 다름없었다. 그러나 토지조사사업 이후에는 이러한 경작권이 완전히 무시되었다. 경작 기간을 명시한 근대적 소작 계약을 체결하면서 지주는 자신의 입맛에 맞지 않는 소작인에게 소작을 주지 않을 명분을 얻었다. 토지를 잃은 농민 중 일부는 중국 동북부나 러시아령 연해주, 미국, 일본 등지로 빠져나갔다.

동양척식주식회사의 소유지 증가 실태

동양척식주식회사는 토지조사사업 기간에 국유지로 편입된 토지를 관리하면서 소유지를 늘려갔다.

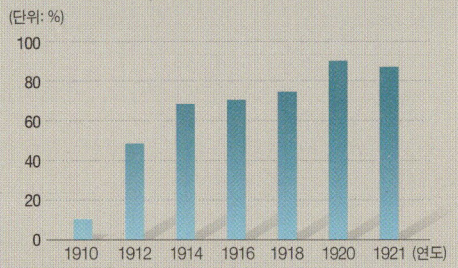

(단위: %)
1910, 1912, 1914, 1916, 1918, 1920, 1921 (연도)

토지 분쟁의 종류와 내용

토지조사사업이 시행되는 동안, 명목상 대한제국 황실이나 정부 기관의 소유였으나 실제로 경작 농민의 토지로 인정받아 오던 토지나 촌락 공유지에 대한 소유권 분쟁이 발생하기도 했다. 조선총독부는 이들 토지의 대부분을 국공유지로 편입했다. 또한 조선총독부는 국유지를, 일본에서 건너온 농업 이민을 수용하기 위해 만든 국책회사인 동양척식주식회사에 불하했다.

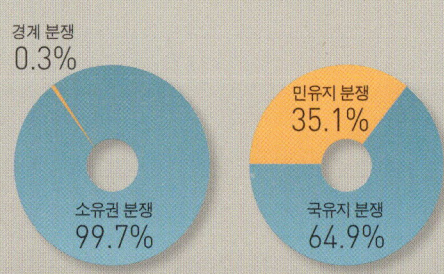

경계 분쟁 0.3%
소유권 분쟁 99.7%
민유지 분쟁 35.1%
국유지 분쟁 64.9%

당시 토지조사 모습

동양척식주식회사 건물 모습
1908년 식민지 농업 경영과 이민 사업 수행을 위해 설립된 국책회사이다.

직접 농사를 짓기도 했지만 돈이 모이면 토지를 더 많이 구입해서 지주가 되기도 했다.

조선총독부는 토지조사사업과 함께 일본에 식량 및 원료를 공급할 수 있는 정책을 동시에 시행했다. 쌀은 일본인들의 입맛에 맞는 개량 품종을 보급했다. 일본의 방적 산업에 필요한 원료인 면화와 누에고치 개량종의 보급과 증산 정책도 실시했다.

1910년대에 도로-철도-항만을 잇는 기본적인 운송 체계가 갖추어져 상품 유통의 속도를 높였다. 1911년부터 1917년 사이에 총 2600킬로미터의 도로를 건설했다. 통감부의 주도하에 식민화 이전부터 부산, 인천, 진남포, 원산 등지에서 항만 공사를 진행했는데, 식민화 이후 항만 시설을 확충하고 철도와 연결했다. 근대적 토지소유권의 정비, 농업 생산성의 증가, 교통·통신망의 확대는 식민지 조선의 시장경제를 심화시켰다. 그러나 식민지 조선의 시장경제가 심화될수록 일본 시장으로의 종속도 크게 심화되었으며, 조선인은 시장경제의 주변적 위치에 머물러야 했다.

압록강 철교 개통
1911년 11월 1일 중국 단둥과 조선 신의주 사이의 압록강에 길이 약 1킬로미터의 선회 개폐식 철교가 완성되었다. 남만주철도 안봉선의 선로 공사와 맞물려서 마침내 부산에서 시베리아 철도까지 직접 연결되었다. 철도는 조선의 농산품과 일본의 공산품이 빠르게 운송되는 통로였으며, 일본의 중국 침략을 위한 거점이기도 했다.

동화와 차별의 끝없는 모순

● 일본의 식민지 지배 논리 ●

서구적 충격이라는 대외 위기를 맞았던 일본은 메이지유신을 통해 근대국가를 수립하고, 60년이 채 되지 않는 짧은 시간에 제국주의 열강의 일원이 되었다. 이 과정에서 일본은 식민지를 획득했다. 1875년에 쿠릴열도에 대한 영유권을 확보했고, 1879년에는 류큐제도를 통합했다. 청일전쟁 후인 1895년에 타이완을 얻었고, 1905년 러일전쟁 후에 사할린 섬 북위 50도 이남 지역을 확보, 랴오둥반도에 대한 조차권을 획득했다. 1910년에는 조선을 지배하기에 이르렀다.

일본이 지배한 식민지의 특징은 본국과의 근접성에 있다. 영국이나 프랑스의 식민지들은 지리적으로 먼 곳에 편중되어 있었는데, 일본은 이웃 민족들을 정복했다. 일본의 식민지들은 대체로 문자를 사용하는 문명 지역들로 사회·문화적 통합이 높은 지역이었다. 타이완의 고산족과 일본이 잠시 지배했던 태평양제도의 점령 지역들을 제외하면 이러한 특징은 일본의 식민지 전체에 적용될 수 있다.

일본의 식민지 지배 형태나 방식은 단일하지 않았다. 이를 유형별로 보면 다음과 같다. 첫째는 홋카이도와 오키나와처럼 일본 영토에 편입

| 일제의 자취, 조선 건축의 흐름

일제강점 이후 조선의 도시들은 빠른 속도로 일본식 건축물의 전시장으로 변모해갔다. 조선총독부 건물을 포함하여 철도와 우편, 금융과 행정 업무를 담당하는 근대적 기관들이 대표적이었다.

경성역 | 조선은행 | 경성우편국

시키고 일본 헌법과 법률로 지배한 유형이다. 둘째는 타이완처럼 일본 헌법과 법률을 원칙적으로 적용하지만 일종의 특수 지역으로 규정해 지방관이 아닌 총독을 파견해 통치한 유형이다. 셋째는 식민지 조선의 사례와 같이 일본제국주의의 일부로 강제 편입시켰음에도 불구하고 시종일관 일본 헌법의 적용 지역에서 제외해 독자적인 법률에 의해 통제하는 유형이다. 넷째는 일제의 실질적인 통제하에 있으면서도 대외적으로는 명목상의 독립국가적 위상을 유지한 유형이다. 1932년에 세워진 만주국이 여기에 해당한다.

영국의 인도 통치는 백인의 그림자도 안 보이는 통치로 유명하지만 일본의 조선 통치는 경찰과 교사를 일본인이 맡는 철저한 직접 통치였다. 일본은 직접 통치를 시행하면서 식민지 민족의 동화를 위해 일시동인一視同仁, 내선일체內鮮一體를 내세웠다. 인접 지역의 문명사회를 지배해야 하는 조건 때문이었다.

일본은 조선을 영구적으로 지배하는 것, 이를 위해 조선인을 일본인으로 동화시키는 것을 식민 통치의 명분으로 내세웠다. 저항이 강한 조선에서 동화주의 지배 체제가 아니면 조선을 영구히 지배하는 것이 불가능했기 때문이었다. 그러나 일본은 결코 조선인에게 일본인과 동등한 권리를 허용하지 않았다. 조선인은 일본 의회에 참여할 수 없었을뿐더러 지방자치와 같은 낮은 수준의 자치도 허용하지 않았다. 이것은 프랑스가 알제리를 지배하면서 내세웠던 동화주의와는 질적으로 달랐다.

일본식 동화주의는 조선인이 열심히 노력해서 문명화된 일본인이 되면 동등한 권리를 향유할 수 있다는 표면과 조선인이 문명화된 일본인이 될 수 없으며 그렇기 때문에 민족 차별은 계속 유지되어야 한다는 이면을 가지고 있었다. 결국 일본의 조선 지배는 차별을 전제로 한 동화라는 모순 그 자체였다고 할 수 있다.

부산세관 / 평양우편국 / 경성은행

일본 제국의 우월성을 과시하라

| 총칼 아래 펼쳐진 총독의 '선정'

조선을 강점한 지 5년이 지난 1915년 9월 11일, 경성에서는 조선총독부가 야심차게 준비한 대대적인 이벤트가 시작되었다. 전국이 떠나가도록 요란스럽게 문을 연 시정 5주년 기념 물산공진회는 50일 동안 계속되었으며 입장객 총수가 거의 120만 명에 달했다. 이 행사를 치밀하게 준비하면서 다양한 유치 활동을 펼쳤던 조선총독부의 예상을 훨씬 뛰어넘는 대호황이었다. 이 시기를 무단통치의 시대라고 규정하지만, 폭력적 지배 이면에서는 이렇게 강점과 식민 통치를 정당화하는 이데올로기의 지배가 동시에 이루어졌다. 일본은, 열등한 조선은 우월한 일본에 의존해서 새로운 희망을 찾아야 한다는 관념을 조선인들에게 주입했다. 그들이 강조하는 제국의 우월성은 한마디로 '문명'이었다.

경복궁 광화문 앞에 세워진 공진회 기념탑

조선총독부와 문명의 정치

1915년 9월 경복궁에서 열린 물산공진회는 대한제국을 강점한 후 펼친 선정善政을 선전하기 위해 조선총독부가 마련한 대표적인 행사였다. 그들은 조선왕조의 유서 깊은 궁궐에서 조선왕조의 야만적인 정치와 조선총독부의 문명화된 통치를 한눈에 볼 수 있도록 하는 대규모 박람회를 열었다. 이로써 대외적으로는 자신들의 치적이 서양 제국과 다를 바 없음을 선전하고, 조선인에게는 열등감으로 가득한 식민주의를 내면화시키고자 했다.

조선왕조의 정궁인 경복궁을 전시장으로 활용하면서 궁 안의 건물 상당수를 행사 준비 과정에서 헐어버렸다. 그 대신 각종 산업과 사회문화 분야에서 총독부가 이룩한 치적을 과시하기 위한 전시관을 설치했다. 행사장 안팎에 미술관과 연예관을 설치하고 기생의 가무와 마술, 불꽃놀이 등을 통해 관람객을 열광하게 만들었다.

개항 이래 도입되기 시작한 근대적 문물과 제도는 조선총독부의 주도로 더욱 확산되었으며, 그것은 식민 통치의 효율성을 높이는 데 기여했다. 특히 경성과 같은 대도시에서는 근대적 도시화가 집중적으로 이루어졌다. 이에 따라 인구가 증가하고 사람들의 생활이 빠르게 변화해갔다.

물산공진회를 참관하기 위해 광화문 앞 육조 거리에 모여든 인파

그러나 이러한 근대 문물은 대다수 조선인의 생활과는 무관했다. 총독부가 내세운 문명의 정치란 식민 통치의 효율성을 높이는 데 필요한 제도와 설비를 도입하는 것이었다. 문명의 혜택 역시 새로 조선의 주인이 된 일본인들과 일부 상류층의 조선인들만 누릴 수 있었다. 그것은 제3자의 눈에도 여실히 보였다. 1910년대 말에 우리나라를 찾았던 미국 언론인 F.A. 매켄지는 "일본은 이 나라를 전시장으로 만들었다. 공공건물을 정교하게 세우고, 철도를 부설하고, 국가의 품위를 키우는 등 그 나라의 경제력을 초과하는 통치를 했다. 낭비적인 개선에 필요한 자금을 지불하기 위해서 백성들에게 조세와 부역을 과중하게 부과했다. 생활개선의 대부분은 조선인에게는 아무런 도움이 안 되는 것들이었다. 모두 일본인을 위한 것이거나 외국인들에게 좋은 인상을 주기 위한 것이다"라고 일갈했다.

1910년대에는 제1차 세계대전의 여파 속에 물가가 2배 이상 폭등했고 파산자가 속출했다. 조선총독부가 자랑하는 문명의 정치 아래에서 종일 굶어가며 일을 해도 연명조차 하기 힘든 조선인이 넘쳐났다. 1918년 경성 이화동에 살던 귀남이는 식칼로 손가락을 베어 그 피를 영양실조로 앓아누운 아버지에게 먹였다. 어리석은 미신에 빠져 총독부 의원을 이용하지 못한 것이 아니라, 빈곤에 찌든 조선인이 생명을 보전하기 위해 할 수 있는 다른 일이 없었기 때문이었다. 형편이 조금 나은 조선인들도 그들대로

| 일제에 의한 경복궁 수난사

조선 왕조의 상징적 공간이었던 경복궁은 일제가 사실상 권력을 장악했던 1908년부터 훼손되기 시작했다. 우선 일제는 을미사변의 현장인 건청궁 권역을 없앴다. 1910년 병합 이후엔 전각 4000여 칸을 팔아치웠다. 1915년 조선물산공진회를 경복궁에서 개최하면서 동궁 영역을 헐었고, 1926년 홍례문 자리에 조선총독부 청사를 짓기에 이르렀다. 왜란 이후 소실된 궁궐 중건에 나선 고종 당시, 약 500여 동에 달하던 경복궁의 전각은 해방 직후 7개 동 남짓 남아 있었다. 1989년 경복궁 복원 계획이 수립되어, 2010년 현재 125동 수준으로 회복되었다.

경복궁 전각 규모 (단위:동)

고종 중건 당시
약 500

1990년
36

2010년 현재
125

세금 압박에 시달렸다. 전에는 없던 각종 세금이 신설되었으며 세금을 못 낸 경우에는 공익심이 부족하다는 당국의 비난과 독촉이 밀려왔다.

일본의 강점으로 500년 수도 서울한성은 식민지 조선의 '경성京城'으로 바뀌었다. 경성의 새로운 지배자는 조선총독과 함께 일본에서 건너온 식민 관료들과 군인, 자본가, 상인 그리고 그 가족이었다. 전체 인구에 대한 이주 일본인의 비중은 그리 크지 않았지만, 그들은 주로 도시에 거주했다. 일본인들은 '제국의 제1국민'으로서 조선의 도시 안에 조선인 거주 지역과는 구별되는 자신들만의 거주지를 따로 만들었다.

경성의 경우, 시간이 흐름에 따라 진고개 일대의 일본인 거주 지역이 중심 시가로 발전해갔다. 반면, 조선인 거주 지역은 주변화되었다. 농촌에서 생활고에 시달리다가 도시로 몰려든 조선인이 새로 빈민촌까지 형성하면서, 경성은 일본인과 조선인이 각각 이질적인 사회를 이루면서 병존하는 이중 도시의 모습을 보이게 되었다. 중심 거리 종로는 북촌이라 불리며 충무로 일대의 남촌과 더불어 여전히 경성의 중심지였다. 그러나 일본 도쿄의 상점가를 그대로 재현해서 경성의 '긴자'라고 불리던 충무로 일대의 모습은 이 도시의 지배자가 누구인지를 웅변했다. 이러한 변화는 규모의 차이가 있었을 뿐, 일본인들이 모여 사는 도시 어디에서나 나타났다.

도시에 거주하는 일본인

조선총독부가 설치되면서 일본인 관리와 경찰관 등이 대폭 늘었으며 상인도 빠르게 늘어났다. 1915년 당시 대도시에 해당하는 부府 지역 인구 가운데 약 30퍼센트가 일본인이었다. 조선에 온 일본인의 약 50퍼센트가 도시에 거주한 셈이었다. 1920년대 이후에는 농촌의 조선인이 도시로 이주함에 따라 도시인구가 팽창, 부 지역 인구 가운데 일본인이 차지하는 비율이 줄어들었다. 1930년에 전체 인구 가운데 일본인의 비중은 약 2.5퍼센트에 불과했지만, 도시인구만 보면 20퍼센트 이상을 차지했다. 1930년대 후반, 비중이 더 낮아지지만 여전히 도시인구의 10퍼센트 이상이 일본인이었다. 일본인 대다수가 도시지역에 거주하는 현상은 일제 시기 내내 지속되었다.

조선 거주 일본인의 규모

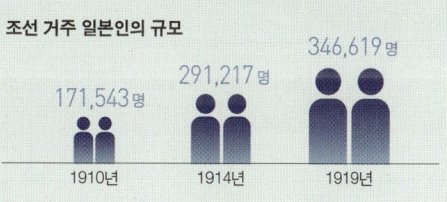

경성 유람기

1917년 잡지 『신세계』에는 전기가 불을 밝히고 전차와 사람이 붐비며 신식 건물이 늘어선 경성의 모습에 눈이 휘둥그레진 이승지의 경성 유람기가 소개되어 있다. 경원선을 타고 경성에 다니러 온 이승지의 「경성유람기」는 경성에서 접한 신문물에 대한 감탄과 일본의 강점 이후 이루어진 경성의 발전상을 자세히 소개했다. 일제는 이러한 조선인의 반응을 기사화하여 자신들의 통치를 선전하고 과시하는 데에 이용했다.

이승지 일행이 종로 큰길을 나서니, 화려한 상점은 좌우에 벌여 있고, 거미줄 같은 전선은 공중에 얽혔으며, 전차, 마차, 자전거 등은 오락가락 복잡함을 극하는지라. 시골 늙은이 이승지는 정신이 현황하고 눈이 어리어 감히 한 걸음을 나아가지 못하는데, 자동차 한 채가 붕붕 소리를 지르며, 뒤에 섰던 김종성은 "위태합니다" 소리를 지르고 이승지의 손을 이끌어 피하는데 이승지는 경겁함을 아니하고.

"이러한 길에, 어린아이들이 어찌 다닌단 말인가. 맹수가 횡행하는 산협이 위험타 했더니 번화한 세계 경성 도로도 퍽 위험하네그려. 자동차도 전기를 사용해 저같이 빠른가?"

"아니요, 자동차는 가스를 이용해 차륜을 운전한답니다."

"내 나이 지금 육십여 세가 되었으나 세상 구경은 처음일세. 나도 본래 경성 천지에서 생장한 사람이네. 그전 경성과 지금 경성이 실로 상전벽해나 다름없네."

이승지는 감탄을 마지아니하며, 경성 사람의 의관 문물이며 시가 좌우의 상점 간판을 낱낱이 유의해 보며, 남대문통 가로로 들어서서 도로 교량의 완전히 개량함에 탄복하고, 동현 네거리에서 정동으로 건너가 매일신보사를 방문하고 활자 연판이며 윤전 기계를 실지로 본 후, 비로소 문명 기관됨을 깨닫고, 다시 광장을 통해 대한문 앞을 지나서 정동 서양 사람의 가옥을 보고 구미 각국의 풍물을 생각하며 남대문에 이르러 전일보다 화려함을 상찬하고 남대문시장에 다다라 물화의 폭주함을 보고 탄복했다.

「경성유람기」(碧鍾居士, 『신세계』 5-3호, 1917년 3월)

종로 거리의 풍경

철도의 질주와 지방의 재편성

근대 기계문명의 상징인 철도는 제국주의가 내세우는 문명의 정치가 무엇이며 그것이 조선에 어떤 영향을 미쳤는지 잘 보여준다. '양귀는 화륜선을 타고 오고 왜귀는 철차를 타고 몰려든다'라는 말처럼, 철도 부설은 일본 제국주의의 조선 침략 과정 그 자체라고도 할 수 있다.

러일전쟁을 전후해 완공된 경부선과 경의선은 일본이 조선에서 러시아 세력을 배제하고 독점적 지위를 확보하기 위해 부설한 철도다. 한반도를 동남에서 서북으로 잇는 철도는 일본의 조선 지배와 대륙 침략을 위한 간선철도로 기획되었다. 철도 노선은 조선의 정치적 중심 도시와 경제적 선진 지역을 관통하고 가장 빠른 시일 안에 최대한의 병력과 물자를 만주에 집결시킬 수 있도록 계획되었다. 일본-조선-만주를 연결하는 최단거리 코스를 선택했던 것이다. 1914년에는 호남평야의 양곡을 효과적으로 수송할 호남선과 북부 지방의 물자를 수송하기 위한 경원선을 차례로 개통했다. 이로써 1910년대에는 한반도를 'X자'형으로 잇는 식민지 간선철도의 골격이 완성되었다.

1915년에 개최한 공진회장에 '철도국 특설관'을 별도로 설치할 정도로, 총독부는 철도 부설을 일본 통치의 치적으로 내세웠다. 그러나 철도는 부설 과정에서부터 큰 상처

철도의 궤간과 궤조 선정

철도의 궤간철도의 너비과 궤조철도의 레일 선정을 통해서도 일본이 철도를 부설한 의도를 알 수 있다. 궤간과 궤조는 레일 위를 달리는 열차의 크기와 중량을 규정하는 핵심적 요소다. 철도는 처음부터 열강의 이권 쟁탈 대상이었다. 또 만주, 중국, 러시아와 연결될 국제 간선이었기 때문에, 궤간과 궤조의 선택은 철도 정책의 핵심이었다. 경부선 부설 당시 한반도 주변의 철도는 열강의 사정에 따라 궤간과 궤조가 달랐다.

일본은 경부선과 경의선을 식민지 수탈과 대륙 침략의 동맥으로 활용하기 위해, 당시 일본에서 채택하고 있던 50파운드 궤조와 협궤 선로보다 훨씬 우수하면서 중국의 간선철도와 직접 연결될 수 있는 75파운드 궤조와 표준 선로를 채택했다. 한반도의 종관철도인 경부선과 경의선을 통해 한국과 일본의 무역을 촉진하고, 또 한국에서 독점적 지배를 확보하려는 자본과 군부의 요구를 동시에 반영하기 위해서였다.

와 고통을 주었다. 철도 노선과 정거장 부지로 쓸 막대한 토지를 헐값이나 무상으로 수용하고 엄청난 규모의 노동력을 수탈했기 때문에 반철도 투쟁까지 불러일으켰다. 러일전쟁 시기에는 철도 부설 때문에 토지를 빼앗긴 데 항거해 철로를 파괴하려던 농민들을 일본군이 조선 정부의 허락도 받지 않고 총살했다. 더 나아가 처형한 농민들의 시체를 며칠 동안이나 그 자리에 전시해 공포감을 조성했다.

철도는 한반도의 사회경제적 구조를 근본적으로 재편성했다. 철도 노선에서 배제된 전통적인 정치경제적 거점들은 수탈의 배후지로 전락하면서 위축된 반면, 기차역이 들어선 허허벌판이 새로운 시가지로 개발되었다. 기차역 주변이 지방의 경제사회적 거점으로 자리 잡으면서 기존의 지역 질서가 크게 동요했다. 역을 중심으로 조성된 새 중심지의 개발은 식민 당국의 보호 아래 이주해 온 일본인이 주도했으며 일본인 관리와 상인이 그 바탕을 장악했다. 그에 따라 조선인들이 거주하는 기존 중심지는 위축되었고 행정, 경제, 사회 등의 모든 기능이 기차역을 중심으로 재편되었다. 이렇게 해서 지방에도 조선인과 일본인, 구식과 신식, 전통과 근대가 병존하는 이중 도시가 형성되었다. 이런 현상은 특정 지역에 국한된 것이 아니라, 일제가 구축한 간선 운송망을 중심으로 전국 각지에서 나타났다. 이처럼 철도는 전국을 총독부의 지배 목적에 부응하도록 재편하는 강력한 수단이었다.

철도 부설과 농민 처형
1904년 9월 21일 용산에서 농민 3명이 일본 병참사령부에 의해 총살당했다. 죄명은 군용철도 부설 방해였다. 막대한 부지를 수용당하고 노동력을 반강제적으로 제공해야 했던 농민을 일본군은 군사상 주요 업무를 방해했다는 이유로 처형했던 것이다.

철도가 지역 질서를 바꾼 사례는 일일이 열거할 필요가 없을 정도로 많은데, 경성에서 가까운 경기도 역시 예외가 아니었다. 경기도 안성은 조선 후기에 전국적으로 이름을 알린 큰 시장이 있던 곳이다. 안성장은 삼남 지방과 강원도에서 경성으로 올라오는 물자의 집결지로, 당시의 상업 발달을 상징하는 시장이었다. 박지원이 『허생전』에서 허생이 과일을 매점하는 무대로 안성장을 택한 것도 그런 배경이 있었기 때문이었다. 그러나 경성-부산-시모노세키를 연결하는 간선철도가 안성이 아닌 평택을 지나면서 전국 규모의 큰 시장이 있는 안성의 지위에 금이 가기 시작했다. 허허벌판에 들어선 평택역으로 물자가 모여들고 관공서와 경제 기관이 하나둘 들어서면서 평택이 경기 남부의 경제 중심지로 부상했다. 비록 안성이 옛 명성에 어울리는 위신을 오랫동안 유지하는 것처럼 보였지만, 경부 철도를 매개로 재편된 평택 중심의 위계구조를 원점으로 되돌리는 것은 불가능했다.

농민 생활과 장시

전국에 철도가 깔리고 도시를 중심으로 근대적 시설이 들어서기 시작했지만, 인구의 대다수를 차지하는 농민들은 여전히 전통적인 방

한반도 철도 노선
철도 부설에 의해 한반도의 사회·경제적 구조가 근본적으로 재편성되었다. 대외적으로는 '제국' 일본과 강대국들의 경합 대상지인 만주를 연결하는 철도로서 자리매김하게 되었으며 대내적으로는 철도 연선을 따라 새로운 중심지가 형성되었다.

경의선(1906)
경인선(1900)
경원선(1914)
경부선(1905)
호남선(1914)
마산선(1905)
(괄호 속 연도는 준공 연도)

1910년대 조선 농가의 살림살이

1910년대, 농가의 지출 내용은 식료품비, 의류비, 주택비, 재산 관리비, 조세 및 기타 공과금 등으로 이루어져 있었다. 하층 농가일수록 식료품비가 차지하는 비중이 크고 조세나 공과금, 교육비의 비중은 적었다. 영세 농가는 농사일과 각종 부업, 임금노동 등을 통해 얻는 수입의 대부분을 식료품비와 의류비로 사용하고, 그 밖의 지출을 극도로 억제함으로써 생계를 유지했다.

수입을 살펴보면, 하층 농가의 전체 수입에서 부업, 겸업, 기타 수입이 차지하는 비중이 5분의 1가량이었는데, 전문적인 가내수공업보다는 땔감 판매나 농촌의 임금노동에 의존하는 경향이 컸다. 영세 농가는 부족한 수입을 보충하기 위해 특별한 기술이나 수단이 없더라도 쉽게 접근할 수 있는 행상이나 짚신 제조, 임금노동 등에 종사했다. 농사짓는 것만으로는 생계를 유지할 수 없었던 빈농에게는 하찮은 수입도 생계를 좌우할 정도로 절대적이었다. 반면, 형편이 조금 나은 중농은 일정한 노동수단과 기술이 필요한 직물 짜기 같은 부업적 가내수공업에 의지하는 경향이 컸다. 조세 부담이 증가하고, 농민이 영세화되고, 시장경제와 현금 수지에 대한 의존도가 심화됨으로써 농민의 생계는 점점 힘들어졌다.

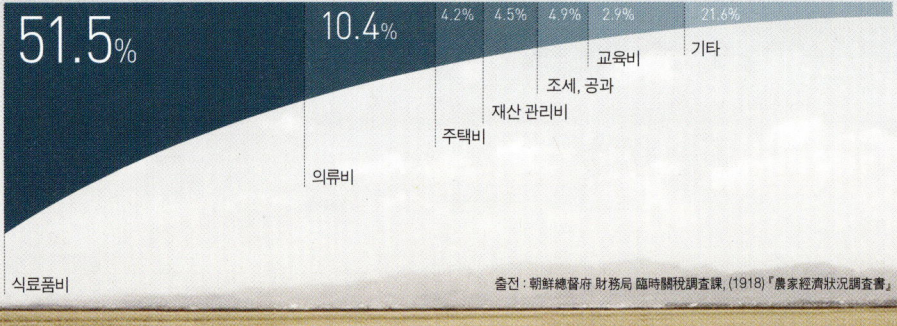

1918년 조선 농가의 지출

51.5% 식료품비 | 10.4% 의류비 | 4.2% 주택비 | 4.5% 재산 관리비 | 4.9% 조세, 공과 | 2.9% 교육비 | 21.6% 기타

출전: 朝鮮總督府 財務局 臨時關稅調査課, (1918) 『農家經濟狀況調査書』

식을 유지했다. 농민들은 마을의 구성원으로서 지역공동체의 질서를 지키면서, 가족의 모든 노동력을 생계유지에 쏟아부으며 고달프게 살았다. 총독부는 '신정치'를 통해 조선인의 삶이 개선되고 있다고 큰소리쳤지만, 대다수 영세농민의 생활은 나아진 것이 없었다. 연초, 금건, 면사, 목면, 석유, 성냥 등 외국에서 수입된 공장제 상품이 보급되고 각종 조세 수탈이 심화되면서 농가의 현금 수요가 늘어났다. 여기에 과중한 소작료와 식민 당국이 부과하는 각종 공과금, 물가앙등으로 생활고가 더욱 심해졌다.

농민들은 화폐 지출을 최대한 줄이고 가족의 노동력을 남김없이 소진했지만, 대다수가 본업인 농업의 소득만으로는 생계를 꾸려갈 수 없었다. 그래서 농민들은 농사일을 하면서도 행상, 짐 나르기, 농사일 돕기 등 다양한 노동을 할 수밖에 없었다. 그런 일들 가운데 상당수가 농촌의 장시5일장를 무대로 이루어졌다.

농민들은 장시에 나가서 일을 하거나 자기가 생산한 여분의 농산물이라도 팔아야, 작은 액수의 현금이라도 손에 쥘 수 있었고, 필요한 물건을 구할 수가 있었다. 농민들은 닷새마다 찾아오는 장날에 여분의 곡식이나 돼지와 닭 같은 가축, 계란 같은 것을 내다 팔고 일상생활에 필요한 물건을 샀다. 이렇게 생계 보조의 기회를 제공하는 장시는 사회적 기능도 컸다. 장날이 되면 특별한 볼일이 없는 사람들도 장에 갔다. 주막에서 이런저런 바깥세상에 관한 소식을 주고받으면서 술을 마시거나, 모처럼 손에 쥔 한

장날 거리의 노점과 짚신을 파는 상인

두 푼의 돈을 걸고 투전판을 벌였다. 장터에서 벌어지는 씨름, 그네, 줄다리기 등 각종 놀이는 농촌에서 접할 수 있는 유일한 오락이었으며, 관공서 업무 같은 것도 장날을 이용해서 한꺼번에 처리했다.

농민들의 최대 현안은 생활이었다. 정치, 경제, 사회 분야에서 식민지적 재편이 이루어지고 있었지만, 농민들에게는 생계유지가 최우선 과제일 수밖에 없었다. 중농층 이상의 일부 농민을 제외한, 대부분의 농민이 과도한 노동과 심각한 궁핍에 시달렸기 때문이다. 일본의 수탈적인 제도와 통제장치가 여러 분야에 도입되었지만, 그들의 생존 문제나 생활 방식이 하루아침에 달라진 것은 아니었다.

일상생활의 통제와 감시당하는 민심

일상적인 노동과 생활은 비교적 강한 연속성을 보인다. 하지만, 민중들은 일제의 통치 양식이 조선시대와 다르다는 사실을 알고 있었다. 총독부와 마찬가지로 민중도 둘 사이의 차이를 문명화나 근대화에서 찾았다. 그것에 대한 평가는 긍정과 부정이 뒤섞였지만, 헌병 경찰이나 식민지 행정 권력이 시행한 여러 정책을 통해서 조선시대와는 구분되는 일제의 통치 양식에 대한 인식이 형성되었다.

| 근대화의 단면, 보건과 위생

경기도 광주군지금의 광주시에 사는 김대범은 어릴 때 소에게 차이는 바람에 아랫배에 아이 머리만 한 종기가 생겼지만 치료할 길이 없어 여러 해 동안 고통을 겪었다. 그런데 총독부 병원의 실력 있는 일본인 의사에게 큰 수술을 받고 건강해졌다. 김대범과 그의 가족은 총독부 의사의 무한한 은혜에 거듭 감사를 표했다.

1910년대에 총독부 기관지인 『매일신보』는 총독부의 은혜를 소개하는 이러한 미담을 자주 보도했다. 선진적인 일본이 뒤떨어진 조선을 지도해 문명화시킨 구체적인 사례를 소개해, 일본의 강점과 식민지 지배를 정당화하고 합리화하기 위해서였다. 생명과 직결되는 의료 행위의 치적을 통해 일본 제국의 능력과 은혜를 증명하고자 했던 것이다.

일상생활에서 경험하는 식민 통치는 헌병 경찰의 부역 강제, 일상생활에 대한 위압적인 간섭 등이었다. 도로 건설을 위해 가옥이나 농지를 무상으로 수용하거나 훼손하는가 하면, 무보수로 부역을 강요했다. 일본인에게만 이익을 주는 도로를 건설하기 위해 그렇지 않아도 먹고살기 힘든 빈민에게 부역을 강요하니 뼈가 부서질 지경이라는 불만이 터져 나왔다. 이전에는 통제를 받지 않았던 여러 관습에 대한 당국의 관리와 간섭 역시 강한 불만의 대상이었다. 식민 당국은 전에는 자유롭게 하던 일에 대해서 규칙이나 법령을 새로 공포해 일일이 간섭했다.

　임야 이용 금지나 새로운 도량형법의 강제도 그중의 하나였다. 땔감을 얻기는 점점 어려워졌고, 순사가 집집마다 와서 기존에 사용하던 도량형기를 압수해 갔다. 각종 영업허가 신청이나 민적 신고 절차는 훨씬 번거로워졌다. 민중들은 조혼 금지나 도박 금지 같은 것도 일상생활에 대한 간섭으로 받아들였다. 국가권력의 규제를 받지 않던 다양한 행위들이 공식적으로 규제의 대상이 되었기 때문이었다. 그러한 규제와 통제의 과정에서 헌병 경찰은 물론이고 헌병 보조원조차 조선인을 함부로 구타하고 욕설을 퍼붓는 경우가 많았다.

　1912년에 공포된 경찰법 처벌규칙은 공공질서와 위생 등 일상생활과 밀접하게 관련되어 있는 87개 행위를 구류와 과료로 다스리도록 정했다. 이것은 태형으로 환산해

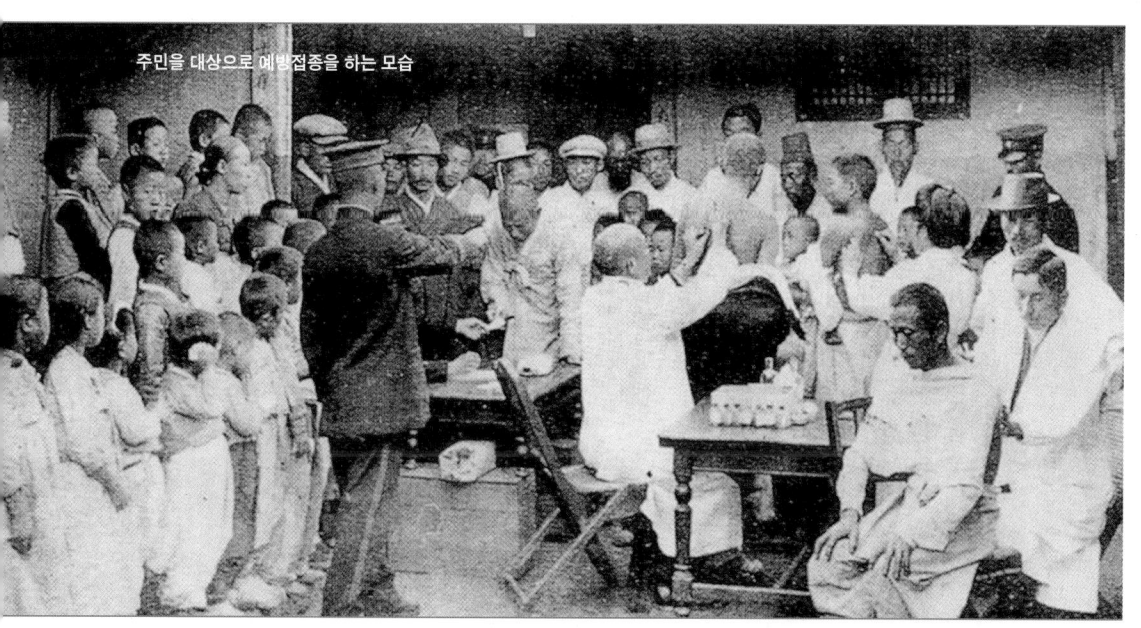

주민을 대상으로 예방접종을 하는 모습

집행할 수 있었다. 그 밖에도 사설 묘지에 대한 제한, 도살장 이외에서의 가축 도살 금지, 담배 전매제 시행, 자가 소비용 술 제조 금지 등에 대한 법령을 공포해 민중의 일상생활을 강력하게 통제했다.

청결 검사나 위생 사업 같은 것을 빌미로 한 일상생활에 대한 간섭 역시 심해졌다. 개천에 오줌을 누거나 아이를 벌거벗겨 놓는 것, 판매하는 음식물을 덮지 않는 것, 길거리에 수레를 놓아두는 것에 대해서도 벌금을 물리거나 볼기를 쳤다. 조선인들은 청결한 생활 태도나 종두 무료 접종 등을 긍정적으로 평가하기도 했다. 그러나 헌병 경찰의 방역 계몽 활동이나 질병 검사를 위한 호구조사를 번거로워하고 불편해하는 경우가 훨씬 많았다. 주민들이 가장 두려워한 경찰의 현장 조사 가운데 하나는 집 안이 깨끗한지 살펴보기 위해 나오는 정기 청결 검사였다. 만일 마음에 들지 않으면 경찰이 그 자리에서 집주인을 두들겨 패곤 했기 때문이다.

헌병 경찰의 업무 중에는 민심을 염탐하는 것도 포함되어 있었다. 장시나 마을을 돌면서 여론의 동향을 살펴 상부에 보고했다. 일례로, 충청남도 헌병 분대와 경찰서에서는 관내 주민의 민심을 파악하기 위해 장날에 헌병 보조원, 조선인 순사, 순사보를 변장시켜 주막에 잠입시켰다. 그리고 조선인들의 대화를 엿들어 식민정책에 대한 여론이나 떠도는 소문을 수집해, 통치 자료로 활용하고자 했다. 이처럼 민중의 일상생활은

생활을 바꾼 새로운 물품들

일제 시기에는 20세기적인 삶이 이전과 어떻게 다른 것인지를 웅변하는 신문물들을 통해, 세계적 보편성을 갖는 새로운 생활양식이 도입되고 확산되었다. 양적으로는 변화의 속도가 느린 것처럼 보였지만, 사람들의 삶 자체는 기계문명의 합리성이 지배하는 새로운 패러다임으로 전환되고 있었다.

카메라
회화와는 차원이 다른 정확성을 자랑하는 카메라가 이 시기에 보급되어 삶을 기록하기 시작했다. 주름상자식 접어넣을 수 있는 소형 카메라로, 거울을 사용해 위에서 들여다보는 반사식 파인더가 붙어 있다.

나팔 모양 축음기
1910년 일본에서 첫 생산에 성공한 축음기. 축음기는 가수를 직접 대면하지 않고도 대중 음악을 즐길 수 있도록 해주었다.

식민 당국의 조직적인 통제와 감시의 대상이었다. 그런 식으로 수집한 당시 민중의 불만 사항을 정리해보면, 공동묘지를 강제하는 묘지 규칙, 빈농의 살길을 막아버리는 화전 단속, 늘어난 세금, 번잡한 신고서와 그에 따른 비용 증가, 급여에 대한 일본인과의 격차, 조선인에 대한 일본인의 모욕, 뽕나무밭 강제 등이 있었다. 이러한 불만은 일본이 구축하고자 했던 식민지 통치 체제 때문에 야기된 것이었다. 겉으로는 조용해 보이는 민심의 내면에는 이런 고통들이 쌓여갔다.

조선총독부는 근대적인 법조문을 내세웠지만, 실제로는 자의적으로 법을 집행하고 가혹 행위를 자행했다. 민간인 마을에 대한 초토화까지 마다하지 않는 의병 탄압이나 고문으로 점철된 105인사건 등은 식민 권력의 본질을 보여주는 상징적인 사건이었다. 조선총독부는 조선 문명화의 사명이라고 떠들어댔지만, 통치의 대상인 조선인은 그렇게 생각하지 않았다. 원활하게 이루어진 것처럼 보였던 1910년대 일제의 통치는 결국 최악의 실패로 기록되었다. 3·1운동은 그것을 확인시켜주는 극적인 사건이었다.

손목시계
1913년 '세이코'가 최초의 손목시계 '로렐'을 선보였다. 시계는 기계적 정확성과 합리성을 일상에 적용시키는 문명의 교사와도 같았다.

질소 전구
텅스텐 전구를 극복한 도쿄전기(지금의 도시바)가 1915년 질소 가스를 주입한 전구를 발명했다. 전구는 자연의 어두움을 밀어내고 불야성의 도시를 창조했다.

재봉틀
양장이 유행하면서 재봉틀이 널리 보급되기 시작했다. 재봉틀은 의생활을 기계화시키는 생활 속의 생산수단이었다.

박람회의 정치학
조선물산공진회와 식민지 미화 정책

세계 각지에서 열리는 박람회EXPO는 과학과 기술, 문화와 산업의 양식을 전시해 일반 대중에게 공개하는 행사다. 이러한 박람회는 19세기 중엽 산업혁명의 성과와 인쇄 매체·통신·교통수단의 발달을 배경으로 지역 간·국가 간에 문화 교류와 기술 교역을 활성화하기 위해 기획되었다. 특히 산업적·군사적·문화적 자부심으로 가득 찬 선진 자본주의 국가들은 새로운 시장을 개척하고 교역 기회를 넓힐 목적으로 세계 박람회를 시작했다. 박람회의 주최자, 즉 국가와 자본은 자신의 의지와 인식 체계를 전시 공간에 가시적으로 재현했으며, 이렇게 연출된 박람회는 많은 대중이 참여함으로써 완성되었다.

서구를 열심히 모방했던 일본은 식산흥업과 서구화를 목표로 각종 권업박람회와 공진회 개최에도 열심이었다. 박람회는 후발국인 일본이 바라던 근대 문명의 모습을 시각적으로 전환시켜 구체화한 행사로, 식민지 지배를 미화하고 그 성과를 내외에 과시하는 계기이기도 했다. 1915년 조선총독부가 기획한 시정 5주년 기념 조선물산공진회는 바로 그러한 목적 아래 기획된 대형 이벤트였다.

런던 수정궁 대박람회
역사적으로는 1851년에 런던에서 개최된 대박람회가 근대적인 세계 박람회의 효시다. 그 후 파리, 뉴욕 등 주요 도시에서 국가적인 제전으로 개최되었다. 박람회는 경제적 동기가 가장 컸지만, 대중이 참여하는 대규모 이벤트였기에 서구 여러 나라의 기술적·문화적 우월성에 대한 자부심과 자신감을 널리 확산시키는 계기가 되었다.

식민 당국과 기업, 흥행업자, 여행업자 등 다양한 주체가 참여하는 공진회가 성공하기 위해서는 대회장을 채울 출품 품목이 구비되어야 했다. 또한, 관람객의 관심을 끌 수 있는 다양한 행사, 그것을 관람할 많은 인원과 그들을 행사장인 경성으로 실어 나를 운송 수단, 숙소 등 모든 것이 갖추어져야 했다. 데라우치 총독은 공진회의 성공적 개최를 위해 당시 부설 중이던 호남선과 경원선의 완공 기일을 앞당기라고 지시했다. 다방면에 걸친 준비 끝에 총독부는 한반도를 남북으로 잇는 간선철도를 통해 전국 각지에서 동원한 공진회 관람단을 경성로 실어 날랐다. 근대 문명의 총아라 할 철도로 상경한 사람들은 경복궁 안 7만 2000평 부지에 마련된 호화로운 공진회장에서 식민지 지배 5년 동안 조선총독부가 이루었다는 치적을 둘러보았다.

　행사장의 전시물은 1910년 강제 병합 이전과 이후를 대조하는 방식으로 시각화되어 있었다. 1910년 강점 이후에 근대적 공장 설립, 농사 개량, 철도와 신작로 부설, 신식 학교 설립 등 총독정치에 대한 자랑과 선전이 주를 이루었다. 이러한 전시를 통해 근대의 시간에 도달하지 못하고 뒤처진 조선의 후진성과 그들을 대상으로 총독정치가 이룩한 발전이라는 식민주의적 인식을 확대재생산하는 것이 공진회의 정치적 목표였다.

　박람회장 안의 배치와 전시를 통해 제국주의를 선전하고 식민주의를 합리화하려는 조선총독부의 기획은 이후에도 반복되었다. 1929년과 1940년에 열린 조선박람회는 물론이고, 1935년에 개최된 '시정 25주년 기념 산업박람회'와 그 밖의 크고 작은 각종 공진회, 전람회, 품평회 등을 통해 박람회의 정치학은 되풀이되었다.

세계의 박람회 연표

1851 런던 수정궁 대박람회
최초의 세계 박람회, 증기기관 소개

1867 파리 박람회
유럽 박람회의 중심이 파리로 이전
주전시관과 별개로 각국관 설치

1876 필라델피아 박람회
전화기 처음 소개, 실내 분수 처음 등장

1878 파리 박람회
전기 조명 도입

1889 파리 박람회
에펠탑 건립

1900 파리 박람회
대한제국이 처음 참가한 박람회

1904 세인트루이스 박람회
자동차와 비행기 실용화 계기

1939 뉴욕 박람회
텔레비전 처음 소개

조선박람회장 모습

3 공화국의 국민으로 거듭나다

| 1910년대 사상과 지식의 전파

영친왕의 육사 졸업 사진

1910년 8월 29일 이후, 대한제국의 황제 순종은 '이왕李王' 혹은 '창덕궁 전하'로 불렸다. 헤이그밀사사건으로 황제 자리에서 물러난 고종 역시 '이태왕李太王' 혹은 '덕수궁 전하'로 불렸다. 그러나 왕실에 대한 민중의 관심은 여전히 드높았다. 조선에는 일본에 머무는 왕세자 이은이 일본 사관학교에서 어떤 훈련을 받는지, 생일은 어떻게 지냈는지 등의 소식이 매일 같이 전해졌다.

이즈음 러시아혁명과 제1차 세계대전의 종결 소식은 조선인의 마음을 흔들어놓았다. 세계의 조류를 흡수한 민족운동 세력은 왕정에 대한 오랜 역사와 전통을 뒤로하고 공화정 체제를 지향하기 시작했다. 급변하는 정치·사상적 흐름 속에서 조선인은 신문, 잡지, 서적 등을 통해 세계와 우리 사회에 관한 지식을 부지런히 넓혀갔다.

왕정에서 공화정으로

백성이 국가의 주인이란 공화주의가 소개된 것은 한말이었다. 프랑스혁명1789을 소개한 글을 통해 자유와 평등을 인간의 기본적인 권리로 이해했다. 왕정과 더불어 국왕과 민民이 함께 다스리는 입헌정체와 국민의 합의에 의해 다스리는 공화정체가 새로운 정체政體로 소개되었다. 이에 대해 당시 위정척사파는 질서가 무너진다는 이유로 반대했다. 이후 공화주의 체제를 지향하는 움직임은 1907년 일제에 의한 고종의 강제 퇴위를 계기로 계몽 지식인들을 중심으로 본격화되었다.

1910년 강제 병합 이후, 민족운동은 크게 두 갈래로 진행되었다. 바로 군주제를 지지하고 대한제국을 복원하려는 복벽주의復辟主義운동과 민족의 운명을 국왕에게 맡길 수 없다는 공화주의에 입각한 운동이었다. 이러한 경향은 독립군 활동에도 반영되었다. 1914년 임병찬을 중심으로 한 대표적인 복벽주의 단체인 독립의군부를 시작으로 1915년에는 충청북도와 경상북도 유생 중심의 민단 조합이 생겨났다.

당시 이상설은 고종을 국외로 탈출시켜 망명정부를 수립하고자 했다. 그러나 일제의 감시로 이 시도는 계획 단계에서 그치고 말았다. 1919년 11월에는 고종의 아들인 이강을 상하이로 망명하게 해 대한민국 임시정부의 지도자로 추대하려는 '대동단 사

대한제국의 황실 사람들
고종을 중심으로 한 황실의 가족 관계를 살펴보면, 명성황후와의 사이에 순종을, 엄비와의 사이에 영친왕 이은을, 귀인 장씨와의 사이에 의친왕 이강을, 귀인 양씨와의 사이에 외동딸 덕혜옹주를 두었다. 일제의 일본인과 조선인 사이의 융화의 상징으로 이은은 일본 왕족 출신인 이방자와, 덕혜옹주는 쓰시마의 귀족 소 다케유키와 정략결혼을 했다. 사진 중앙이 영친왕과 이방자 여사(영친왕비)이며, 영친왕의 좌측이 순종과 순명효황후, 이방자 여사의 우측이 고종과 엄비(순헌황귀비)이다.

공화주의자 신규식

건'이 발생했다. 이강은 압록강 건너편 중국 땅까지 갔으나 일본 경찰에 발각되어 강제로 귀국했다. 이러한 일련의 과정에서 유교 지식인 가운데 공화주의를 지향하는 경향이 나타났다. 이들은 1917년 해외에서 「대동단결선언」을 발표했는데, 대한제국의 멸망을 순종의 주권 포기로 간주하고 새롭게 공화주의를 표방했다. 이후 공화주의 사상은 시대적 흐름으로 정착했다.

한편 1915년 7월, 의병 활동가와 신교육을 받은 인물을 중심으로 대한광복회가 조직되었다. 이들은 공화국 건설을 목표로 군사 활동을 준비했다. 1917년부터 1918년 초에 군자금 모금을 위해 광산 사무실과 우편차를 습격하고, 독립 자금 모금에 비협조적인 부호를 처단하기도 했다. 결국 일제의 수사가 강화되어 조직이 발각되었지만, 이들이 지향한 혁명의 이념인 공화주의는 이후 3·1운동과 상하이에서 수립된 대한민국 임시정부의 정체로 정착된다. 비록 망명정부였지만 임시정부는 민주 공화정을 표방한 의회와 정부 조직을 만들었다. 일본에 병합된 지 10년이 안 되어서 조선인들은 절대군주제였던 대한제국을 넘어서 공화정을 향후 독립될 국가의 정치체제로 수용한 것이었다.

「대동단결선언」

1917년 조소앙, 박용만, 박은식, 신채호, 윤세복 등은 복벽주의·공화주의 등 다양한 이념을 내걸고 활동하던 여러 민족운동 단체의 단결을 호소하기 위해 「대동단결선언」을 발표했다. 이 글에서는 1910년 8월 한국 병합을 계기로 "황제권 소멸의 때가 민권 발생의 때요, 구한국 마지막 날은 신한국 최초의 날"이라고 공화주의를 천명했다. 그들은 계몽운동과 의병 운동의 흐름을 하나로 묶고자 시도했는데, 그 취지는 1919년 3·1운동으로 연결되었다.

대동단결선언문과 조소앙

세계의 공화주의

시민이 주인이 된 근대 공화주의가 꽃핀 프랑스 의회

공화주의는 개인의 권리보다 시민 혹은 공민으로서 공동체에 헌신하는 정신을 강조하는 이데올로기이다. 근대 공화주의의 기원은 이탈리아 르네상스 시대의 시민적 휴머니즘에서 시작되는데, 여기서 시민은 정치 공동체에 의식적·자율적으로 참여하는 사람을 의미한다.

공동체 구성원 모두가 정치에 자율적이고 동등한 자격으로 참여한다는 공화주의는 1789년 자유, 평등, 형제애를 표방하고 왕정을 무너트린 프랑스혁명의 이념으로 나타났고, 나폴레옹을 통해 유럽 지역으로 확대되었다.

신분제의 틀이 공고했던 당시 동북아시아 사회에서는 "사람 위에 사람 없고, 사람 아래 사람 없다"라는 이데올로기는 낯설기만 했다. 하지만 프랑스혁명 및 미국의 독립 전쟁과 조지 워싱턴이 소개되면서 점차 공화주의를 표방하는 사람들이 나타났다. 일본의 후쿠자와 유키치는 신분제를 넘어선 평등한 일본 국민을 강조했고, 중국의 쑨원은 공화주의에 입각해 신해혁명1911을 일으켰다.

서재필이 『독립신문』을 통해 강조했던 공화주의는 식민지 조선 사회에 들어오면서 왕정복고를 넘어서 지향해야 할 정치 공동체의 모습으로 정착되었다.

일본의 문화 탄압과 금서

제국주의는 식민지의 공간뿐만 아니라 시간도 지배했다. 일본은 식민지의 역사와 문화를 정리하는 것을 그들의 임무라고 생각했다. 그 결과 일본은 식민통치를 위한 목적으로 1910년대 중반부터 조선사를 편찬하기 시작했다. 그 대표적인 결실이 1925년에 설치된 조선사편수회가 펴낸『조선사』37권이다. 조선사편수회는 편찬 요지에서 "『한국통사』라고 하는 재외 조선인의 저서는 진상을 규명하지 않고 함부로 망설을 드러내고 있다. 이들 역사책이 인심을 어지럽히는 해독을 헤아릴 수 없다"라고 강변했다. 일본은 식민 통치를 합리화하기 위해서 조선 역사를 자신들의 시각 속에서 정리해야만 했다.

애통한 역사를 뜻하는『한국통사韓國痛史』1915는 박은식이 근대 역사학의 방법론을 통해 대원군 집정에서부터 1911년까지의 한국 근대사를 일본의 침략 과정을 중심으로 서술한 책이다. 아울러 그는 1884년 갑신정변부터 독립군 전투까지의 한민족의 독립투쟁사를 3·1운동을 중심으로 해서 저술한『한국독립운동지혈사』1920를 썼다.

일본이 자신들이 만든『조선사』를 통해 조선의 과거를 만들려고 했다면, 박은식은 역사를 통해 한국의 독립을 이루고자 했다. 그는 비록 일본이 강점해 나라가 없어졌지

정신만은 지켜라

박은식은 신채호와 함께 근대 민족주의 사학을 정립한 인물이다. 황해도 해주에서 태어나 한학을 공부하고, 경성에 올라와서 독립협회에 참여했고,『황성신문』기자를 지냈다. 언론인이자 교육자로서 서우학회, 서북학회 설립을 주도했다. 일본의 식민지가 된 직후 중국으로 망명해서 1912년에 동제사를 조직했고, 1915년에『대한통사』를 발간했다. 이 책의 서론을 통해 박은식은 비록 나라를 잃었지만, 역사를 통해 민족의 혼백 魂魄을 지켜 국권을 회복하자는 논의를 전개했다. 그는 1925년 임시정부 제2대 대통령에 취임했으나, 같은 해 67세의 나이로 사망했다.

한국통사

만, 정신을 지키면 나라가 다시 부활할 수 있다고 보았다. 일본은 『한국통사』와 같은 책이 국내에 반입되는 것을 두려워했고, 다양한 정책을 통해 조선인의 역사와 문화 연구 활동을 억누르고자 했다.

동시에 일본은 통감부 시기부터 이미 '신문지법'1907, '신문지규칙'1908 등을 만들어서 역사 왜곡과 함께 언론 활동을 통제하고자 했다. 1910년 『황성신문』, 『대한매일신보』 등 조선인이 발행하는 신문을 모두 없애버리고, 조선총독부의 어용신문인 일본어판 『경성일보』와 한글판 『매일신보』만을 남겨 놓았다. 그뿐만 아니라 서적에 관해서도 대대적인 발매 금지압수 처분을 내렸다. 『초등대한역사』와 같은 교과서를 비롯해서, 『월남망국사』, 『이순신전』 등을 판매 금지했다. 그리고 독립 정신을 고취하는 역사 창가집도 금서에 포함시켰다. 1906년부터 1941년까지 금서 목록에 오른 저서는 500권이 넘었다.

1910년대에 자유롭게 읽을 수 있는 신문은 『매일신보』밖에 없었다. 조선인이 발간한 『조선일보』, 『동아일보』는 1919년 3·1운동 이후인 1920년이 되어서야 나왔다. 비록 『매일신보』가 일본의 지배를 합리화하는 내용을 전달했지만, 이것조차도 쉽게 접할 수 없는 귀한 읽을거리였다. 당시에는 80퍼센트의 민중이 한글을 읽지 못했고, 여성 문맹률은 그보다 더 높았다. 신문종람소 같은 곳에서는 문맹자를 위해 신문을 소리

독서 국민의 탄생
전통적인 독서 방식인 '낭독'은 소리 내지 않고 책을 읽는 근대적 독서 방법인 '묵독'으로 변화했다. 글을 모르는 독자들에게 신문을 읽어주는 신문종람소의 풍경(아래)과 경성부립도서관 열람실의 모습((왼쪽)이다.

내어 읽어주기도 했다. 이렇듯 민중들은 신문을 통해 세계가 돌아가는 소식을 알았고, 조선 사회의 움직임을 확인했다.

출판물과 책 읽기

잡지와 서적은 1910년대 교양과 취미를 위한 거의 유일한 문화 상품이었다. 1915년 영창서관에서 발행한 『사씨남정기』의 광고는 "여러모로 착한 사람은 복을 받고 악한 사람은 화를 받으니 뒷사람을 경계하고, 사건의 전개가 기이하기로 대강 기록해 후세에 전하노니, 보시는 이는 명심하소서"라고 강조했다. 원래 김만중의 『사씨남정기』는 정치적인 요소가 담긴 소설인데, 1910년대에는 대중소설로 읽히기 위해 권선징악과 처첩 간의 갈등을 부각시켰다. 독자의 요구에 따라 전래 소설이 새롭게 창작된 것이다. 이러한 소설은 여성 독자뿐만 아니라 농촌의 오막살이에서 노인이나 젊은이나 보통학교도 못 다니는 십 대 아이들의 유일한 오락거리가 되었다.

그 이전에는 책을 일일이 손으로 베껴 필사본을 만들었다. 숙종 때를 전후해서 많은 종류의 한글 필사본 소설이 만들어졌다. 19세기에는 영리를 목적으로 나무 판에 글자를 새겨 만든 방각본이 나왔고, 그 뒤로 서양 인쇄 기술의 도입과 함께 활자본이 생

방각본 소설의 대중화
필사본으로 전해오던 고전소설을 영리 목적으로 목판 인쇄하여 출판한 소설이 방각본 소설이다. 한글 소설을 읽는 넓은 독자층이 형성되면서 『구운몽』, 『춘향전』 등의 소설이 널리 읽혔다. 왼쪽부터 차례대로 『구운몽』(박문서관, 1917), 『옥중화』(1910년대), 『일선문 춘향전』(한성서관, 1917), 『언문 춘향전』(동미서시, 1913)이다.

당시 『매일신보』에는 어떤 기사가 실렸을까?

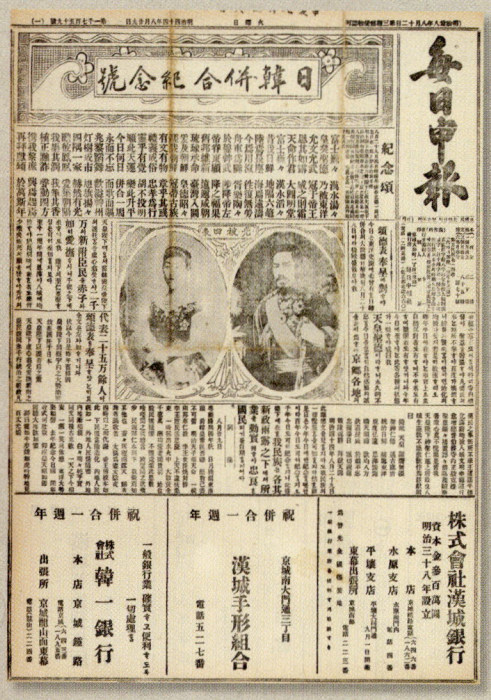

1911년 8월 20일자 『매일신보』 1면

일본이 조선을 지배한 지 만 1년이 되는 1911년 8월 20일. 이날의 날씨는 맑았다. 병합 일주년을 축하하기 위해 조선총독부는 밤에 제등 행렬을 준비했다. 그리고 혹시라도 큰비가 내리면 연기하되 비가 적게 내리면 계획대로 진행한다고 공지했다.

이날 『매일신보』는 평소 4면을 발행한 것과 달리 8면으로 증간해서 '일한병합 기념호'를 발행했다. 1면에는 병합을 기념하는 「기념송記念頌」과 함께 메이지 천황 부부의 사진을 게재했다. 이어 그 하단에는 한성은행, 한일은행 등의 이름으로 병합 1주년 광고를 실었다.

그리고 2면에는 순종과 데라우치 조선총독의 사진을 배치했는데, 순종의 사진 뒤에는 자신이 부덕해서 시대의 뜻에 따라 일본과 나라를 합친 다는 '칙유勅諭'를 배경으로 실었다. 3~7면에 걸쳐서는 일본인과 조선인 명망가와 유지들의 기념 소감을 실었다.

3면에는 조선주차군 사령관을 지냈던 일본인 육군대장의 소감에 이어, 이완용은 "조선인의 평온과 발전은 일본 천황의 도움으로, 형 된 일본인과 동생 된 조선인이 각각 그 책임을 알고 본분을 지켜 원만히 향상 발전해야 한다"는 내용의 담화문을 실었다. 4면에서 조중응 역시 "'한·일병합'은 극동의 평화를 위한 것이며, '천황 폐하'의 '은덕'에 감사해야 한다"고 주장했다. 아울러 7면에서는 '기념 송덕문'을 보낸 조선인 군수, 면장, 이장 등의 명단을 빽빽이 소개했다.

겨났다. 활자본 『춘향전』은 서로 다른 판본이 110종 정도 될 만큼 독자의 사랑을 받았다. 활자본과 경쟁하기 위해 방각본도 표지를 컬러 그림으로 치장했다. 이러한 책들은 1500명에 달하는 봇짐장사의 손에 의해 각지의 장터에서 판매되었다.

『춘향전』, 『심청전』 같은 전통적인 소설과 함께 외국 저작물을 축약 혹은 번안한 이야기책들이 6전 혹은 10전의 싼 가격으로 판매되었다. 교훈과 재미를 담고 있는 『이솝우화』, 『걸리버 여행기』, 『로빈슨 크루소』 등은 일제강점기에도 여전히 많은 사람에게 읽혔다. 일본 소설의 번역물도 당시 출판 시장에서 중요한 비중을 차지했다. 일본 소설 『금색야차』는 이수일과 심순애의 사랑 이야기로 소설은 물론 연극으로도 만들어졌다. 일본의 통속소설에 관해 조선 지식인들은 그 내용이 비속하거나 음란하다고 비판했다. 이들은 민중을 계몽하고 교훈을 줄 수 있는 소설 쓰기를 고민했다.

근대 소설의 효시라고 하는 이광수의 『무정』은 교양과 재미를 함께 주고자 했다. 『매일신보』에 연재할 당시 독자들에게 큰 호응을 받은 이 소설은 1918년에 책으로 출판되었다. 『무정』에는 남자 주인공이 가정교사로 들어간 집의 아가씨와 첫 상견례의 방식을 고민하는 신식 연애에 관한 묘사와 함께 일본·미국 유학을 가서 신지식을 배워와 동포를 교육시키고 조선을 부강하게 만들어야 한다고 다짐하는 계몽적인 내용으로 이루어졌다. 이 책은 식민지 시기 내내 최고의 베스트셀러였다. 1937년 잡지 『조

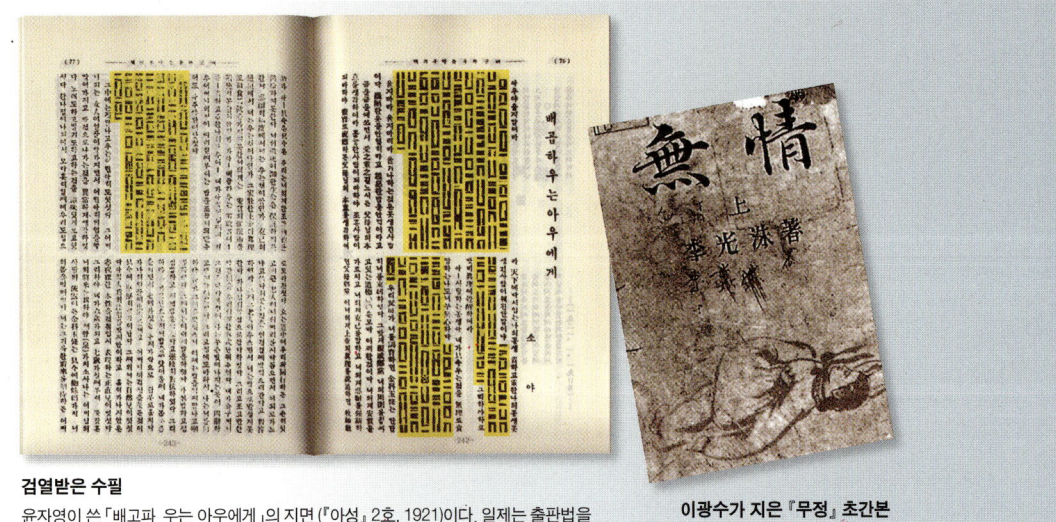

검열받은 수필
윤자영이 쓴 「배고파 우는 아우에게」의 지면 (『아성』 2호, 1921)이다. 일제는 출판법을 근거로 조선에서 출판되는 모든 출판물을 사전 검열했다. 이에 따라 '혁명', '투쟁' 등의 민감한 단어나 문단 전체가 삭제되거나 벽돌 모양으로 처리된 채 출간됐다.

이광수가 지은 『무정』 초간본

광』이 조사한 '가장 감명 깊게 읽은 책' 설문에서도 1위에 뽑혔다.

한편 잡지는 대부분 한 달 간격으로 발행되었기에 신문에 비해 신속성은 떨어졌지만, 많은 정보를 종합적으로 소개했기 때문에 인기가 많았다. 신문처럼 잡지 역시 열람소나 마을 공회당에서 함께 읽는 문화 상품이었다. 당시 조선총독부는 정치와 시사 잡지는 발간을 허가하지 않고, 종교와 문예를 다룬 잡지만 허가했다. 잡지 가운데는 최남선이 한말의 『소년』을 계승해서 발간한 『청춘』이 대표적이다. 일제의 검열 때문에 『청춘』도 곳곳이 ××와 같은 복자로 채워지거나, 기사 내용이 지워진 채 발간되었다. 과학·세계 관련 지식을 소개하고, 조선 문화와 역사를 소개한 『청춘』은 독자층의 기호를 잘 파악한 대중잡지였다.

도쿄삼재, 3인의 천재

● 시대의 주역이 된 도쿄 유학생들 ●

근대 이후 청년과 소년은 미래의 국민으로 크게 주목받았다. 우리나라에서도 20세기를 전후해서 근대 국민국가를 수립하기 위해 청년의 역할이 강조되었다. 청년학생층이 근대적 지식을 얻는 주된 경로는 일본 유학이었다. 일본은 우리와 지리적으로 가깝고, 동북아 지역에서 서구 근대 문명을 학습할 수 있는 공간이었기 때문이다. 도쿄는 '아시아의 런던'으로 불렸다. 일본 유학생은 큰 기대를 받았고, 언론 매체에서도 이들의 활동을 지속적으로 보도했다. 이들 도쿄 유학생 가운데 주목받은 3인을 '도쿄삼재東京三才'라고 불렀는데, 홍명희, 최남선, 이광수가 그 주인공이었다.

홍명희는 1888년, 최남선은 1890년, 이광수는 1892년에 태어났다. 홍명희는 양반, 최남선은 중인, 이광수는 거의 평민에 가까운 몰락 양반 가문 출신이었다. 연배가 비슷한 이들은 한말 일제 초에 일본 유학을 했고, 문학 영역에서 활동한 공통점을 지녔다. 신분에 차이가 있던 이들 3인이 서로 교유 관계를 맺을 수 있었던 것도 근대적인 현상이었다.

세 사람 가운데 홍명희와 최남선이 먼저 만났

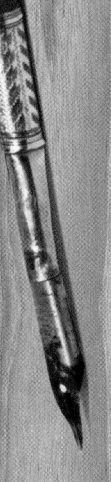

홍명희

최남선

이광수

다. 두 사람을 연결해준 것은 독서에 관한 습관이었다. 이들이 읽은 서적은 『황성신문』과 중국과 일본에서 발행된 출판물이었다. 홍명희와 이광수는 일본 유학 시절인 1906년 도쿄에서 만났다. 이광수가 공중목욕탕에서 "이마에 망건 자국이 허옇게 난 청년"에게 이름을 물었고, 홍명희는 "나는 홍명희요"라고 답했다. 최남선과 이광수의 만남은 홍명희의 주선으로 1909년 도쿄의 하숙방에서 이루어졌다. 이 만남에서 이광수는 신문관을 통해 잡지 『소년』을 발행하던 최남선을 경모하고 그를 '천재'로 평가했다.

당시 이광수가 일본 유학생 사회에서 새롭게 주목받았다면 최남선은 이미 조선 문단의 중진으로 활동하고 있었다. 홍명희는 사회 활동은 활발히 하지 않았지만, 두 사람에게 형으로서, 동료로서 존경을 받았다. 이광수는 그를 문학적 식견이나 독서에서 자신보다 늘 일보를 앞섰다고 생각했으며, 한학漢學에 소양이 깊고 재주가 출중한 인물로 평가했다.

일본 유학 시절, 이들이 경험한 도쿄란 도시의 인상과 그곳에서 습득한 근대 학문의 내용은 무엇이었을까? 도쿄삼재가 일본에 유학을 간 시점은 러일전쟁에서 일본이 승리한 직후였다. 당시

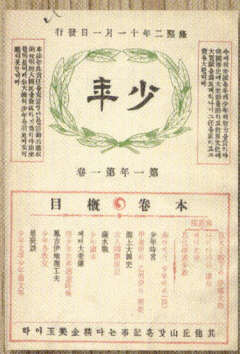

잡지 『소년』과 『청춘』
최남선이 1908년 경성에 세운 신문관은 근대적인 인쇄소이자 출판사였다. 당대에 가장 앞선 인쇄 기술과 편집 역량을 갖춘 신문관은 종합 교양 월간지 『소년』과 『청춘』을 비롯하여 어린이 잡지 『붉은 저고리』, 『아이들 보이』, 『새별』 등을 발행했다.

일본 사회는 국가 경제 규모가 팽창하고, 산업이 발흥하는 호경기를 경험하던 때였다. 홍명희는 중학교 과정부터 차근차근 학업을 준비했고, 최남선과 이광수는 대학에서 각각 역사지리와 철학을 전공했다. 도쿄삼재는 근대의 경험을 바탕으로 귀국 후 조선의 문명화를 이루고자 활동했다. 이광수의 표현처럼 당시 조선은 "계모의 손에 자라나는 계집애"처럼 근대 문명과 문화의 세례를 받지 못한 상황이었다.

도쿄삼재 가운데 맨 먼저 귀국한 인물은 최남선이었다. 그는 2년 정도 일본 체류 경험을 바탕으로 출판사업을 통해 '소년'을 계몽하고자 했다. 이광수는 학교를 졸업한 후 1910년 3월 정주 오산학교의 교원이 되었다. 그는 교사를 선택한 것을 평생의 개인적 영화의 야심을 버리는 것이었다고 회고했다. 홍명희는 안중근 의거 이후 조국의 흥망이 경각에 달렸다고 생각하고 졸업 시험도 치르지 않고 1910년 2월에 귀국했다. 이후 홍명희는 자연주의의 영향을 받은 문학 영역에서, 최남선은 조선 역사와 문화 영역에서, 이광수는 문학과 사회 평론의 영역에서 유력한 존재로 자리를 잡았다.

도쿄삼재는 일본의 식민지가 되었다는 현실을 어떻게 받아들였을까? 특히 홍명희는 금산군수였던 아버지 홍범식이 경술국치의 책임을 지고 자결했기 때문에, 식민지란 상황을 절실히 경험했다. 그는 부친의 3년상을 치르고 1912년 가을에 해외로 방랑을 떠났다. 이광수는 귀국 당시 가졌던 교육에 관한 이상이 제대로 실현되지 않자 오산학교를 떠나 1913년에 방랑의 길에 나섰다. 방랑은 홍명희와 이광수처럼 식민지 지식인에게 하나의 통과의례였다. 한편 최남선은 신문관을 통해 잡지 『청춘』을 발행했고, 1911년 조선광문회를 조직해서 조선 문화를 보존, 복원하는 데 앞장섰다. 최남선은 이를 통해 『삼국유사』 등을 복각하고, 조선어 사전을 만들고자 했다.

도쿄삼재는 조선이 일제에 의해 병합된 시기를 전후해서, 교육과 언론 영역에서 활발하게 활동했다. 이후 조선의 기대주였던 이들은 1919년 3·1운동의 중심에 섰다. 이광수와 최남선은 각각 도쿄와 경성에서 독립선언서를 집필했고, 홍명희는 고향 괴산에서 시위를 주도했다. 이렇듯 도쿄삼재는 시대 속에 휩쓸려 들어간 것이 아니라, 시대에 맞서 역사를 직접 만들어간 주역의 위치에 있었다. 당시 홍명희는 32세, 최남선은 30세, 이광수는 28세였다.

만세의 함성과 독립에 대한 열망

| 3·1운동과 대한민국 임시정부 수립

기미독립선언서

   1919년 3월 1일 늦은 2시, 종로 파고다공원. 입추의 여지 없이 공원을 가득 메운 4000여 군중은 누군가를 기다렸다. 그러나 아무리 기다려도 민족 대표들은 오지 않았다. 그러자 군중들 가운데 열혈 청년 한 명이 팔각정 단상에 올라 "오등吾等은 자茲에 아我 조선朝鮮의 독립국獨立國임과 조선인朝鮮人의 자유민自由民임을 선언宣言하노라"라고 시작되는 「독립선언서」를 낭독하기 시작했다. 곧장 "만세"를 부르짖는 함성이 종로 거리를 뒤덮었다. 식민지 조선의 민중은 이 함성을 통해 자신들이 시대의 주인임을 천명했다.

   한편 파고다공원에서 독립선언식을 주관하기로 한 민족 대표들은 오전부터 파고다공원이 아닌 태화관으로 속속 모였다. 이들은 최남선이 기초한 「독립선언서」와 한용운이 작성한 「공약 삼장」을 낭독한 후, 종로경찰서에 전화를 걸어 자신들의 소재를 알렸다. 즉시 출동한 경찰이 모두를 인근 종로경찰서로 압송했다. 그것으로 그들은 임무를 완수했다. 일제강점기 최대의 민족운동인 3·1운동은 이렇게 대비되는 두 장면으로 막이 올랐다.

세계정세의 변화

1910년 일본 제국주의의 국권 침탈 이후, 식민지 조선에서 민중들의 삶은 일제의 선전과는 달리 전혀 좋아지지 않았다. 일제는 식민 통치에 필요한 제도와 조치들을 '근대'라는 말로 포장했고, 친일 정치 단체인 일진회를 해산시킬 정도로 정치 및 사회 활동을 규제했다. 그러한 가운데 진행된 토지조사사업은 민중의 삶을 더욱 황폐화시켰다.

일제의 강압적 통치 아래 식민지 조선 민중의 투쟁은 계속되었다. 채응언 부대의 의병 투쟁이 1915년까지 지속되었고, 대한광복회나 조선국민회와 같은 비밀결사들이 조직되어 군자금을 모금하고 운동의 거점을 확보하기 위한 활동을 전개해나갔다. 그러나 분산적으로 전개된 비밀결사 운동의 성격상 그 조직을 보존하면서 지속적인 투쟁을 전개하는 것이 쉽지 않았다.

이러한 상황에서 1914년에 발발한 제1차 세계대전은 종래 약육강식으로 대표되는 사회진화론적 세계관과 그에 입각해 정당화되던 제국주의 열강의 식민지 침탈에 근본적인 문제를 제기하는 계기가 되었다. 1917년 러시아혁명을 통해 지구 상에 사회주의체제가 그 모습을 드러내자 이에 대한 공감대는 더욱 확산되었다. 소비에트 러시아의 지도자인 레닌은 종래 제정 러시아의 제국주의적 정책을 모두 폐지하고, 식민지 및

| 윌슨의 민족자결주의

모든 영토와 주권은 각 민족에게 귀속되어야 하며 정치적 운명은 각 민족의 의사에 따라 결정되어야 한다는 주장으로, 식민지 및 피압박민족의 민족해방운동에 커다란 영향을 미쳤다. 1918년 1월 8일, 미국의 윌슨 대통령이 미국 의회에서 제창한 비밀외교 폐지, 군비 축소, 식민지 민족의 자결, 국제연맹 조직 등을 내용으로 하는 「14개조」에 바탕을 두고 있다.
「14개조」는 1919년 1월 18일부터 6월 28일까지 제1차 세계대전의 전후 문제 처리를 위해 개최된 파리강화회의의 기본 원칙이 되었다. 여기에는 오스트리아-헝가리제국과 오스만제국 등 패전국의 식민지를 효율적으로 분할해, 경제적 우위를 정치적으로 구현하고자 했던 미국의 신질서 구상이 내포되었다.

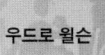

우드로 윌슨

반식민지 피압박민족들의 해방운동을 지원하겠다고 공언했다. 미국 대통령 윌슨도 파리강화회의를 앞두고 패전국의 식민지 처리와 전후 국제 질서를 재편할 목적으로 민족자결주의를 주창했다.

세계정세의 변화는 식민지 조선의 민중들에게도 바야흐로 무력에 의해 좌우되던 시대가 가고 정의와 인도人道에 입각한 새로운 시대가 도래했다는 믿음을 주었다. 3·1운동은 피폐한 식민지 조선의 '현실'과 도의를 논하는 '이상'의 기묘한 동거 속에서 시작되었다.

3·1운동의 발발

1919년 1월 21일, 대한제국의 고종 황제가 급서했다. 1863년 이래 45년 동안 조선의 왕이었던 고종의 갑작스러운 죽음과 그의 죽음을 둘러싼 독살설은 일제의 압제 아래 폭발할 출구를 찾지 못하고 있던 조선 민중들에게는 뇌관과도 같았다.

고종의 죽음에 가장 발 빠르게 대응한 것은 일본에서 유학하던 학생들이었다. 1919년 2월 8일 도쿄의 YMCA회관에 유학생들이 모여들었다. 유학생들로 조직된 조선청년독립단은 일본의 심장에서 '일본에 대해 영원한 혈전血戰'을 선언했다. 2·8독립선언은 국

| 고종독살설

1919년 1월 21일, 고종이 덕수궁 함녕전에서 급서했다. 그러나 조선총독부는 고종이 1월 22일 오전 6시 뇌일혈로 사망했다고 발표했다. 조선총독부의 공식 발표에도 불구하고 '고종독살설'은 광범위하게 유포되었다. 그것은 건강하던 고종이 급서했다는 점과 시신의 상태가 자연사로 보기 어려웠다는 전언 때문이었다. 급서 시점이 1월 18일부터 시작된 파리강화회의와 1월 25일 거행될 예정이었던 영친왕과 나시모토노미야 마사코梨本宮方子, 이방자의 가례 사이에 위치한다는 점도 고종독살설을 증폭시키는 배경이었다.

고종 황제 장례
1월 21일 승하한 고종의 국장(國葬)이 3월 3일 거행되었다. 유폐되어 있던 덕수궁을 나와 장례식장으로 향하는 국장 행렬의 모습이다.

내에 큰 자극을 주었다. 천도교와 기독교, 불교 등의 종교계와 전문학교 대표들로 구성된 학생계를 중심으로 독립선언에 대한 논의가 활발하게 전개되었다. 다양하게 준비되던 만세 시위는 종교계와 학생계가 단일한 지도부 구성에 합의하면서 빠르게 진전되었다. 준비 과정에서 지도부는 '일원화'와 함께 '대중화'와 '비폭력'을 만세 시위의 원칙으로 정했다.

3월 1일에 시작된 만세 시위는 경성을 비롯해 북부 지방의 주요 도시인 평양·원산·의주 등지에서 전개되었다. 그 열기는 철도와 간선도로를 따라 인근 도시와 농촌으로 급속하게 확산되었다. 도시에서 만세 시위를 주도한 세력은 학생들이었다. 이들은 비밀결사를 조직해 「독립선언서」배포, 지하신문 발행, 동맹휴학 등을 이끌었다. 도시의 상인들도 철시撤市를 통해 만세 시위에 적극적인 지지를 표명했다. 농촌에서는 도시에서 귀향한 학생들과 지방 유지들이 중요한 역할을 했다. 농촌에서의 만세 시위는 주로 장날에 장터를 중심으로 진행되었다.

만세 시위가 전국적으로 빠르게 확산되면서 노동자와 농민의 참여가 폭발적으로 늘었다. 노동자들은 파업을 통해 일제에 저항했다. 3월 22일, 경성에서는 400여 명의 노동자가 모여 노동자 대회를 개최하고 만세 시위를 전개했고, 3월 26일에는 전차 종사원들이 동맹파업을 일으켰다. 만세 시위는 식민지 조선에서만 전개된 것이 아니었다.

2·8독립선언을 주도한 재일 유학생들

이날만을 기다렸다, "대한 독립 만세!"

종로에서 만세를 부르는 조선 민중들

부녀자들의 만세 시위 행렬

미국 필라델피아의 만세 시위 행진
3·1운동 소식을 듣고 미주 지역 동포들이 4월 14일부터 16일까지 미국 필라델피아의 독립관에서 한인자유대회를 개최, 시위 행진을 했다.

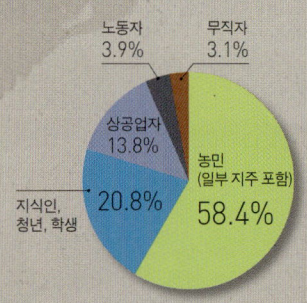
3·1운동 당시 투옥자의 직업별 분포도
(총 8,511명)

- 노동자 3.9%
- 무직자 3.1%
- 상공업자 13.8%
- 지식인, 청년, 학생 20.8%
- 농민(일부 지주 포함) 58.4%

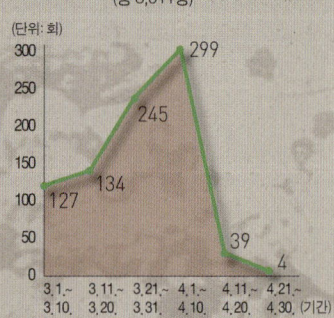
3·1운동의 시기별 시위 횟수
(총 848건)

기간	횟수
3.1.~3.10.	127
3.11.~3.20.	134
3.21.~3.31.	245
4.1.~4.10.	299
4.11.~4.20.	39
4.21.~4.30.	4

중국의 만주와 상하이, 소비에트 러시아의 연해주와 시베리아, 미주 지역에 이르기까지 조선인 이주민이 있는 지역에서는 대부분 만세 시위가 전개되었다.

만세 시위는 3월 말부터 4월 초에 정점에 이르렀다. 이때는 전국에서 하루에 40~50회씩 만세 시위가 일어났다. 일본의 통계에 따르면 232개의 부·군 가운데 94퍼센트에 이르는 218개의 부·군에서 만세 시위가 발생했다. 만세 시위는 1919년에만 약 200만 명이 참여할 정도로 전 민족이 호응한 사건이었다. 만세 시위에 참가한 민중들은 태극기와 함께 여러 가지 깃발을 들었고, 애국가와 운동가들을 불렀다. 민중들은 자신들의 주장이나 염원을 적은 전단이나 격문 등의 선전물을 만들어 현장에서 뿌리기도 했다.

평화적으로 전개되던 초기의 만세 시위는 일제의 무력 탄압으로 시위대가 강제 해산되면서 사상자가 많이 발생하자 변화의 양상을 보였다. 일제의 탄압에 대항하면서 경찰서나 면사무소와 같은 일제의 식민 통치기관을 파괴하는 등 점차 폭력적으로 변해갔다. 그 과정에서 4만 6000여 명이 검거되었고 2만 3000여 명의 사상자가 발생했다.

3·1운동은 이념과 계급의 차이를 초월해 전개된 전 민족적 항일운동이라는 점에서 역사적 사건이었다. 이를 통해 식민지 조선의 민중은 민족적 자각을 경험했고, 공화주의에 대한 인식을 공유했다. 또한 운동이 전개되면서 통일적 지도부의 필요성에 대해서도 공감대를 이루었다. 이러한 움직임은 공화주의에 입각한 대한민국 임시정부가

강제 해산에 나선 일본 기마 헌병
독립 만세를 외치는 군중들을 강제 해산시키고 있는 일본 기마 헌병의 모습이다. 3월부터 5월까지 전국 230여 개소에서 1491건의 항의 시위와 폭동이 잇따랐다.

수립되는 토대가 되었다. 만세 시위에 참여한 노동자와 농민들은 이후 대중운동을 통해 민족해방운동에 주체적으로 참여했고, 이는 사회주의사상의 수용과 확산의 토대가 되었다. 만주와 연해주에서 활동하던 독립군 부대들은 3·1운동 이후 무장투쟁을 본격화했다.

또한 3·1운동은 민족해방운동의 방법론이 뚜렷하게 분화되는 계기가 되기도 했다. 독립 전쟁론으로 대표되는 무장투쟁론, 일제 기관의 파괴와 요인 암살을 강조하는 의열 투쟁론, 열강에 대한 외교교섭을 중시하는 외교 독립론, 실력 양성에 기반한 준비론인 실력 양성론 등으로 분화된 것이다.

대한민국 임시정부의 수립

3·1운동의 영향으로 국내외에서 다수의 임시정부가 생겨났다. 그 가운데 노령의 대한국민의회, 상하이의 임시의정원, 경성의 한성정부 등이 실체를 갖는 대표적인 임시정부였다. 이들은 각각 다른 조직 체계로 구성되어 있었지만, 3·1운동의 정신을 계승한 통일된 임시정부를 만들기 위해 통합 운동을 전개했다.

통합 논의는 연해주 지역의 이주민을 기반으로 조직된 대한국민의회와 망명한 민

족운동 지도자들을 중심으로 조직된 임시의정원 사이에 진행되었다. 통합 논의 과정에서 가장 커다란 쟁점이 된 것은 통합된 임시정부를 어디에 둘 것인가 하는 문제였다. 이 문제는 임시정부의 위치라는 단순한 문제가 아니라 무장투쟁론을 주장한 대한국민의회와 외교 독립론과 실력 양성론을 주장한 임시의정원의 상이한 운동 방침과 맞물려 향후 통합된 임시정부의 운동 방침을 결정하는 중요한 문제였다.

통합 논의는 순조롭지 못했지만 접점을 찾아갔다. 두 단체 모두 공화주의 정체를 추구했기 때문이다. 임시의정원은 「대한민국 임시헌장」 제1조에 '대한민국은 민주공화제로 한다'라고 천명했고, 대한국민의회도 공화제를 지향했다. 또한 두 임시정부의 지도부에 추대된 지도자들의 면면이 상당 부분 겹친다는 점도 통합의 추동력이 되었다. 결국 통합 논의는 13도 대표를 중심으로 국내에서 조직된 한성정부의 법통성을 승계하면서 세 단체를 통합하고, 임시정부는 상하이에 두는 것으로 결정되었다. 그 결과 1919년 11월 삼권분립과 공화제에 입각한 대한민국 임시정부가 수립되었고, 초대 대통령과 국무총리에 이승만과 이동휘가 추대되었다.

대한민국 임시정부에는 민족주의자들뿐만 아니라 이동휘를 중심으로 하는 사회주의 조직인 한인사회당이 조직적으로 참여해 민족통일전선의 성격도 함께 가졌다. 반면, 연해주와 만주 지역에서 활동하던 대한국민의회 계열의 무장투쟁론자들과 베이

임시정부 대통령에 추대된 이승만의 취임 환영회(위)와 대한민국 임시정부 청사(오른쪽)

징 지역에서 활동하던 신채호 등과 같은 의열 투쟁론자들은 외교 독립론 중심의 대한민국 임시정부에 참여하지 않았다.

통합된 임시정부의 소재지를 상하이에 둔 것은 대한민국 임시정부의 운동 방침을 국제회의나 국제연맹에 청원을 통해 민족해방을 달성하겠다는 외교 독립론에 입각한다는 상징적인 조치였다. 대한민국 임시정부는 파리강화회의와 워싱턴회의에 조선 문제를 상정하기 위해 김규식을 책임자로 하는 파리위원회와 이승만이 주도하는 구미위원회를 조직해 활동을 펴나갔다. 그러나 제국주의 열강이 주도하는 두 국제회의에서 조선 문제는 거론조차 되지 못했다.

대한민국 임시정부의 외교 독립론과 파벌 투쟁에 대한 비판이 제기되면서 국민대표회의의 개최를 주장하는 목소리가 커져갔다. 마침내 1923년 1월, 상하이에서 국민대표회의가 개최되었다. 국내외 단체의 대표자 120여 명이 참석한 가운데 열린 국민대표회의는 대한민국 임시정부의 진로를 둘러싸고 새로운 단체를 조직하자는 창조파와 대한민국 임시정부를 개조하자는 개조파, 기존 대한민국 임시정부를 고수하려는 고수파 사이의 대립으로 인해 소기의 성과를 거두지 못하고 마무리되었다.

대한민국 임시정부는 1910년대 이래 다양한 방법론에 입각해 전개되던 민족해방운동을 통합해 조직했다는 점에서나, 이념적인 성향을 달리하는 민족주의 세력과 사회

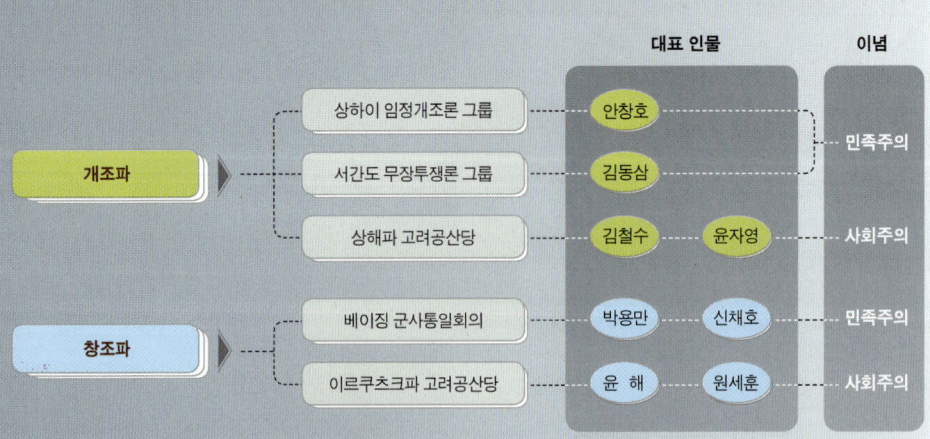

| 국민대표회의 참여 세력

주의 세력이 민족해방을 위해 함께 힘을 모은 민족통일전선이었다는 점에서 역사적 의의를 지니고 있다. 그러나 국민대표회의의 결렬로 인해 대한민국 임시정부는 초창기의 활력과 영향력을 상실하게 되었다.

| 신채호의 의열 투쟁론

신채호는 계몽운동기 『황성신문』과 『대한매일신보』 등 항일 언론을 통해 민중의 계몽과 민족의식 고취에 노력하였다. 1923년 의열단의 선언인 「조선혁명선언」을 통해, 일제를 타도하고 자치론·문화운동론·외교론·준비론 등을 극복하기 위한 방편으로 민중의 의열 투쟁을 통한 직접 혁명론을 주장하였다. 이후 아나키즘에 기반하여 항일 투쟁을 전개하였다.

신채호와 「조선혁명선언」

삼천만 동포가 주인 되는 신대한국을 위하여

● 만주에서의 독립군 무장투쟁 ●

1910년 대한제국의 멸망을 전후해 무장투쟁론을 지지한 이들은 만주로 망명했다. 만주는 지리적으로 국내와 가깝고, 1860년대 이래 조선인들의 이주로 동포 사회가 형성되어 있었으며, 국내에 비해 상대적으로 일본의 압제에서 자유로웠기 때문이다.

이들은 동포 사회를 기반으로 명동학교나 신흥학교 같은 민족 학교를 설립하고 독립군 양성에 주력했다. 독립군은 비밀결사체로 계몽운동을 주도했던 신민회 계열과 의병 전쟁을 주도했던 의병 계열을 중심으로 조직되었다. 이들은 각각 공화주의와 복벽주의를 지향했는데, 이러한 흐름은 3·1운동을 거치면서 빠르게 변화했다. 3·1운동을 계기로 공화주의가 대세로 자리 잡았기 때문이다.

분산적으로 전개되던 독립군 활동은 3·1운동을 거치면서 서간도와 북간도 등 지역별로 결집되는 양상을 보였다. 대한민국 임시정부와 관계를 맺었던 광복군총영과 서로군정서는 서간도의 대표적인 독립군 단체였다. 북간도에는 대한국민의회와 연결된 대한독립군과 대한민국 임시정부와 관계를 맺고 있던 북로군정서가 있었다.

김좌진

홍범도

이들은 친일파 처단과 군자금 모금 등의 활동과 함께 국내 진공을 통해 일본에 타격을 주는 전술을 전개했다. 1920년에만 1651회에 달하는 독립군의 국내 진공 작전이 전개되었다. 이러한 독립군의 활동은 일제의 검열로 인해 삭제되거나 '□□단'이나 '□□군'처럼 명칭이 삭제되기는 했지만 『동아일보』나 『조선일보』에 빈번하게 소개되었다.

1920년 6월, 의병장 출신인 홍범도가 지휘하던 대한독립군과 최진동이 이끄는 군무도독부 등이 연합해 조직한 대한북로독군부는 일본 정규군과의 첫 번째 대규모 전투인 봉오동전투를 승리로 이끌었다. 그해 10월에는 홍범도의 대한독립군과 김좌진의 북로군정서가 연합해 청산리전투에서 일본군에 대승을 거두었다. 두 전투에서의 승리는 조직화된 독립군의 힘과 무장투쟁을 통한 독립 전쟁론의 가능성을 보여주었다. 또한, 암울한 식민지 상황 속에서 '우리도 승리할 수 있다'라는 자신감을 심어주었다.

두 전투에서 대패한 일본은 독립군을 토벌한다는 명분으로 '간도 출병'을 단행했다. 그 과정에서 만주의 조선인 마을을 파괴하고 조선인들

지도 범례:
- 한인 다수 분포 지역
- 주요 독립군 조직
- 3부의 독립 운동 지역

지도상 지명: 치치하얼, 하얼빈, 송청(쌍성보), 무단강(목단강), 대한독립군(봉오동 전투), 대한독립군단, 미산(밀산), 창춘, 서로군정서군, 신민부, 지린(길림), 우수리스크, 정의부, 쏸두아오(청산리), 훈춘, 블라디보스토크, 유허(유하), 백두산, 북로군정서군(청산리 전투), 선양, 싱징, 청진, 참의부, 콴뎬, 보천보, 광복군총영, 신의주, 함흥, 평양, 만주, 소련, 연해주

을 대대적으로 살육했다. 이른바 '경신참변'으로 불리는 이 사건으로 10월부터 11월 사이에 조선인 3600여 명이 학살되었다. 독립군 부대들은 일제의 토벌을 피해 전열을 재정비하고자 북만주의 미산에 집결했다. 대한독립군단을 조직한 이들은 1921년 1월 소비에트 러시아의 이만을 거쳐 알렉세옙스크자유시로 이동했다. 자유시에는 만주에서 옮겨온 독립군 부대뿐 아니라 연해주 빨치산 부대까지 총집결했다. 1921년 6월, 이들 부대의 군사 지휘권 문제를 둘러싼 상해파와 이르쿠츠크파 고려공산당의 대립으로 '자유시사변'이라는 유혈 사건이 발생했다. 이 사건은 이후 사회주의 계열의 무장 부대와 민족주의 계열의 무장 부대가 연합하는 것을 가로막는 계기로 작용했을 뿐 아니라 상해파와 이르쿠츠크파 사이도 돌이킬 수 없는 상태로 몰고 갔다.

만주로 복귀한 민족주의 계열의 독립군 부대들은 남만주의 참의부와 정의부, 북만주의 신민부 등 이른바 3부로 재편되었다. 3부는 민정과 군정을 결합한 조직으로, 삼권분립에 입각한 조직을 갖추고 군대를 보유한 자치적인 정부로 기능했다.

⚜ 신대한국 독립군의 백만 용사야 ⚜

"신대한국 독립군의 백만 용사야, 조국의 부르심을 네가 아느냐, 삼천리 삼천만의 우리 동포들, 건질 이 너와 나로다. 나가 나가 싸우러 나가, 나가 나가 싸우러 나가, 독립문의 자유종이 울릴 때까지 싸우러 나아가세."

일제강점기 만주 벌판에서 널리 회자되던 독립군가인 이 노래는 독립군들의 결기와 지향을 함축적으로 잘 담고 있다. 민족해방의 그날을 위해 외교 독립론이나 실력 양성론이 아닌 무장투쟁론에 입각해 일제에 결전을 선포하고 있다. 투쟁의 결과 건설하고자 한 해방된 조국은 대한제국의 부활이 아니라 '삼천만의 우리 동포들'이 주인 되는 나라, 즉 공화주의에 입각한 '신대한국'이었다.

백성에서 난민으로

| 병합 이후 본격화된 해외 이주

1910년 12월 30일, 남녀노소 50~60명이 압록강의 얼음 위를 걷고 있었다. 그들은 여섯 형제가 이끄는 가족과 그에 딸린 식구들로, 재산과 토지를 처분해 아예 고국을 떠나는 길이었다. 무리가 많아서 예닐곱 대로 나누어 남대문, 용산 등지에서 따로 차를 타고 와 신의주에서 합류했다. 그들은 강 건너편의 안둥에서 며칠 쉬었다가 2월 초순 목적지인 서간도 찌우짜가鄒家街에 도착했다. 이동하는 데만 두 달 가까이 걸렸다.

그들은 누구이며 왜 하필 서간도로 갔을까? 바로 이회영李會榮을 비롯한 여섯 형제와 그들의 집안사람들이었다. 그해 많은 조선인이 그들처럼 고향을 등지고 압록강을 건넜다. 역사의 소용돌이에 휘말려 조선 땅을 떠난 모진 유랑의 길, 디아스포라의 역사가 시작되는 순간이었다.

새로운 삶의 터전, 만주

이회영 일가는 이른바 명문거족名門巨族이었다. 이회영의 10대조는 서민들의 사랑을 받은 영의정 이항복이고, 5대조는 청렴강직했던 영의정 이종성이다. 1910년 8월, 일제가 한반도를 강점하자 이회영은 '대의를 위해 죽을지언정 왜적 밑에서 노예가 되어 생명을 구차히 도모할 수는 없다'라고 생각했다. 이런 생각에 뜻을 같이한 그의 형제들이 집안 식구들을 이끌고 해외 이주를 결행한 것이다.

이회영 등이 독립운동의 기지로 삼은 곳은 서간도였다. 독립운동 기지를 건설하려면 한반도에 가까우면서도 일본의 영향력에서 벗어난 곳이어야 했다. 또한 조선 사람들이 어느 정도는 살고 있는 지역이어야 했다. 간도를 포함한 만주 지역에 조선인이 살기 시작한 것은 그리 오래되지 않았다. 이 지역은 오랫동안 청과 조선 사이에 금지된 땅으로 묶여 있었다. 그러다 19세기 무렵 커다란 흉작으로 굶어 죽게 된 조선인들이 집단으로 옮겨오면서 본격적으로 이주가 시작되었다. 러시아의 남하를 저지하기 위해 청이 한족들의 만주 이주를 허용한 것도 조선인 이주의 배경이었다. 당시 조선인 이주민은 대부분 평안도와 함경도 농민들이었다. 그들은 주로 지리적으로 가까운 곳, 즉 두만강 건너편인 간도와 압록강 건너편인 서간도, 즉 동변도東邊道 지방으로 이주

| 아나키스트 이회영

이회영은 일제강점기에 활동한 독립운동가로, 대한민국 초대 부통령을 지낸 이시영의 형이다. 일찍부터 개화사상을 받아들여 1908년 장훈학교를 설립했고, 안창호·이동녕 등과 함께 청년학우회를 조직하기도 했다. 블라디보스토크, 베이징, 상하이 등지에서 독립운동에 가담했고, 1921년 신채호와 함께 무정부주의 운동을 벌이며 분열된 임시정부의 조정 역할을 담당했다. 1932년 지린성에 지하 공작망을 조직할 목적으로 상하이에서 다롄으로 가던 도중 일본 경찰에 붙들려 심한 고문 끝에 옥사했다.

했다. 갈수록 조선인의 거주 지역도 확대되었다.

고래 싸움에 끼인 새우

재만 조선인의 국적과 관할권 문제는 영토 문제와 맞물려 조선과 청 사이에 분쟁의 씨앗이 되었다. 을사늑약으로 일본이 조선의 외교권을 빼앗자, 이 문제는 곧장 청과 일본 간의 갈등으로 나타났다. 일본은 조선인을 보호한다는 명분으로 간도에 임시 파출소를 설치했고, 청은 일본의 만주 침략 의도에 민감한 반응을 보였다.

양국 간의 갈등은 1909년 9월, 간도협약 체결로 일단 해소되었다. 두 나라는 간도를 청의 영토로 규정했고, 간도의 조선인이 중국으로 귀화해 입적하면 거주권, 토지소유권, 재산 소유권을 주기로 합의했다. 그 대신 일본은 랴오둥 지방의 철도 부설권, 광산 채굴권을 얻었고, 청 거주 조선인의 법적 문제 해결에 참여할 수 있는 기회를 얻었다.

1910년, 일본이 조선을 강제로 병합하자 조선인의 만주 이주는 새로운 양상을 띠게 되었다. 그 이전에는 굶주림에서 벗어나려는 경제적 이유가 동기였다면, 병합 이후에는 여기에다 일제에 대한 반감이라는 정치적 요인이 더해졌다. 간도협약으로 조선인의 거주가 공식적으로 보장된 점도 이민 증가에 영향을 끼쳤다.

국경 지대에서 검문받는 조선인

간도파출소 소장

일본은 침략 정책의 일환으로 조선인의 만주 이주를 은근히 장려했다. 그들은 조선인에 대한 보호자를 자처했다. 일본의 다음 목표가 만주라고 판단한 청의 지방정부는 만주에 이주한 조선인을 일본의 앞잡이로 간주하곤 했다. 반면, 이 지역 중국인들은 조선인의 독립운동에 동조하기도 했다.

제1차 세계대전이 발발해 서양 열강들이 중국에 관심을 갖지 못하자, 일본은 중국에 이른바 「21개조」를 강요했고, 만몽조약을 체결했다. 이로써 일본은 남만주의 일본 신민에 대한 영사재판권과 이 지역에서의 토지 상조권土地商組權을 얻었다. 일본은 중국과의 토지 상조권 분쟁에서 조선인의 이중국적과 토지소유권을 미끼로 토지를 빼앗았다. 말하자면 일본은 조선 강점의 결과 만주로 옮겨가 살아야 했던 조선인들을 만주에서의 영토 확장을 위해 또 한 번 이용한 것이다.

살아남기 위한 변장

만주에서는 혹독한 추위와 사나운 바람이 이회영 일행을 기다렸다. 4월까지 차가운 바람이 윙윙거렸다. 초가을부터 내린 눈이 계속 쌓여 얼음눈이 되었는데, 마차 바퀴가 얼음에 부딪치는 소리가 귓가를 울렸다. 무서운 것은 또 있었다. 바로 질병이었다.

만몽조약

1915년 5월 25일, 중국과 일본 사이에 체결된 「남만주 및 동부 내몽고에 관한 조약」을 말한다. 제1차 세계대전에 참전한 일본은 중국 침략의 발판을 마련하기 위해 1915년 1월 중국 정부에 「21개조」 조약 원안을 제시했다. 열강들의 반발에도 불구하고, 일본은 5월 초 최후통첩을 한 뒤 일부 내용을 삭제한 16개조의 만몽조약을 체결했다.

이 조약의 체결로 일본은 남만주 및 동부 내몽고 지역에서 토지 상조권을 획득하는 데 성공했다. 그러나 중국과 토지 상조권의 성격과 적용, 조선인의 법적 지위 등을 둘러싸고 심각하게 대립했다. 이후 일본이 조선인의 이중국적과 토지소유권 문제를 이용하여 만주에서 세력을 확대해가자, 중국은 조선인에 대한 귀화 입적 정책을 강화하고 조선인들의 토지소유권 등을 엄격하게 단속하기 시작했다.

만주와 간도

만주의 의미와 근원을 말해주는 정확한 문헌적 근거는 아직 발견되지 않았으나, 본래 만주라는 명칭은 17세기에 중원, 몽골, 티베트, 신장 등을 정복하고 청나라를 세운 민족을 가리킨다. 하나의 부족민족 이름이었던 이 명칭이 18세기 이후 지명으로도 사용되었다.

만주 지역은 역사적으로 고조선, 부여, 고구려, 발해, 요, 금, 청 등 고대의 한반도와 정복왕조들이 지배했던 동북아시아의 광활한 지역을 포괄한다. 오늘날 만주 지역은 일반적으로 서쪽으로 몽골, 북으로 시베리아, 서남으로 중원, 동남으로 한반도와 접해 있으며, 넓은 의미의 만주 범위는 지금의 중국과 러시아 영토에 걸쳐 있다.

그러나 그 범위에 대해서는 연구자에 따라 다르다. 중국에서는 현재 만주라는 명칭이 20세기 러시아와 일본 제국주의의 침략과 관계있고, 특히 일본의 도움으로 성립된 만주국을 연상시키기 때문에 사용을 기피하며, 그 대신 동북東北이라는 명칭을 주로 사용한다.

일제 식민지 시기 재만 조선인의 거주 지역과 운동 권역을 고려하면 광활한 만주 지역은 동만東滿 지방, 남만南滿 지방동변도 지방과 남만의 북부 지방, 북만北滿 지방으로 구분된다. 동만 지방은 흔히 간도라고 부르는 지역, 즉 지린성吉林省의 옌지현延吉縣, 왕칭현汪淸縣, 훈춘현琿春縣, 허룽현和龍縣을 가리키며 오늘날 옌볜조선족자치주에 해당한다. 북만 지방은 대체로 헤이룽장성黑龍江省을 가리킨다. 남만 지방은 동만 지방을 제외한 지린성과 펑톈성奉天省을 말한다. 그런데 남만 지방은 매우 광범위해 민족운동 양상이나 이민 역사 및 사회적 조건에 차이가 있는 두 지역으로 구분할 수 있다. 그중 하나인 동변도 지방은 압록강 너머에 있는 퉁화현通化縣, 창바이현長白縣, 류허현柳河縣, 지안현輯安縣 등 17개 현의 분포 지역이며, 남만의 북부 지방은 판시현磐石縣, 화뎬현樺甸縣, 창춘長春, 융지현永吉縣 등지를 가리킨다.

이렇게 볼 때 간도혹은 북간도는 동만 지방에 해당한다. 남만의 동변도 지방을 서간도라고 부르기도 한다. 그러나 간도에 해당하는 지역 또한 역사적으로 또 입장에 따라 일정하지 않다.

문헌상으로는 1885년 조·청국경회담 후 조선 측 감계사가 고종에게 올린 보고서에 처음 등장한다. 이때에는 종성과 온성 사이 두만강이 갈라지는 곳에 있는 작은 땅을 가리켰다. 그러나 러일전쟁 이후 조선과 청 사이의 영토 분쟁에 개입한 일본은 간도의 영역을 남만주 일대로 상정하고 간도가 청의 영토가 아니라는 점을 대대적으로 선전했다. 간도 지역이 이전보다 확대된 것이다. 약 2년에 걸친 간도 교섭 결과 일본은 간도 영유권을 청에 양보하고 그 대신 만주의 이권을 차지했다.

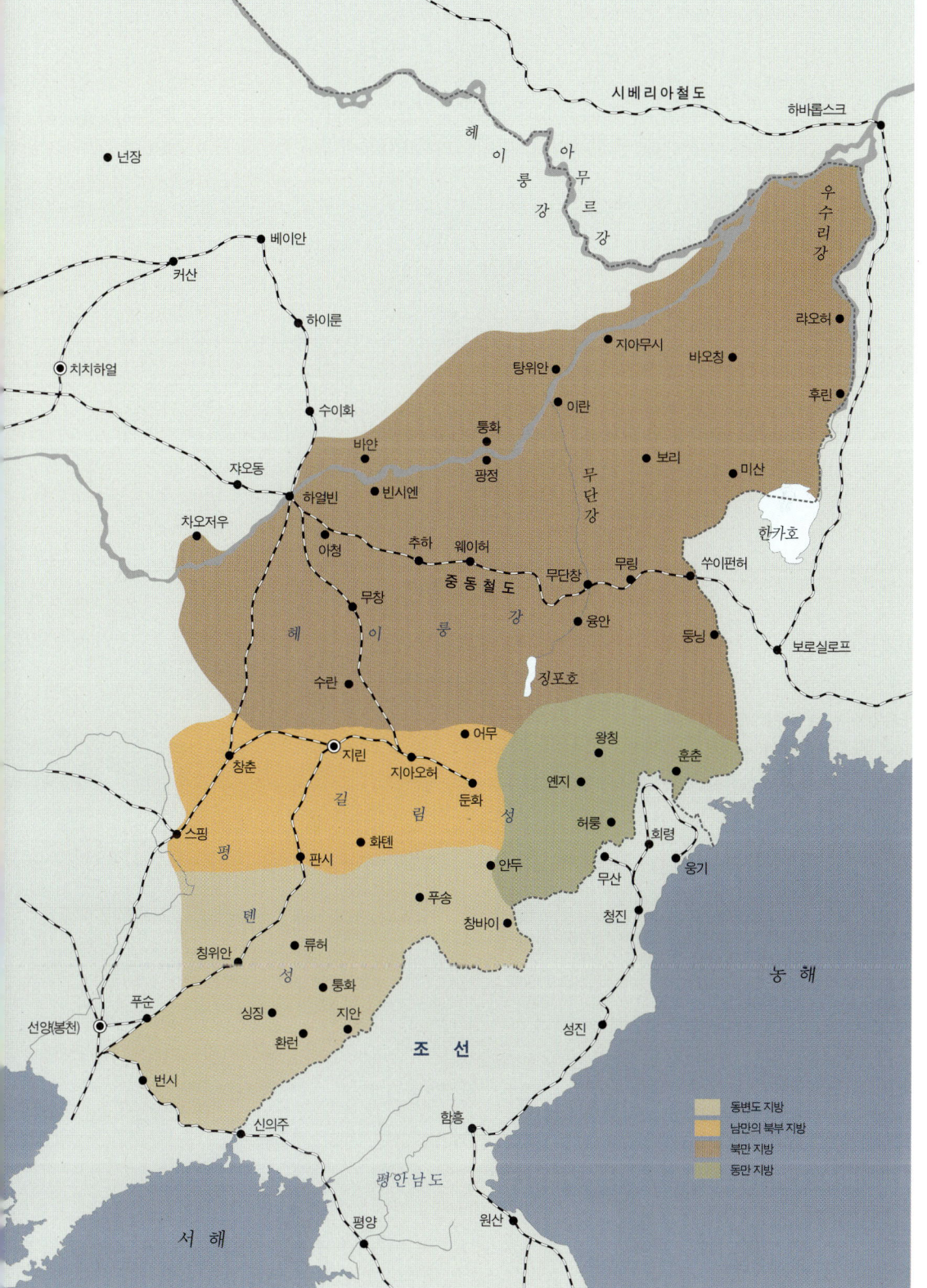

집은 통나무로 지었고, 겨울에 샘이 말라 물이 부족하면 눈을 녹여 마셨다. 그러다가 언 땅이 풀려 도랑물이나 강물을 마시자 풍토병에 걸렸다. 황량한 만주에 약이 있을 리 없었다. 노인과 어린이, 심지어 청년까지도 죽어나갔다. 이들을 무섭고 놀라게 한 것은 또 있었다. 마적 떼의 습격이었다. 이회영의 부인도 새벽에 들이닥친 마적 떼의 총에 어깨에 관통상을 입기도 했다.

그러나 이 모든 것보다 더 두려운 것은 중국인과의 마찰과 갈등이었다. 서간도의 찌우짜가에 갑자기 이주민이 모이고 한인촌이 들어서자 중국인들의 의혹은 커졌다. 그들은 가옥, 토지의 매매나 임대차를 거부하고 물건의 거래까지 끊겠다고 나왔다. 이회영 일가의 눈에는 중국인 주민들이 무섭게만 보였다. 중국인들은 조선인이 일본과 힘을 합해 중국을 치러 왔다고 수군거렸다. 이회영 일가가 이주한 지 몇 개월 되지 않아 중국 군인과 순경 수백 명이 세간을 조사하러 오기도 했다.

이주 조선인이 토지를 사려면 중국인으로 귀화해야 했다. 중국은 당시 국적법이 따로 없어서 입적, 곧 민적에 들어가면 귀화하는 것으로 인정되었다. 이회영 등이 독립

북간도 룽징의 한인촌 풍경

운동의 기반을 마련하려면 입적과 토지 매매가 급선무였다. 수차례에 걸친 노력과 우여곡절 끝에 이회영 등은 1913년경 정식으로 입적되었다. 그러나 본래 입적은 이주한 지 10년이 지나야 가능했으므로 이 지역의 많은 조선인들은 입적이 어려웠을 것이다.

적대적인 중국인들로부터 호감을 얻고 큰일을 도모하려면 중국인과의 마찰을 줄이는 일이 무엇보다 중요했다. 이주 직후부터 이주민들은 변장 운동을 전개했다. 머리를 자르고 복식을 바꾸는 등 옷·모자·신발 등을 중국식으로 바꾸었다. 또한 어학강습소를 두어 중국 말을 익히고 생활풍습을 배워나갔다. 이주민들은 신체나 언어만 바꾼 것이 아니라 역사도 바꾸었다. 당시 함께 이주했던 이상룡은 기자동래설箕子東來說이나 한사군漢四郡 등을 긍정적으로 평가했다. 또한 조선이 임진왜란 때 명나라가 도와준 은혜를 기억하려고 만동묘와 대보단을 세웠다고 중국인에게 상기시켰다. 나아가 조선인은 황제의 자손이며, 중국은 조선의 종국宗國 또는 모국母國이라고 했다.

서간도 이주민은 토지를 소작하기가 힘들었다. 비옥한 평지는 중국인이 차지했고 빌려주지도 않았다. 조선인들은 빌리기 쉬운 무용 황지無用荒地를 경작했다. 험한 땅

코리언 디아스포라

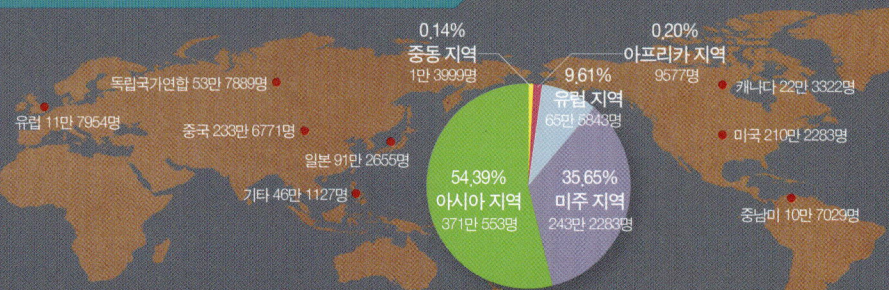

- 유럽 11만 7954명
- 독립국가연합 53만 7889명
- 중국 233만 6771명
- 일본 91만 2655명
- 기타 46만 1127명
- 중동 지역 0.14% 1만 3999명
- 아프리카 지역 0.20% 9577명
- 유럽 지역 9.61% 65만 6943명
- 캐나다 22만 3322명
- 미국 210만 2283명
- 아시아 지역 54.39% 371만 553명
- 미주 지역 35.65% 243만 2283명
- 중남미 10만 7029명

디아스포라diaspora는 그리스어로, 고대 그리스가 소아시아와 지중해 연안을 정복하고 식민화하면서 그곳으로 이주시킨 자국민을 지칭한 말이었다. 이후 유대인의 바빌론유수 후 팔레스타인을 떠나 세계 도처에 흩어져 살 수밖에 없는 유대인과 이들의 상황이 디아스포라의 '원형'처럼 사용되면서, 디아스포라는 본거지로부터의 추방, 기약 없는 민족 이산, 기원에 대한 기억과 귀환의 열망을 함축하게 되었다.

현재2009년 기준 해외에는 약 682만 명의 한국인이 거주하고 있다. 최근에는 이들을 디아스포라라는 관점에서 바라보려는 노력이 활발하게 이루어지고 있다. 이른바 '코리언 디아스포라'는 한민족의 혈통을 가진 사람들이 모국을 떠나 세계 여러 지역으로 이주해 살아가는 한민족 분산으로 정의할 수 있다.

한민족 분산의 역사는 크게 네 시기로 구분된다. 첫 번째 시기1860~1910에는 조선 말기 농민노동자들이 기근, 빈곤, 압정 등을 피해 중국, 러시아, 하와이로 이주했다. 두 번째 시기1910~1945에는 토지와 생산수단을 뺏긴 농민노동자들이 만주와 일본으로 이주했고, 정치적 난민들과 독립운동가들이 중국, 러시아, 미국으로 건너갔다. 세 번째 시기1945~1962에는 한국전쟁으로 인한 전쟁고아, 주한 미군 배우자, 혼혈아, 학생 등이 입양, 가족 재회, 유학 등의 목적으로 미국 혹은 캐나다로 이주했다. 네 번째 시기1962~현재에는 정착을 목적으로 한 이민이 시작되었다. 중국, 일본, 옛 소련을 제외한 대부분의 재외 한인 이민자와 그 후손은 이 시기에 이주해 정착한 사람들이다.

코리언 디아스포라의 역사는 유대인, 중국인, 그리스인, 이탈리아인 등 세계의 여러 민족에 비해 역사가 짧다. 그러나 한민족처럼 미국, 캐나다, 일본, 중국, 독립국가연합 등 다양한 정치경제 체제에서 다양한 형태의 적응을 시도한 경우는 드물다. 이들은 전 세계적으로 국민국가적 소속과 충성심이 강화되어온 20세기의 대부분을 국민국가적 소속과 관련해 양자택일의 선택을 강요당하거나 '뿌리 뽑힌 변종'으로 살아왔다.

멕시코 한인 노동자
1905년 5월 12일 멕시코 도착 직후 유카탄 에네켄 농장에서 일하던 한인 이민 1세대의 모습이다.

을 개간하면 3년 또는 5년 동안 소작료를 내지 않았다. 만주의 쌀농사 방법은 조선인 이주민이 보급했다. 중국인은 수전을 경영할 줄 몰라 넓은 습지도 배수 시설을 하지 않은 채 방치했다. 황지를 개간한 조선인들은 관개공사를 해 밭을 무논으로 바꾸었다. 이런 작업은 주로 이회영 등이 적극 추진했고 이주민의 대다수는 산전을 일구어 콩·조·옥수수 등을 심었다. 여자도 남자와 마찬가지로 들에 나가 험한 농사일을 해야만 했다.

이렇게 해서 만주 각지에 형성된 조선인 이민 사회는 항일 독립운동의 근거지가 되었다. 이민자들이 황무지를 개간하거나 중국인 지주로부터 땅을 빌려 농사를 지으면, 수확량의 일부는 그 지역 자치기관이 세금으로 거두어 독립운동에 충당했다. 1910년대부터 독립운동의 기지가 이민 사회가 형성된 지역을 중심으로 건설된 것도 이 때문이었다. 경학사와 부민단 같은 자치기관이 남만주 류허현 싼위안푸에서 조직된 것이나, 간민회, 중광단 같은 항일단체가 동만주의 룽징이나 명동촌에 만들어진 것이 대표적인 예이다. 이회영 일행도 싼위안푸 근처에 정착한 뒤 신흥강습소^{훗날의 신흥무관학교}를 만들어 독립군 간부를 양성했다. 이러한 양상은 러시아 연해주나 미국 하와이의 경우도 마찬가지였다.

3·1운동과 만주 이주민 사회

망명자 정서가 팽배한 이주민 사회에 시간이 지나면서 바깥 사회와 관계가 끊어졌다는 고립감, 당장 독립을 이룰 희망이 별로 보이지 않는다는 사실이 절망을 안겼다. 그러던 중 1919년 3월, 국내에서 터져 나온 독립 만세 시위는 만주의 이러한 분위기를 크게 바꾸었다. 궁벽진 촌락에 거주하는 농민들도 독립사상을 가지고 한족회 등에 가입했다. 반면, 그 지역 친일 단체와 일본 관헌의 영향력은 위축되었다. 국내의 젊은 청년들이 독립군이 되려고 국경을 넘어왔다. 군자금도 모여들었다. 서간도의 신흥무관학교를 찾아오는 청년들도 부쩍 늘어났다. 김산^{본명은 장지락}도 그 중의 하나였다. 그는 3·1운동 직후의 동변도 분위기를 "투쟁적인 한국인 망명자들은 그 한 사람 한 사람이 모두 자기의 힘이 백만 배로 불어난 듯이 느꼈다"라고 증언하기도 했다.

하와이로 간 사진 신부

● 조선인 이민 사회의 결혼 실태 ●

중국 만주와 러시아 연해주로의 이주가 자연발생적이고 불법적인 형태로 이루어진 데 반해, 하와이 이주는 궁내부 소속의 수민원綏民院이 근대적 이민 사업으로 추진했다. 조선인의 하와이 이민은 1902년 12월에 시작해 3년간 지속되었는데, 총 65척의 배로 7000여 명이 하와이로 건너갔다. 이들 중에는 20대 미혼 남자가 많았다. 남자들이 약 6000명이었고, 그들 중 10분의 1 정도가 부인을 대동했으므로 여자는 약 600명이었다. 아이들은 약 500명 정도였다.

조선인들은 사탕수수 농장에서 하루 10시간, 한 달에 26일 기준으로 일했고, 일요일에만 쉬었다. 새벽 4시 30분에 귀가 찢어질 듯한 기상 사이렌 소리에 맞추어 일어나 아침 식사를 하고 6시부터 일을 시작했다. 쉬는 시간도 없이 점심때까지 일을 하고, 30분 만에 점심을 먹은 뒤 오후 4시 30분까지 계속 일했다.

이렇게 힘들게 생활하면서도 조선인 이주민들은 하와이 생활에 점차 적응해갔다. 저축한 돈을 고국으로 송금하기도 했다. 상대적으로 조선인이 소수였던 까닭에 농장 시설이나 문화 면에서 하와이 사회의 다른 민족이나 인종과 접촉하고 교류할 기회가 많았다. 도시 문화적 기반과 기독교의 영향도 여기에 일조했다. 이런 제반 이유로 조선인들은 하와이 이민 사회에 빠르게 정착해갔다.

그런데 조선인 이민 사회의 안정에 지장을 초래하는 요소가 있었다. 1903년에서 1905년 사이

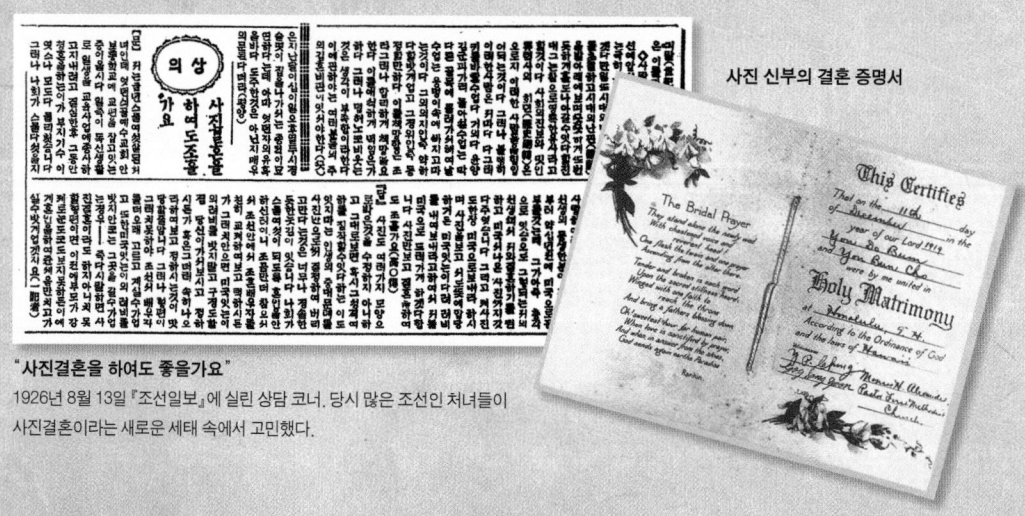

"사진결혼을 하여도 좋을가요"
1926년 8월 13일 『조선일보』에 실린 상담 코너. 당시 많은 조선인 처녀들이 사진결혼이라는 새로운 세태 속에서 고민했다.

사진 신부의 결혼 증명서

사진 신부들
하와이 호놀룰루에 새로 도착한 사진 신부들로, 사진 신랑들이 일하고 있는 이웃 섬으로 흩어지기 전 촬영하였다. (1913년경, Rachel Lee 앨범)

에 건너온 이민자 중에 여성은 10명 중 1명꼴이고 그나마 남편과 함께 왔다. 독신 남자들이 결혼할 독신 여성이 없었다. 하와이 백인 여성과의 결혼은 불가능에 가까웠다. 이것이 점차 사회불안의 요소가 되었다. 독신자들의 풍기가 문란해지고 작업 능률도 부진해졌다. 이에 농장주들과 관계 당국의 적극적인 협조와 주선으로 미 정부 당국으로부터 '사진결혼'을 허락받았다. 사진결혼이란 하와이에 있는 남성이 고국에 사진을 보내 선을 보이면 시집가기를 원하는 여성이 미국에 와서 결혼하는 방식이었다. 직접 귀국하려면 돈과 시간이 많이 들기 때문이었다.

결혼을 원하는 30~40대 노총각이 결혼을 허락받을 욕심으로 20대 때의 사진이나 10여 년 전에 찍은 사진을 보냈다. 사진만 보고 결혼하러 온 신부가 호놀룰루 항구에 내리면 아버지뻘 되는 신랑감이 마중 나오는 일이 허다했다. 사진 속에서 본 자가용이나 큰 저택은 신랑의 것이 아니라 사진 배경에 불과했다. 전후 사정을 듣고 보니 한심하고 후회스러웠으나 돌아갈 뱃 삯도 없고 친지를 다시 볼 낯도 없었다. 할 수 없이 눌러앉아 결혼하게 되는 경우가 많았다.

이렇게 해서 1910년에서 1924년까지 이른바 '사진 신부'들이 대거 하와이로 갔는데, 600명에서 1000명에 달했다. 출신 지역은 부산, 대구, 마산 등 경상도 지역이 많았다. 사진 신부는 하와이 이주민 사회의 현실을 직시하고 적응해야 했다. 심지어 사탕수수 농장에서 남편과 함께 일해야 했다. 사진 신부들이 아버지나 삼촌뻘 되는 남편과 사는 것은 쉬운 일이 아니었다. 더 심각한 것은 이른 나이에 과부가 되는 사람이 많다는 것이었다. 대부분 자녀를 많이 낳았으므로 젊은 과부가 대가족을 부양해야만 했다. 사진 신부들의 하와이행은 남녀의 비율을 정상화시켰고, 조선인 사회의 안정에 크게 기여했다.

▲ 공동 작업에 동원된 소년들 ▶ 근대의 상징, 시계

강요된 근대와 문화정치

1919 • 1929

문화정치는 조선인을 분열시키기 위한 것이었다. 폭력은 좀 더 은밀하게 이루어졌으며 식민지를 직접 통치한다는 기본 방침은 여전했다. 사람과 돈뿐만 아니라 일본의 쌀도 현해탄을 건너왔다. 반면 일자리를 찾아 밀항하는 조선인은 늘어났다. 조선은 일본의 식량 공급지·노동력 저수지로 수단화되었다. 민족주의와 사회주의 운동은 접근법은 서로 달랐지만, 분열되고 수단화된 조선인의 처지를 온전하게 회복하려는 목적은 같았다.

조선의 어린이들을 일본인으로 교육하라

| 제국주의 강화와 통치 방식의 변화

1919년 3·1운동 직후인 8월, 제3대 총독으로 사이토 마코토가 임명되었다. 그는 조선 총독 중 유일하게 해군 대장 출신이었다. 사이토 총독은 9월 2일 오후 5시 경성 남대문역에 도착해 마차에 올랐다. 그 순간 강우규가 마차를 향해 힘껏 폭탄을 던졌다. 강우규는 당시 64세였다. 호위 경찰 두 명이 사망하고 총독부 고위 관리를 비롯해 35명이 중경상을 입었다. 그 와중에 사이토는 살아남았다. 부임 첫날 폭탄 세례를 받았음에도 사이토는 '조선 민중에게 온정을 베풀어야 한다'라고 일갈했다. 소위 '문화정치'를 천명한 것이다.

일본 수상은 부임하는 사이토에게 미국을 비롯한 서구 세력이 3·1운동에 대한 일본군의 무력 탄압을 잔혹한 처사라고 비난한다는 점에 유의하면서, 조선에서 두 번 다시 민족운동이 발생하지 않도록 대책을 마련하라고 지시했다. 한마디로 새로운 형태의 식민지 지배 방식을 만들어내라는 것이었다.

워싱턴 체제와 일본의 정계 변화

1914년 오스트리아 황태자가 사라예보를 방문하던 중 세르비아 청년에게 암살당하는 사건이 벌어졌다. 이를 빌미로 오스트리아와 세르비아가 전쟁을 벌이자 독일과 러시아, 영국, 프랑스가 전쟁에 뛰어들었다. 사태는 순식간에 유럽 국가 대부분이 둘로 나뉘어 싸우는 제1차 세계대전으로 발전했다.

　일본은 영국, 프랑스가 주축인 연합국의 일원으로 참전했다. 그러나 일본의 전쟁 피해는 거의 없었다. 중국 연안의 해상 교통을 방위한다는 명분을 내세운 일본군은 독일에 선전포고를 하고 독일의 조차지였던 중국의 칭다오를 점령했다. 전쟁이 장기화되면서 일본의 수출 산업은 호황을 맞았고 일본은 채무국에서 채권국으로 바뀌었다. 서구 열강이 전쟁으로 동아시아, 특히 중국에 관심을 갖지 못하는 동안 일본이 이익을 도모했다. 1915년, 일본은 중국에 「21개조」를 요구했다. 독일이 갖고 있던 중국 내 이권을 일본에 모두 넘기라는 이 요구를 수용하지 않으면 전쟁을 피할 수 없다는 최후통첩까지 들이밀며 중국을 압박했다.

　종전 후 일본은 제1차 세계대전의 승전국 자격으로 국제연맹의 상임이사국이 되었다. 태평양을 포함한 동아시아 전역의 지역적 국제 질서를 유지하는 강대국으로 인정

제1차 세계대전의 승전국 행렬

받은 것이다. 하지만 그 대가도 만만치 않았다. 점령했던 산둥반도를 중국에 반환했고, 무력을 이용한 중국 내 세력권의 변경도 금지되었다. 또한 국내의 반발을 무릅쓰고 보유한 해군력을 축소해야 했다. 일본은 새로운 국제 질서의 강자로 부상했지만, 자신보다 힘이 센 서구 열강의 눈치를 보는 처지가 되었다. 이와 같은 워싱턴 체제하에서 일본은 조선의 3·1운동과 중국의 5·4운동으로 폭발하기 시작한 식민지 민족운동에 효과적으로 대처하면서 자국의 이익을 도모해야 했다.

일본 국내에서는 일반 대중이 정치가들에게 헌법 준수와 납세와 병역의무에 상응하는 보통선거 실시를 요구하면서 정당이 정치를 주도하는 '다이쇼 데모크라시'를 맞이했다. 그러나 이 변화는 일본 국내에 한정된 것으로 주변 민족에 대한 인식이나 식민지정책에 영향을 주지는 못했다.

오히려 1923년 간토대지진 당시 대중은 일본에 거주하는 조선인과 중국인을 무차별로 살해하는 야만성을 보여주었다. 국가적인 긴급사태가 발생하자 치안 유지를 빌미로 군인과 경찰이 사회주의자나 노동운동가를 살해하기 시작했고, 대중들은 '조선인이 습격한다' 등의 유언비어에 넘어가 조선인과 중국인 살해에 가담했다. 유언비어에는 그들에 대한 멸시와 공포감이 배어 있었다.

당시 일본 사회에서 유행한 '안으로는 입헌주의, 밖으로는 제국주의'라는 말은 민주

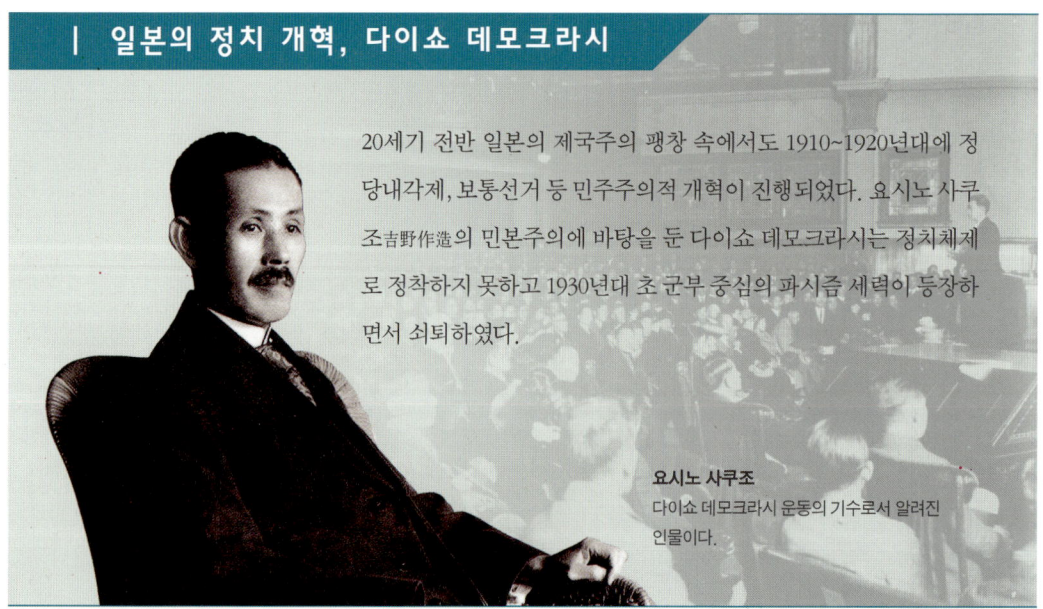

일본의 정치 개혁, 다이쇼 데모크라시

20세기 전반 일본의 제국주의 팽창 속에서도 1910~1920년대에 정당내각제, 보통선거 등 민주주의적 개혁이 진행되었다. 요시노 사쿠조吉野作造의 민본주의에 바탕을 둔 다이쇼 데모크라시는 정치체제로 정착하지 못하고 1930년대 초 군부 중심의 파시즘 세력이 등장하면서 쇠퇴하였다.

요시노 사쿠조
다이쇼 데모크라시 운동의 기수로서 알려진 인물이다.

주의를 통해 국내를 단결시켜 워싱턴 체제하에서 국제적인 제국주의 전쟁에서 승리하자는 의미였다.

조선인을 둘로 가른 문화정치

3·1운동은 조선총독부에 커다란 충격을 주었다. 조선총독부는 자신들의 무단통치가 저항만을 키웠으며, 더 이상 조선인을 무력으로 지배해서는 식민지를 유지할 수 없다는 사실을 깨닫게 되었다. 여기에 제1차 세계대전 후 진전된 공업화 과정에서 발생한 식량 부족 문제를 해결하기 위해서 식민지 조선에 대한 경제적 종속을 안정화할 수 있는 효과적인 지배 체제가 필요했다. 또한 미·영 양국이 일본군의 무자비한 탄압을 빌미로 일본을 비난함으로써 발생한 국제적 고립에서 벗어나야만 했다.

폭탄 세례를 받으면서 부임한 사이토 총독은 조선의 문화와 관습을 존중하면서 식민지를 통치하겠다는 문화정치를 내세웠다. 이에 따라 헌병경찰제 폐지, 조선인의 관리 임용 및 대우 개선, 언론·집회·출판 허용, 지방자치 시행, 조선의 문화와 관습 존중 같은 시정방침을 제시했다. 총독을 육해군 대장으로 한다는 조목을 없애 문관도 총독으로 임명될 수 있도록 조선총독부의 직제도 개정했다. 또한 동화주의를 내세워 조선

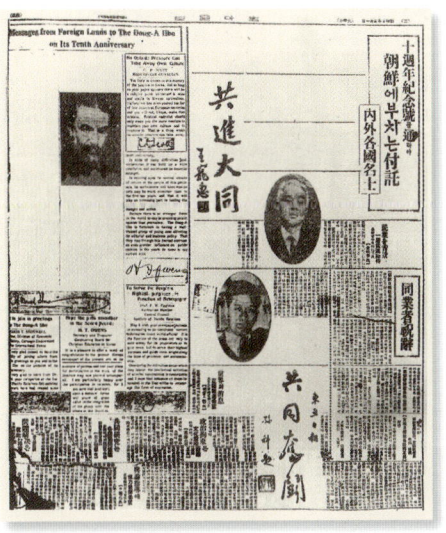

조선인 신문의 발행과 검열
문화정치를 실시하면서 조선총독부는 조선인 신문의 발행을 허용하였다. 이 시기 창간된 『동아일보』, 『조선일보』, 『중외일보』의 제호(왼쪽부터). 그러나 기사 내용은 철저하게 사전 검열을 받았다.

인과 일본인의 결혼을 장려했다. 일본인 관리들에게 조선어 습득을 장려하기 위해 수당을 지급하기도 했다. 1922년에는 조선에서도 일본과 동일한 교육제도를 시행해 민족 차별을 없앤다는 내용으로 조선교육령을 개정했다.

그러나 실상은 크게 변하지 않았다. 무단통치 시기의 헌병이 문화정치의 경찰로 옮겨 앉았고 경찰도 훨씬 증원되었다. 실제로 8·15광복 때까지 부임한 6명의 조선총독은 모두 육해군 대장 출신이었다. 식민지 동화교육이라는 실상에도 변함이 없었다. 보통학교, 고등보통학교의 교육 목적은 일본어를 습득, 숙달시키는 데 있었다. 조선 역사와 조선 지리 시간은 줄어든 반면, 일본 역사와 일본 지리 시간은 대폭 늘었다. 학교를 통해 조선의 어린이에게 일본인의 의식을 심는다는 목적에서였다.

일본은 독립운동의 열기를 식히기 위해 조선인에게도 참정권이나 자치권을 허용할 것처럼 선전하기도 했다. 조선인에게 일본 국민과 동등한 정치적 권리를 주는 방법으로는 조선 의회를 따로 만드는 방법과 일본 의회에 조선 대표를 참가시키는 방법이 있었다. 이에 편승한 일부 친일 세력은 식민지 지배를 인정하면서 조선 의회를 따로 설치하자는 자치운동을 벌이거나, 아예 일본의 한 지방으로 귀속되어 일본 의회에 조선 대표를 보내자는 참정권 운동을 벌이기도 했다. 그러나 일본은 어느 쪽도 허용하지 않았다. 다만 지방 제도를 개편해 행정기관에 부협의회, 면회의회, 도평의회와 같은 지

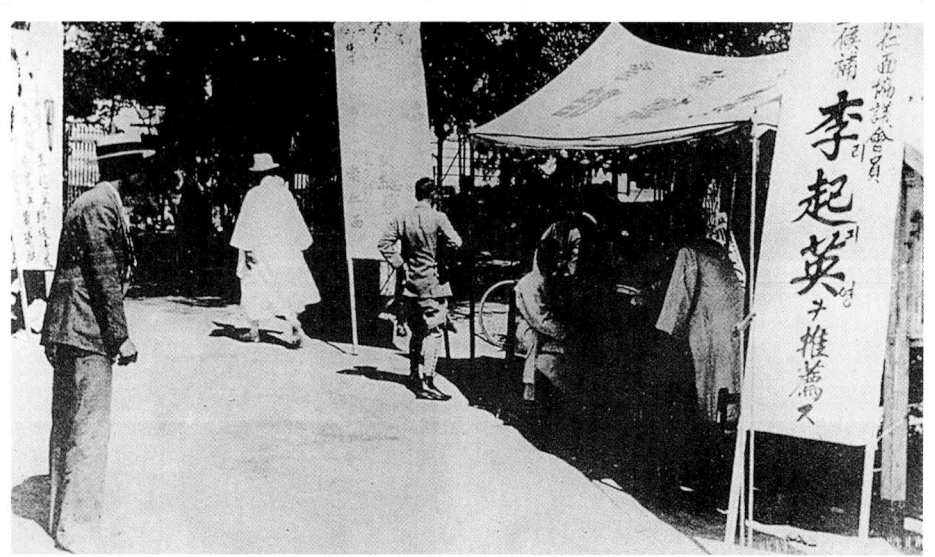

경성부협의회 회원 선거
자문기관 회원 선거는 일정 금액 이상의 세금을 납부한 자들에게 선거권과 피선거권을 부여한 극도로 제한된 선거였다.

방행정의 자문기관을 두었을 뿐이다. 그마저 선거 회원보다 임명 회원을 많게 해 일본인이나 친일적 조선인이 다수를 차지하도록 했다.

일본이 문화정치를 내세워 달성하고자 한 궁극적인 목표는 무엇이었을까? 그것은 3·1운동에서 분출된 조선인의 단결된 힘을 분열시켜 다시는 독립운동이 일어나지 않게 하는 것이었다. 이를 위해 '일본에 충성을 다하는 자로 관리를 삼고, 장기적 안목에서 친일 지식인을 양성하고, 친일 분자를 귀족·양반·부호·실업계·교육계·종교계 등에 침투시켜 각종 친일 단체를 조직'하도록 했다. 친일 여론을 조성하기 위해 교풍회, 국민협회, 대동동지회, 대정친목회, 유민회, 대동사문회, 유도진흥회를 조직했다. 동시에 식민지 지배를 부정하는 반일 독립운동이나 사회주의 운동 세력에 대해서는 가혹하게 탄압했다. 1925년에는 국체를 변혁하고 사유재산 제도를 부인하는 것을 목적으로 한 결사를 조직하거나 이를 알고도 가입한 자는 10년 이하의 징역 또는 금고에 처한다는 치안유지법을 공포했다.

이처럼 유화적인 몇 가지 조치에도 불구하고 식민지 직접 통치라는 기본 성격은 변하지 않았다. 헌병 경찰 같은 눈에 보이는 폭력이 교육을 통해 조선 땅의 어린이들을 일본인으로 만들고, 조선인을 민족적 이익보다는 계층적 이익으로 분열시키는 눈에 보이지 않는 폭력으로 대체되었을 뿐이었다.

| 비운의 황제 순종

순종은 1874년 고종과 명성황후의 둘째 아들로 태어났다. 1907년 고종의 양위를 받아 대한제국 황제에 즉위하였고 연호를 융희隆熙라고 했다. 1910년 강제 병합으로 폐위된 순종은 창덕궁에 거처하며 망국의 한을 달래다 1926년 4월에 승하했다.

순종 국장 행렬

쌀은 증산되고 농민은 가난해지고

1918년 일본 도야마 현의 작은 어촌에서 마을 주민과 쌀 도매상 사이에 작은 소동이 일어났다. 주민들은 쌀을 마을 밖으로 반출하지 말고 자기들에게 싼값으로 팔라고 요구했다. 이 소동이 언론에 보도되자 일본 전국에서 수백만 명이 쌀값 인하를 요구하기 시작했고, 이는 급기야 쌀 소동으로 번졌다. 일본 각지에서 시위가 일어나 주로 쌀을 매점하고 폭리를 취한 상인들을 습격했지만, 경찰은 폭동을 진압하지 못했다. 결국 정부가 군대를 동원한 뒤에야 겨우 폭동을 진압했는데, 이 사건을 계기로 데라우치 내각이 물러났다.

제1차 세계대전으로 호황을 맞은 일본에서 왜 쌀 소동과 같은 폭동 사태가 일어났을까? 당시 일본은 전쟁 때문에 서구 열강이 발을 뺀 세계시장을 자국 상품들로 빠르게 채워갔다. 많은 상품을 생산하기 위해 공장과 노동자가 많이 필요했고, 농지를 공장용지로 사용하면서 농민이 도시로 이주했다. 공업화가 이루어지자 도시 지역 인구가 빠른 속도로 증가했다. 경제 호황으로 인한 물가 상승과 쌀 생산 감소는 식량 사정을 악화시켰다.

사회 혼란에 직면한 일본 정부는 해결책을 구했다. 그러나 일본에서는 쌀 생산을 늘

릴 여지가 없었다. 비싼 땅값이 증산 사업 투자를 막았기 때문이었다. 동남아시아의 안남미길쭉하고 푸석푸석한 베트남 쌀는 일본인 입맛에 맞지 않고 국제수지를 악화시킬 가능성이 높아 배제되었다. 일본 정부는 식민지 조선으로 눈을 돌렸다. 조선은 같은 통화권通貨圈에 있었기 때문에 쌀을 수입하더라도 국제수지에 영향을 미치지 않았다. 더군다나 조선에서는 일본인의 입맛에 맞는 쌀이 생산되었다.

1920년부터 조선총독부는 대대적으로 쌀 증산 정책을 추진했다. 그 결과 일본 품종의 벼를 조선 토지에 맞게 개량한 다수확 품종이 1920년에는 전체 경지의 반 이상을 차지할 정도로 빠르게 보급되었다. 가뭄에도 논에 물을 원활하게 공급할 수 있는 저수지 같은 수리 시설을 전국에 만들었다. 다수확 품종에 필요한 비료와 수리 시설 건설에 필요한 자금은 조선식산은행과 금융조합을 통해 공급되었다.

쌀을 일본으로 보낸다는 조선총독부의 목표는 기대를 뛰어넘는 성과를 거두었다. 1930년 쌀 생산량은 10년 전에 비해 약 250만 석이 증가했다. 그런데 같은 기간 일본으로 보낸 쌀은 약 430만 석이나 증가했다. 쌀 증산을 훨씬 초과하는 분량이 일본으로 건너간 것이다. 자연히 조선 내 쌀 소비량은 줄고, 반대로 일본 시장에서 조선 쌀이 차지하는 비중은 높아졌다. 조선 쌀은 생산비가 저렴했고 대규모 가공 판매로 유통비용도 저렴해 가격경쟁력이 있었다. 조선 쌀은 일본의 쌀값 안정에 기여했으며, 일본의

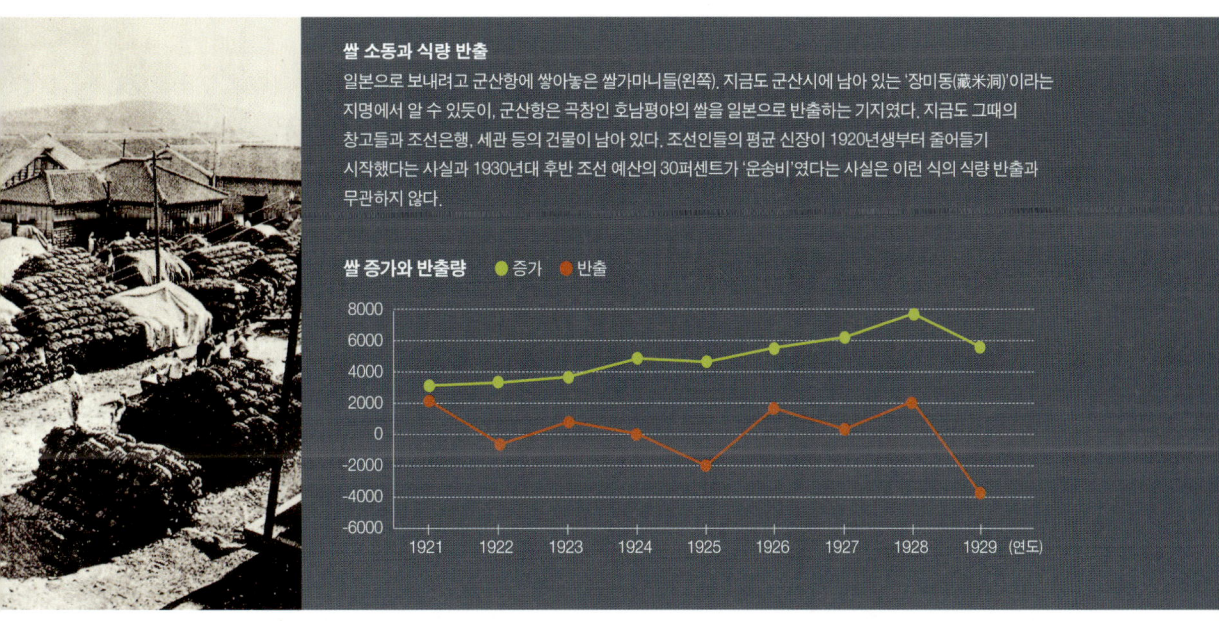

쌀 소동과 식량 반출
일본으로 보내려고 군산항에 쌓아놓은 쌀가마니들(왼쪽). 지금도 군산시에 남아 있는 '장미동(藏米洞)'이라는 지명에서 알 수 있듯이, 군산항은 곡창인 호남평야의 쌀을 일본으로 반출하는 기지였다. 지금도 그때의 창고들과 조선은행, 세관 등의 건물이 남아 있다. 조선인들의 평균 신장이 1920년생부터 줄어들기 시작했다는 사실과 1930년대 후반 조선 예산의 30퍼센트가 '운송비'였다는 사실은 이런 식의 식량 반출과 무관하지 않다.

노동자 임금을 낮게 묶어두는 데에도 큰 몫을 담당했다.

쌀 증산 정책은 식민지 조선의 농업생산력을 크게 향상시켰다. 많은 자금을 투자해 만든 저수지, 보洑, 둑을 쌓아 흐르는 냇물을 막고 그 물을 담아두는 곳, 양수기 덕분에 관개시설을 갖춘 논이 늘어났다. 관개시설을 갖춘 논이 확대되고 비료를 많이 사용하여 단위당 쌀 생산량이 빠르게 증가했다. 지주들은 자신이 소작료로 거둬들인 쌀을 시장에 내다 팔아 부를 축적했다.

그러나 농업생산력 향상은 결코 조선 농민의 풍요로 이어지지 않았다. 농민들의 사정은 지주들과는 확연히 달랐다. 늘어나는 조세와 고리대를 갚기 위해 식구가 먹기에도 부족한 쌀을 시장에 내다 팔 수밖에 없었다. 증산 정책이 실시되는 동안 조선인의 1인당 쌀 소비량은 30퍼센트 이상 줄었다. 같은 시기 일본인 쌀 소비량의 절반 수준이었다.

부평 수리조합 구역에 있던 혼다 농장에서는 소작농에게 비료와 농자금을 빌려주고 가을에 추수가 끝나면 돌려받았다. 이때 소작인들은 물 사용료 명목으로 수리조합비를 따로 내야 했다. 소작료는 60퍼센트 정도였는데 여기에 비료값, 농자금, 수리조합비까지 붙었다. 소작인들은 "타작이 끝나면 빗자루만 들고 나온다"라며 자신들의 처지를 한탄했다.

수리조합

수리조합은 토지 소유자들이 자신의 농지에 관개용 저수지나 제방을 설립하기 위해 만든 단체로, 쌀 증산 정책이 시행되기 전에도 소규모 수리조합이 운영되었다. 본격적으로 대규모 수리조합이 설립된 것은 쌀 증산 정책을 위해 조선총독부에서 자금 지원을 실시하기 시작한 후였다.

쌀 증산 정책의 일환으로 설립되기 시작한 수리조합은 수리조합비의 과다 징수, 일본인 대지주의 토지 겸병과 조선인 중소지주의 몰락, 소작료 인상을 야기했다. 그래서 전국 각지에서 수리조합 반대 운동이 일어났다. 1920년대 초반 황해도 연백과 해주에서 일어난 연해延海 수리조합 반대 운동과 1928년 황해도 재령에서 일어난 안녕安寧 수리조합 반대 운동이 가장 대표적이다.

쌀 증산 정책이 지주와 소작인의 부익부 빈익빈만을 초래한 것은 아니었다. 조선인의 삶은 나날이 곤궁해졌고, 남부여대男負女戴하고 정든 고향을 등지기 일쑤였다. 산에 들어가 화전민이 되거나, 도시 근교에서 움집을 짓고 살거나, 머나먼 만주로 기약 없이 떠나는 농민들이 늘어갔다.

1910.10.　1916.10.　1919.8.　1927.12.　1929.8.

데라우치 마사타케
(寺内正毅, 1910. 10.~1916. 10.)

1852년 출생, 1919년 사망. 근대 일본 육군의 창시자인 야마가타 아리토모(山縣有朋)의 휘하에서 성장했다. 육군 대신을 거친 후 1910년 제3대 조선 통감으로 부임해, 강제 병합을 성사시키고 초대 총독에 임명되었다. 헌병 경찰로 상징되는 무단통치를 감행했다. 1916년 10월, 야마가타의 강력한 지원으로 내각 총리대신에 올랐으나 1918년 도쿄에서 일어난 쌀 소동에 책임을 지고 사퇴했다.

하세가와 요시미치
(長谷川好道, 1916. 10.~1919. 8.)

1850년 출생, 1924년 사망. 육군 대장, 한국주차군사령관, 육군참모총장을 역임했다. 제2대 총독으로 부임해 데라우치 전임 총독에 이어 무단통치를 실시했고 민족운동을 철저히 탄압했다. 정치가다운 기질이나 재능이 없는 전형적인 군인이었다는 평가를 받았다.

사이토 마코토
(齋藤實, 1919. 8.~1927. 12.)

1858년 출생. 일본 해군병학교를 졸업하고 미국 주재 일본 공사관 소속 해군 무관, 해군 차관 등을 지내며 일본 해군의 실세로 떠올랐다. 해군 대신을 거쳐 제3대 조선총독을 맡아 문화정치라는 기만적인 통치 전략을 구사해 한국의 영원한 일본화를 위해 민족 단열화를 본격적으로 기도했다. 1932년에 내각 총리대신에 올라 만주국을 승인하고 국제연맹에서 탈퇴하는 등 조치를 취했다. 1936년 2·26사건 때 청년 장교들에게 살해되었다.

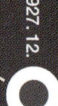

사이토 마코토
(3대 총독 재부임)

야마나시 한조
(山梨半造, 1927. 12.~1929. 8.)

1864년 출생, 1944년 사망. 육군 차관, 육군 대신을 역임했다. 간토대지진이 일어나자 간토 계엄사령관 겸 도쿄 경비사령관에 임명되어 사태를 수습했다. 예편 후 조선총독으로 부임했다. 군에 있을 때부터 '배금(拜金) 장군'이라는 별명이 있었는데, 부산 미두취인소 설립 허가를 둘러싸고 5만 원을 수수한 사실이 드러나 1929년에 사표를 내고 정계에서 은퇴했다.

식민지의 지배자들

● 조선총독, 8인의 초상 ●

조선을 통치했던 총독의 면면은 어땠을까? 마지막 총독이 제9대 총독이었으나, 제3대 총독 사이토 마코토가 제5대 총독을 역임했기 때문에 실제 총독 수는 여덟 명이었다. 역대 총독들은 모두 육해군 대장 출신으로 총독을 거친 이후 네 명이나 일본 내각의 총리대신으로 진출했다. 마지막 총독 아베 노부유키는 내각 총리대신을 거친 후 조선총독에 부임했을 정도로 조선총독 자리는 일본 정계에서 상당한 위치를 차지했다.

조선총독 중에서 조선과 일본 정계에 가장 큰

우가키 가즈시게
(宇垣一成, 1931. 6.~1936. 8.)

1868년 출생, 1956년 사망. 1920년대 이후 일본 육군을 지배한 통제파의 리더였다. 육군대학 교장, 육군 대신을 거쳐 제6대 조선총독으로 부임했다. 일선융화(日鮮融化)를 모토로 내걸고 농촌 진흥 운동, 공업화 정책 등을 시행했다. 부임 당시 이미 60대 중반에 들어섰으나 노구를 이끌고 수시로 조선 각지를 순시하는 정력과 의욕을 과시했다. 조선총독에서 물러난 후 고노에 제1차 내각의 외무대신 겸 척무대신을 지냈다. 종전 후 다시 정계에 진출하여 일본 참의원 선거에서 최다 득표율로 당선되었다.

미나미 지로
(南次郎, 1936. 8.~1942. 5.)

1874년 출생, 1954년 사망. 조선군사령관, 육군 대신, 관동군사령관 등을 거친 당대 일본 육군의 최고 실력자로 제7대 조선총독으로 부임했다. 내선일체(內鮮一體)에 입각해 신사참배, 창씨개명, 일본어 상용 등 민족말살정책을 추진했다. 조선총독에서 물러난 후 추밀원 고문관을 지냈다. 종전 후 전범으로 종신금고형을 받고 복역하다가 병보석으로 풀려났다.

고이소 구니아키
(小磯國昭, 1942. 5.~1944. 7.)

1880년 출생, 1950년 옥중 병사. 일본 육사를 수석으로 졸업했다. 육군 차관, 관동군 참모장, 제5사단장, 조선군사령관, 척무대신을 거쳐 제8대 조선총독으로 부임했다. 1944년에 내각 총리대신이 되었다. 종전 후 A급 전범으로 종신형을 선고받았다.

아베 노부유키
(阿部信行, 1944. 7.~1945. 8.)

1875년 출생, 1953년 사망. 육군 차관, 타이완군 사령관을 거쳐 총리대신에 올라 내각을 구성했다. 그러나 5개월 만에 무능 내각이라는 평가를 받으며 퇴진했다. 그 후 조선의 마지막 총독으로 부임했는데, 역대 조선총독 중 별다른 특징이 없는 총독이라는 평을 받았다. 1945년 9월 9일 하지 중장에게 항복문서를 전달했다.

영향을 미친 인물은 사이토 마코토와 우가키 가즈시게였다. 윤치호는 자신의 일기에 두 사람의 개인적 특성을 다음과 같이 썼다.

"오후 4시 30분, 용산에 있는 총독 관저에 가서 신임 우가키 총독이 주최한 다과회에 참석했다. 500명이 넘는 손님이 참석했다. 총독이 꼼꼼하고 말수가 적은 늙은 군인이라는 걸 알 수 있었다. 전임 총독(사이토 총독)이 지니고 있던 상냥함이나 상냥해 보이려는 의식적인 노력 따위는 조금도 찾아볼 수 없었다. 차를 다 마신 총독이 자리에서 일어섰다. 참석자들은 연설을 기대하며 박수를 쳤다. 그러나 뜻밖에도 총독은 멀뚱하니 인사만 하고는 그냥 연회장을 나가버렸다. 그런 총독을 감히 비웃으려는 사람은 한 명도 없었다."

『윤치호일기』 1931년 7월 30일 목요일

근대라는 종이 울리다

근대의 수용과 식민지의 명암

조선총독부는 1921년부터 6월 10일을 '시간의 날'로 선포하고 시간 엄수와 시간 절약을 강조했다. 이날은 7세기 일본의 덴지天智 천황이 물시계를 만들었다는 날이다. 농사를 지으며 자연과 생체 시간에 순응하며 살아가던 조선인들은 공장과 기계의 시간에 맞추어 생활할 것을 요구받았다.

자본주의 시스템의 핵심인 노동생산성 강화를 위해 갖추어야 하는 것이 바로 시간관념이었다. 1920년대 들어 증가하기 시작한 노동자들을 공장 생활에 적응하도록 만들려면 무엇보다 근대적인 시간관념을 갖게 해야 했다. 무엇보다 먼저 학교와 관청에서 시간 계몽을 본격화했다. 그에 따라 조선인들도 근대라는 방향을 향해 본격적으로 발걸음을 떼기 시작했다. 이러한 근대의 진행은 조선에 내재된 모순을 재생산하고 심화시키는 과정이기도 했다.

근대화 정책과 조선 사회의 활력

3·1운동은 조선인의 의식에 커다란 영향을 주었다. 정치·사회적 의식이 높아지면서 조선인들은 각자의 처지에 따라 다양한 사회단체를 조직했고, 사회 각 분야에서 여러 가지 방식으로 발언하고 행동했다. 그런 가운데 조선인에 대한 교육이나 계몽 등을 통해 문화적 실력을 키우기 위한 활동이 다방면에서 펼쳐졌다. 이제 근대의 수용은 일제에 대한 타협이 아닌 시대적 조류가 되었으나, 식민지 근대화가 초래한 차별과 모순이 새로운 사회문제로 대두했다.

의식주를 중심으로 한 일상생활의 근대적 개혁은 개항기 이래 늘 계몽운동의 주요 목표였다. 그러나 단발령에 대한 반발에서 드러났듯이 그러한 운동은 일본의 침략과 맞물려 있었기 때문에, 전통적인 생활양식과 풍습을 민족적 정체성의 상징처럼 인식하는 경향이 나타났다. 대표적인 것이 흰옷이나 음력에 대한 고집이었는데, 이는 해방기까지 지속되었다.

관공서에서는 이미 19세기 말에 공식적으로 양력을 사용했지만, 대부분의 조선인은 양력을 서양인의 것이라고 생각했다. 제사, 명절, 생일 등 전통적인 의례를 변함없이 음력으로 지켰으며, 전국 각지의 장시 역시 음력 날짜에 따라 열렸다. 총독부는 이

시간의 탄생

1921년 6월 9일자 『동아일보』에는 일본의 시간 정책에 대한 다음과 같은 기사가 실렸다.

"경기도에서는 경성을 비롯해 오는 10일 정오에 '때의 기념'이라는 새로운 사업을 시행할 예정이다. 당일 정오에 오포 소리가 나는 것을 표준으로 해 공장에서는 일제히 기적을 불게 할 터이며, 종을 이용해 사람을 모으는 설비가 있는 곳에서는 종을 울리게 하고, 도청과 부청에서는 '때의 선전'을 하기 위해 선전 인쇄물을 배부하고, '때의 창가'를 지어 그 노래를 부르게 하며, 6월 10일 정오를 기념해 해마다 한 번씩 이날을 표준으로 해 때에 대한 관념을 일으키게 하려는 목적이다."

론진 사(社)의 시계 광고

중과세 등 음력과 양력을 함께 사용하는 데서 오는 낭비를 막아야 한다면서 양력 사용을 권장했다. 그러나 당국의 계속된 계몽과 감시에도 불구하고 일상생활에서는 음력을 계속 썼다.

3·1운동 이후 발간된 한글 신문들의 주도하에, 각종 교육 운동 및 사회·경제적 실력 양성 운동과 더불어 미신 타파, 의례 간소화, 문맹 퇴치, 소비 절약, 금주 금연 등 생활 개선 운동이 활발해졌다. 사회운동과 생활개선 운동의 열기는 경성에 국한되지 않고 지방에까지 확산되었다. 당시 지방에서는 식민지 자본주의 아래에서 강제된 개발 및 저개발의 모순, 그로 인해 심각해진 지역 간 편차의 구조화로 인해 다양한 갈등이 표면화하고 있었다. 전국 어디서나 지역 개발과 발전을 추구하는 주민들의 움직임이 활발하게 나타났는데, 근대화의 혜택으로부터 상대적으로 소외되거나 배제된 지역일수록 더욱 강렬했다.

구체적으로는 근대적 시설이나 설비를 확보하려는 노력으로 표출되었으며, 식민 당국이 추진하는 개발 정책이나 예산집행에 대한 요구를 포함하는 경우가 많았다. 도시와 농촌을 막론하고 철도와 도로 부설, 시가지 정비, 학교 설립, 장시의 확장이나 유치, 관공서 유치 등을 둘러싼 주민운동이 나타나기 시작했으며, 그 과정에서 지역사회의 갈등이 다양하게 나타났다.

우측통행 vs 좌측통행

1920년 5월 13일자 『동아일보』에는 "조선총독부 경시청이 우측통행을 실시한다"라는 기사가 실렸다. 1920년 5월 11일부터 경성의 각 경찰서에서는 사람들을 오른편으로 다니게 하기 위해 길거리마다 순사를 배치했다.

그런데 조선총독부의 우측통행 방침은 일본의 좌측통행 전통과는 배치되었다. 허리 왼쪽에 칼을 찬 사무라이들이 우측통행을 할 경우 칼집이 부딪히는 등 불편하기 때문에 일본에서는 사람과 차량 모두 좌측통행이 일반화되어 있었다. 결국 총독부는 1921년 12월 1일부터 조선에서도 좌측통행을 실시했다. 이처럼 식민 당국은 일상생활의 세세한 장면과 구체적인 행동에 대해서도 계몽과 규제를 일삼았다.

본정(지금의 충무로) 거리의 좌측통행 모습(위)과 왼쪽에 칼을 찬 순사

시장 이전을 둘러싼 거창면의 주민운동

일제강점기에도 일종의 지역 갈등이 존재했다. 경남 거창군 거창면에서는 1924년 2월, 면협의원과 구장들이 모여 거창시장을 천내로 옮기기로 결의했다. 하천 제방에서 열리던 장시를 수해로부터 보호하기 위해서였다.

1927년 4월에 시장 이전 문제가 본격적으로 거론되자 천내와 천외 두 지역에서 각각 시장을 유치하기 위해 조직을 결성하고 시민대회를 개최하는 등 운동의 수위를 높여갔다. 결국 시장을 천내로 이전하기로 결정되자, 천외 지역 주민 100여 명은 모든 협상을 거부하고 면사무소와 군청, 경찰서로 몰려가서 시장 유치를 탄원했다.

천내에서 시장을 새로 열기로 한 7월 21일, 천외 주민들은 시민대회를 열고 자신들의 생활을 돌보지 않은 군수와 면장을 비판하면서, 400여 명이 군수 사택으로 몰려갔다. 경관이 출동해 여성들까지 검거하고 해산을 종료했지만 결국 각 주재소에서 경관들을 전부 비상소집한 끝에 밤 11시 반에야 겨우 해산시킬 수 있었다.

천외 주민의 강경한 반대에 직면한 면장, 군수, 도청 간부, 경찰 등 관계자들은 상황을 무마하기 위해 비밀회의까지 열었다. 그러나 천내 주민들이 승인을 거부해 협정서는 무산되고 말았다.

결국 경상남도의 중재로 양측 대표자가 계약서를 작성, 시장 이전 문제가 겨우 마무리되었다. 천외 주민들이 천내로의 시장 이전을 동의해 주는 대신, 장차 철도를 부설할 경우 기차 정거장을 천외에 설치하고, 천외에서도 비공식적으로 시장을 개설하는 것을 묵인한다는 것이 합의 내용에 포함되었다.

이러한 주민운동은 개별 지역의 현실적인 이익을 추구하는 것으로, 식민 당국과 근본적으로 대립한 것이라기보다는 식민 당국에 대한 진정운동의 양상을 띠었다. 식민 질서에 대한 근원적인 저항이라고 볼 수는 없었지만, 식민지적 개발 정책이 초래한 지역 편중이나 차별의 해소를 요구하는 내용을 담고 있기에, 주민운동은 종종 식민 당국에 대한 격렬한 항의로 치닫기도 했다.

도시에서는 상하수도, 전기 등 도시 기간 시설을 정비하는 과정에서 그 혜택으로부터 소외된 조선인들이 집중적으로 불만을 표출하는 진정 운동이 나타났다. 농촌에서는 지역 개발과 경제 활성화를 추동할 수 있는 각종 사회 간접 시설과 개별 시설물에 대한 지역 단위의 유치 운동을 펼쳤다. 이것은 지역 간 갈등이나 식민 당국과의 갈등을 심화시켰다.

도시 공간의 이원화와 도시 빈민 형성

노동자가 증가하면서 도시나 공장 지대에는 노동자들을 대상으로 한 노동숙박소와 같은 주거 형태가 나타났다. 이곳에서는 일거리를 찾아 모여든 사람들, 뜨내기 노동자들이 주로 거주했다. 경성에는 종로3가와 서대문 등에 비교적 큰 노동숙박소가 있었다고 한다. 숙박비는 하루에 5전이었고 방 하나에 10명 정도 누울 수 있는 비좁은 시설이었지만, 매일 100명 넘게 묵었다. 노동숙박소는 좁은 곳에 밀집해 있었으며 오물과 악취 때문에 위생 상태가 매우 나빴다. 번듯한 기숙사나 사택에 모여 사는 일본인 사원이나 기술자들의 생활환경과는 판이한 모습이었다.

도시에서는 민족별·계층별 모순이 공간을 중심으로 표출되었다. 조선시대의 수도

도심의 도로 정비
경성의 도시 정비는 1910년대에는 도심부의 북부와 남부를 연결하고 이어 도심부를 용산과 연결시키는 데 초점이 맞추어져 있었다. 그러나 1920년대에 접어들어 경복궁에 총독부 신청사를 신축(1926)하여 이전하게 되자, 광화문 앞에서 창덕궁과 종묘를 통과하는 도로나 종로 등 도심부 북부 노선의 정비에 치중하게 되었다.

이자 자본주의적 도시화와 소비문화가 집중적으로 확산되었던 경성은 다양한 도시문제에 시달리는 식민지형 이중 도시로 변모했다. 식민지 시기 경성은 크게 일본인 중심의 남촌과 조선인 중심의 북촌으로 이원화된 형태로 도시화가 진행되었다. 개항 이래 경성로 이주해 온 일본인들은 남산 아래 진고개 일대에 정착했다. 일본인의 정치적·경제적 세력이 강화됨에 따라 이 일대는 경성의 번화가로 성장했다. 번화한 상점과 백화점이 모여 있는 남촌에 도시의 경제권이 집중되면서 이곳은 '작은 도쿄'로서 불야성을 이루었다.

전통적인 조선인 거주 지역에 해당하는 북촌의 중심은 시전이 있던 종로였다. 시전 상인의 후예라고 할 수 있는 종로 상인들은 남촌의 일본인 상가에 상권을 빼앗기지 않기 위해 다양한 노력을 펼쳤다. 북촌 상가를 활성화하기 위해 상인 연합회를 조직하고 수시 대매출을 실시하는 등 조선인 고객을 유치하고자 노력했다. 북촌과 남촌, 즉 조선인과 일본인의 불공정한 경쟁에서 이길 수 있도록 조선인 상점을 이용해야 한다는 민족적 담론을 내세우기도 했다. 그러나 조선시대에 전국의 상권을 장악했던 종로 상인들의 위세는 더 이상 찾아보기가 어려웠다. 자본주의적 대중 소비가 확대될수록 남촌과 북촌의 간극은 커져갔다.

도시는 지배자들의 힘과 권력을 상징하는 관공서와, 지배 민족인 일본인들이 상권

일본인의 남촌
개항 이후 경성으로 들어오기 시작한 일본인들은 남산 산기슭의 예장동, 남산동, 필동, 충무로, 명동 등 남부 지역에 주로 터를 잡았다. 그에 따라 조선인과 일본인이 각각 중심이 된 종로와 충무로의 상점가는 북촌과 남촌으로 불리며 양측의 상권을 대표하게 되었다. 일본의 상가를 그대로 옮겨놓은 듯한 남촌에는 일본인뿐만 아니라 조선인 중상류층도 드나들며 일본의 상품과 문화를 소비했다.

신여성과 자유연애

1922년, 경성 시내 광교에 있는 중국 이발관에서 머리를 짧게 깎은 22살의 기생 강향란은 조선 최초의 단발 여성으로 기록되었다. 그보다 먼저 머리카락을 짧게 자른 여성이 있을 수도 있지만, 강향란은 단발을 통해 사회적 주목을 받은 최초의 여성이다. 머리를 깎고 양복을 입은 강향란은 더 이상 '해어화解語花'이기를 거부하고 이름을 강석자로 바꾼 뒤 조선무산자동맹에 가입해 사회주의 운동에 발을 담갔다. 이러한 단발 여성에 대한 사회의 반응은 차가웠다. 특히 남성들은 단순한 거부감을 넘어 '구역질이 난다'라고 비아냥대며 비판을 가했다.

1920년대에 접어들어 조선에서는 여성에게 가해지는 가부장적 억압과 민족적 억압, 계급적 억압을 타파하고자 하는 사회운동이 본격적으로 전개되기 시작했다. 기생 강향란의 단발은 그러한 운동의 시작을 알리는 상징적 사건이었다.

20세기 들어 남성의 단발이 확산된 것과는 대조적으로 1920년대까지도 여성의 단발은 세상의 이목을 끄는 '사건'이었다. 1925년 8월, 함께 단발을 감행한 허정숙, 주세죽, 김조이 등 엘리트 여성들은 자신들의 단발은 도덕적·윤리적으로 지탄받을 행위가 아니라, 시대의 변화에 따른 개인적 습속의 개량일 뿐이라고 선언했다. 이처럼 초기 여성운동에서는 가장 사적이고 개인적인 것이 가장 정치적인 사안이었다.

남존여비와 삼강오륜을 중시하는 전근대적 윤리로 무장한 가부장적 결혼 제도는 여성이 당면한 가장 어두운 현실적 질곡이었다. 근대 교육을 받은 엘리트 여성도 예외일 수는 없었다. 광범하게 행해지던 조혼 제도는 자유연애와 사랑에 기반을 둔 결혼을 어렵게 했다. 이때 일본 유학생을 통해 자유연애의 이론과 풍조가 들어왔다. 그들은 조혼이나 강제 결혼과 같은 전통적인 억압에서 벗어나 자유로운 사랑을 갈망했다.

그러나 청년들의 열망과는 달리 낭만적인 사랑이 아름다운 결실을 맺는 경우는 흔치 않았다. 신학문을 배운 남성들은 대부분 조혼으로 맺어진 옛 아내가 있었기 때문에, 사랑으로 선택한 신여성 아내는 기껏해야 제2의 부인 혹은 첩이 될 수밖에 없었다. 신여성들은 가장 적극적으로 근대적 사상과 문물을 받아들였지만, 근대적 덕목인 일부일처제와는 거리가 먼 선택을 강요받았다. 가정이 있는 기혼 남성과 근대 교육을 받은 신여성의 자유연애는 종종 사회적 지탄의 대상이 되었으며, 결국은 동반 자살 등 비극적 종말을 맞이하는 사례가 적지 않았다.

신교육을 받았다고 해도 여성의 경제적 자립은 여전히 어려웠다. 이런 상황에서 때로는 사랑이 아니라 돈 때문에 경제력 있는 남성에게 의존

반도의 무희 최승희
당시 '반도의 무희'라 불리며 최고의 인기를 구가하던 무용수 최승희는 신여성의 아이콘과 같은 인물이었다.

하는 여성도 나타났다. 사랑으로 미화된 남녀 관계도 자본주의의 물신주의로부터 자유롭지 못했던 것이다. "모던걸들의 표어는 돈만 있으면 아무라도 좋다는 것"이라는 당시의 신문 만평은, 신여성이 주장하는 자유연애와 자유결혼도 결국은 물질적 욕망에 의해 상품화된 연애와 결혼일 따름이라고 규정한다.

여성과 결혼, 가정에 대한 전근대적인 윤리가 지배하는 남성 중심 사회는 기존 질서에 순응하지 않는 신여성에 대해 강한 거부감을 나타냈다. 겉모습에 대한 치장이나 사치스러운 옷차림 등이 주된 비난의 대상이었다. 남성의 경제력에 기생하는 신여성 또한 조소의 대상이 되었다.

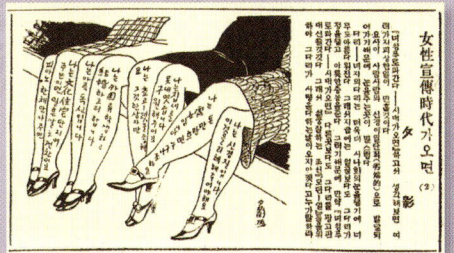

여성 선전 시대가 오면
1932년 1월 12일자 『조선일보』에 연재된 이 만평은 물질을 매개로 한 자유연애와 자유결혼의 속내를 '선전'이라는 장치를 통해 비꼬고 있다.

교육, 직업, 연애, 결혼 등에서 나타난 변화가 기존 질서와 일으키는 마찰과 충돌이 쉽게 해소되지 않았기 때문에 신여성에 대한 주목과 비난은 1930년대로 접어들면서 더욱 심해졌다.

❧ 김우진과 윤심덕의 비극적 사랑 ❧

1926년 8월 4일 새벽, 극작가 김우진과 성악가 윤심덕이 현해탄에 몸을 던졌다. 두 사람은 1897년생 동갑이었다. 평양 출신의 윤심덕은 신식 학교를 졸업하고 교사 생활을 하다가 총독부 관비 유학생으로 선발되어 일본으로 건너갔다. 도쿄음악학교에서 공부를 마치고 돌아와 조선 음악계를 누볐으며 토월회의 여배우로도 활동했다. 그러나 많은 신여성이 그랬던 것처럼 윤심덕이 뿌린 숱한 염문은 그녀에게 다가올 비극을 예비하는 것이었다. 아내가 있는 김우진의 연인으로서 윤심덕에게 허용된 자유와 자립의 공간은 협소했다. 목포 갑부 김성규의 장남으로 태어난 김우진은 와세다대학 영문과를 졸업하고, 고향으로 돌아와 실업에 종사했지만 그가 심취한 문학과 연극을 버릴 수는 없었다. 결국 두 사람은 검은 바다 현해탄에 함께 몸을 던져 시대와의 불화를 마감했다.

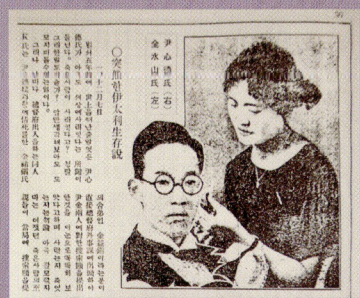

윤심덕과 김우진의 생존설을 제기한 『삼천리』 1931년 1월호 '불생불사의 악단 여왕 윤심덕' 기사

을 장악하고 있는 도심 상점가와, 그들이 거주하는 일본인 거주 지역을 중심으로 공간적 무게중심이 재편되었다. 경성의 경우 총독부 건물 등의 관공서와 남대문로, 그것과 연결되는 명치정진고개 일대를 중심으로 식민지적 도시화가 진행되었다. 전등이나 전화 부설, 도로 개수 등 도시 간접 자본 역시 이들 일본인 거주 지역에 우선적으로 공급되었다. 을지로 이북의 북촌 역시 조선인의 거리로서 나름대로 명맥을 유지했지만 남촌과의 경쟁은 양적으로나 질적으로나 버거울 수밖에 없었다. 여기에 독립문이나 동대문 외곽의 홍제동, 돈암동, 아현동, 신당동 등지에는 살아남기 위해 몰려든 토막민들의 집단 거주지가 들어섰다. 이러한 토막촌은 경성만이 아니라 인천이나 부산 등 어느 도시에나 형성되었다.

도시로 몰려든 농민들은 대부분 빈민으로서 도시 외곽에 빈민촌을 이루어 모여 살았다. 일제 시기에 도시 빈민을 지칭하는 '토막민'이 사회적으로 출현한 것은 농민의 도시 집중화가 심해진 1920년대에 접어들면서였다. 그들은 시내나 시외를 불문하고 제방 강바닥, 다리 밑, 산림 등의 공터에 땅을 파고 짚이나 거적 같은 것을 둘러서 극히 초라한 움막을 지어 살았기 때문에 토막민이라 불렸다. 식민지의 빈곤 문제는 날로 심각해져서 토막민의 수도 날마다, 달마다 늘어났다. 마침내는 이른바 '토막촌'까지 형성되면서, 토막민이라는 명칭도 점차 일반적으로 사용되기 시작했다.

북촌에 자리 잡은 조선인 상가

농민과 노동자의 악화된 생활상

한편 일제의 식민지 농정으로 인해 농민의 사회·경제적 처지는 점점 악화되었다. 지주들은 규정된 소작료 외에도 여러 형태로 착취를 일삼았다. 지주가 부담해야 할 수리조합비를 비롯해서 수세, 보세, 제언과 보의 설비 및 보수비, 벼 검사 수수료, 각종 접대비, 두량비 등의 공과금, 비료대, 농기구대, 소작미 운반비에 이르기까지 수십 가지 비용을 소작인에게 부담시켰다. 심한 경우 실제 소작료가 수확물의 80퍼센트를 넘는 경우도 있었다. 소작 기간을 지주가 자의적으로 결정할 수 있었고 1920년대에는 소작 기간을 1년으로 하는 경우가 70퍼센트나 되었다. 그래서 소작농들은 소작지를 빼앗길까 두려워 지주의 부당한 요구를 거부할 수가 없었다.

1925년의 조사에 따르면 전체 농가의 40퍼센트 정도가 농업경영에서 적자를 기록할 정도여서, 농민들로서는 생계를 유지하는 것 자체가 삶의 과제였다. 풀뿌리와 나무껍질로 겨우 연명하기도 했지만, 그것조차 어려워지면 결국 농토를 버릴 수밖에 없었다. 그들은 산속으로 들어가 화전민이 되거나, 도시로 가서 최하층 빈민으로 전락했으며, 새로운 소작지를 찾아 만주 등지의 국외로 이주하기도 했다.

1920년대 말에는 세계적인 농업공황까지 겹쳐 농민의 몰락이 가속화되었으며, 그

토막촌의 토막민들

로 인해 농촌문제가 더욱 심각해졌다. 도시에 공장이 늘었다고는 하지만, 1920년대에는 가난한 농촌 인구를 노동자로 흡수할 정도로 공업이 발달한 것은 아니었다. 농민의 상당수가 춘궁기인 양력 3월이 되면 양식이 완전히 떨어져 풀뿌리, 새싹, 소나무 껍질 등 초근목피草根木皮로 연명해야 하는 궁민窮民의 처지로 떨어졌다.

농촌의 궁민들은 기회가 주어지면 농촌 주위의 토목공사장이나 광산에서 적은 노임을 받으며 단순 육체노동에 종사했다. 그들은 철도나 도로, 수리 공사장 등지에서 인부로 일해 생계를 이어갔다. 그런 공사장이나마 늘 있는 것이 아니어서, 일거리를 얻기가 쉽지 않았다. 결국 공사판을 찾아 각처를 헤매는 노동자들이 생겨났고, 대규모 토목공사장 주변에는 가족들을 이끌고 몰려든 사람들 때문에 빈민굴이 형성되었다.

제1차 세계대전을 계기로 일본 독점자본주의의 자본 축적은 가속화되었다. 1920년대에는 회사령 철폐와 더불어 일본 자본이 조선으로 유입되어 공장 설립이 늘어났고, 조선인 기업도 증가해 노동자의 수가 많아지기 시작했다. 1920년대에는 특히 섬유와 고무신 등 경공업 부문에서 공장노동자가 증가했다. 그러나 전체 노동자 가운데 공장노동자가 차지하는 비율은 10퍼센트 미만이었다. 도시에서 임시적인 형태의 노동에 종사하는 자유노동자나 일용 노동자가 훨씬 많았다. 전체 노동자 가운데 공장노동자의 비율은 1930년대 전반기에 가서야 40~50퍼센트 수준으로 증가했다.

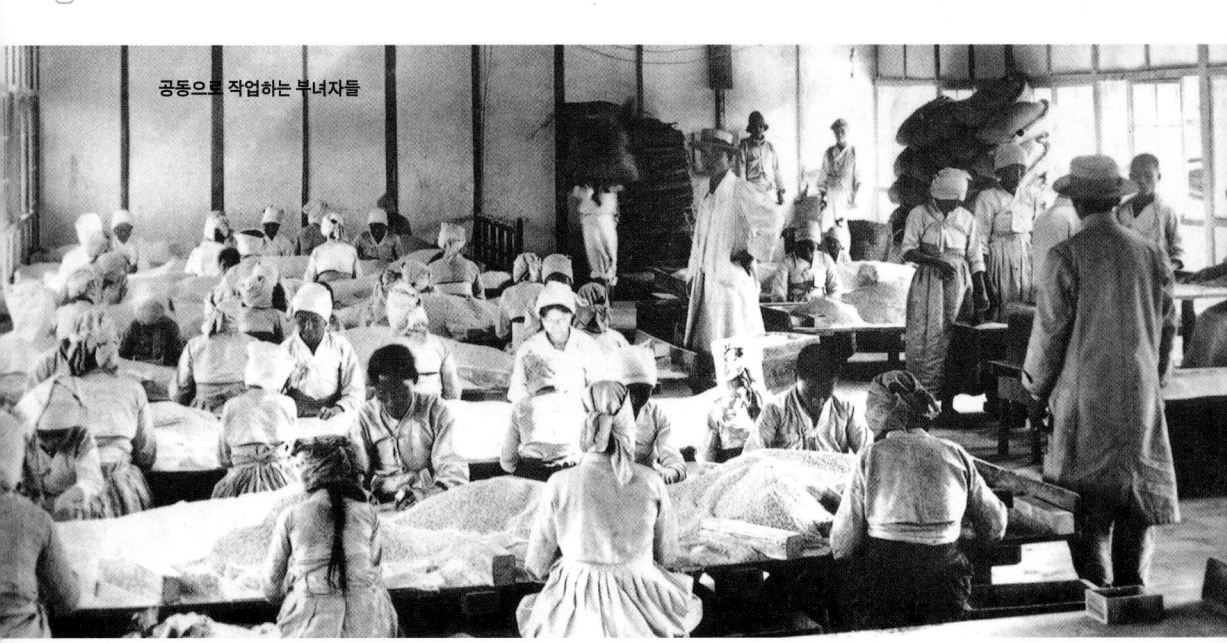

공동으로 작업하는 부녀자들

농촌에서 일자리를 찾아 도시로, 공장으로 떠밀려 온 노동자들은 적은 임금과 열악한 노동환경을 감내해야 했다. 그나마 공장에서 일자리를 잡은 사람은 운이 좋은 편에 속했지만, 새벽부터 저녁까지 쉴 새 없이 기계에 매달려야 하는 직공 생활은 고달프기 그지없었다. 임금이 매우 적었기 때문에 노동자가 되어도 궁핍하기는 마찬가지였다. 특히 민족별 차별이 심해, 조선인 노동자의 임금은 일본인 노동자의 절반도 안 되는 수준이었고 노동조건도 훨씬 나빴다.

당시 제사 공장의 조선인 노동자는 일본인 노동자보다 긴 시간 일을 하는데도 임금은 절반밖에 받지 못했다. 1929년 당시 50인 이상 고용하는 비교적 규모가 큰 196개 공장의 노동자 임금을 민족별로 비교해보면, 일본인 노동자는 1일 평균 1원 16전, 조선인 노동자는 58전을 받았다. 감독이나 십장 등의 중간 착취도 심각했다. 여성과 유소년의 경우는 상황이 더욱 나빴다. 그들은 극도로 적은 임금을 받으면서도 노동자 보호 시설도 없는 작업장에서 휴일도 없이 장시간 노동에 시달렸다. 이런 조건 아래, 노동자들의 의식이 성장하고 조직화가 진전되면서 1920년대에는 노동운동이 본격적으로 전개되기 시작했다.

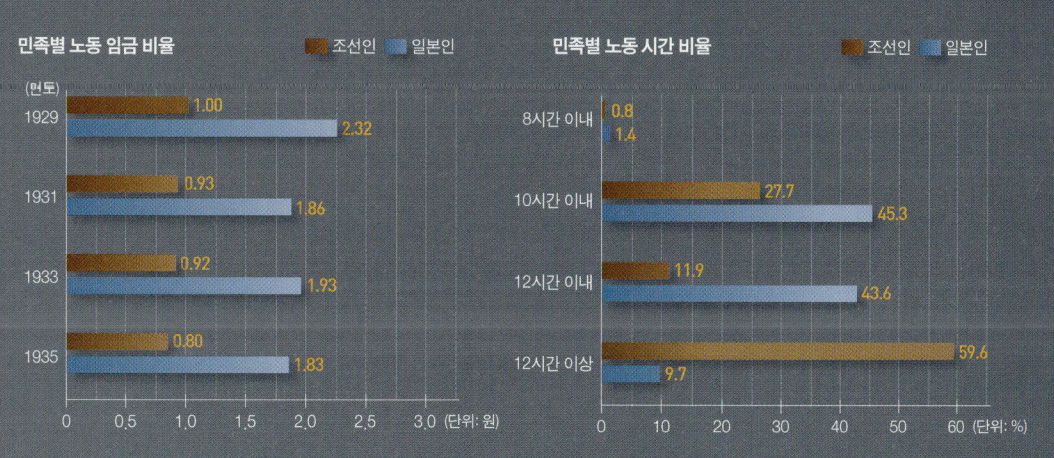

| 식민지 조선의 노동 현실

선망과 비하의 일본 여행

● 총독부가 파견한 내지 시찰단 ●

일본에 간 시찰단
당시 일본으로 떠난 시찰단은 부산에서 선편으로 시모노세키에 도착한 후, 기차를 타고 오사카-교토-나라-도쿄-닛코를 여행했다. 이 과정에서 도시의 근대적 시설, 천황과 관련된 역사적 유적, 근대적 공장, 우량 농촌 등을 돌아보았다.

"내지의 문명이 조선보다 열배 백배나 우월하고 내지의 부유함이 조선보다 열배 백배나 우월하니 이는 다른 이유가 아니라 내지인의 근검과 내지인의 분발과 내지인의 용감함에서 나온다."

위의 글은 총독부 기관지인 『매일신보』 1912년 9월 3일자에 실린 기사의 일부로, 동양척식주식회사가 파견한 일본 시찰단의 깨달음을 소개하는 내용이다. 총독부는 일본의 근대 문물을 조선 중상류층에게 보여주어 그들의 입을 통해 일본의 우월함을 조선 민중에게 전파하고자 했다. 조선보다 나은 것을 취하고 배우겠다는 마음을 일깨워, 조선 통치의 효율성을 높이는 것이 시찰단 파견의 목적이었다.

일제는 일본을 '내지內地', 조선을 '외지外地'라고 불렀다. 외지라는 이름으로 타자화된 조선인, 즉 외지인들은 근대적 배움과 일자리를 얻고자 현해탄을 건너 식민 본국 일본으로 갔다. 또한 그들처럼 장기 체류를 하지는 않더라도, 적지 않은 조선인들이 내지 일본을 방문해 그곳에서 자신들이 본받고 따라 배워야 할 모범을 발견했다.

1920년대에 접어들어 조선총독부나 관변 기관, 관변 언론 등의 주선으로, 중앙과 지방의 관리, 교원, 유생, 청년 들의 내지 시찰이 본격적으로 이루어졌다. 일본은 조선의 여론 주도층에게 일본의 군사력과 경제력을 과시하고 문화적 저력을 보여주기 위해 내지 시찰단을 조직했다. 그리고 회사나 공장 등의 산업 시설, 학교, 도시, 공원, 백화점, 역사 유적 등을 보여주었다. 개항기의 시찰단원들이 일본을 둘러보며 자주적인 근대화의 비전을 꿈꾸었다면 식민지 시기의 내지 시찰단은 일본의 우월성에 압도되고 조선의 낙후성을 내면화했다는 점에서 차이가 있었다.

내지 시찰단의 효시는 강제 병합 전인 1909년 4월 경성일보사가 대한제국의 고위 관리, 은행가, 실업가 등으로 조직한 일본 관광단이다. 1910년에 대한제국이 일본의 식민지로 전락함으로써 일본 시찰은 내지 시찰로 명칭이 바뀌었다. 1910년대에는 주로 '조선 귀족 관광단'이나 동양척식주식회사가 주선하는 일본 관광단, 농사 시찰단이 일본을 방문했다. 당시에는 강제 병합에 공로가 있는 자들에 대한 보상, 보수적인 관료와 유생들의 의식 전환이나 교육을 목적으로 한 시찰을 시행했다.

그러나 3·1운동 이후 내지 시찰단의 성격이나 참여층에 변화가 나타났다. 1920년대에는 신문사나 관변 단체가 아닌 조선총독부가 직접 주도하는 '내지 시찰'이 본격적으로 시행되었으며, 참여 인사의 폭도 넓어졌다. '문화정치'를 천명한 사이토 총독이 부임한 이후 총독부는 맨 먼저 군수나 교원 등으로 이루어진 시찰단을 조직했다. 1920년부터 군수 시찰단과 교원 시찰단을 일본으로 파견하기 시작했다. 총독부는 '내지 시찰'을 조선인 관리와 교사의 인식을 바꾸고 훈련시키기 위한 수단으로 활용하고자 했다.

내지 시찰은 참여자들에게 일본에 대한 선망과 조선에 대한 비판 의식을 내면화시켰을 가능성이 크

여교사 내지 시찰단
전국 각지에서 선발된 조선인 여교사 14명이 조선총독부 주최로 일본 시찰에 나섰다. 사진은 오사카시의 나카노시마(中の島) 중앙공회당에서 열린 환영 모임 모습이다.

다. 시찰 참여자들은 공통적으로 일본의 공업 발달, 울창한 삼림, 근대화된 도시, 많은 신사와 사찰, 정비된 경지와 잘사는 농촌, 정비된 교육기관, 편리한 교통, 활발한 여성 노동 등에 깊은 인상을 받았다고 밝혔다. 이러한 내지 시찰은 조선인들의 일본관에 큰 영향을 주었고, 시찰자가 식민 통치에 협력하는 계기가 되기도 했다. 결국 식민지 주민에게 내지 시찰은 세계에 대한 시야를 넓히고 새로운 자아 정체성을 찾아가는 여정이 아니라, 자기를 비하하고 부정하는 자기 소외의 여행이었던 것이다.

내지 시찰은 지속되었는데 각 시기 총독부의 정책에 따라 시찰단의 구성이 확대되고 방향이 조정되었다. 1930년대 이후에는 주로 농촌 진흥 운동 관계자나 교원들의 내지 시찰이 활발히 이루어졌고, 1940년대에는 전시체제 시기의 '신경제'를 학습하기 위한 경제인들의 시찰이 중시되었다.

내지 시찰단의 경로

민족이란 공동체의 이름으로

| 민족주의 계열 민족운동의 전개와 분화

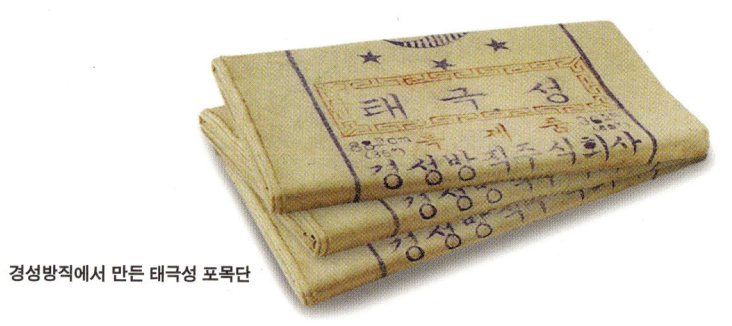

경성방직에서 만든 태극성 포목단

1920년대에 접어들면서 조선 사회에서는 기미 이후己未以後란 말이 자주 사용되었다. 말 그대로 기미년1919 이후 식민지 조선 사회에는 전에 듣지 못하던 새로운 말이 많이 생기고 새로운 이념과 사상도 봇물처럼 쏟아져 들어왔다.

조선은 서구와 달리 국가권력에 대한 혁명이나 산업자본주의의 성장을 이루지 못한 채 일본에 의해 식민지가 되었다. 그래서 정치적·경제적 전망을 지닌 집단의 성장이 쉽지 않았다. 그러나 1920년대에 들어 자본주의를 지향하는 조선인 상공 계급과 사회주의의 동력이 되는 노동계급이 분화되기 시작했다. 특히 3·1운동 이후 지주·자본가 및 일부 지식인을 중심으로 모인 민족주의 계열에서는 물산장려운동과 민립대학 설립 운동을 주도했다. 민족주의자들은 계급의 대립을 넘어 민족의 이름으로 대동단결해야 함을 누차 강조했다.

실력 양성론과 물산장려운동

1920년대 식민지 조선을 사로잡은 민족운동을 사회주의 계열 운동과 대비해서 부르주아 민족주의 계열 운동이라고 부른다. 이들은 조선인 자본가와 노동계급 사이의 대립보다는 조선 민족 전체의 이익을 고려해야 한다고 주장했다. 그들 내부에서는 일본에 의한 식민지 상황을 벗어나기 위한 민족운동을 다시 실력 양성론과 무장투쟁론으로 구분했다. 일제에서 벗어나고자 한 목표는 동일했지만, 실현 방법은 전혀 달랐다.

직접 무기를 들고 일본과 싸우자는 무장투쟁론은 1920년대 초반 청산리 전투, 봉오동 전투의 성과로 결실을 맺었다. 반면에 내부적으로 실력을 키우고 국제적으로 외교를 통해 세계열강의 지지를 받고자 한 외교론도 부상했으나, 이는 제국주의 열강의 냉담한 반응으로 인해 별다른 성과를 거두지 못했다. 정의와 인도주의에 입각한 독립 만세 운동인 3·1운동 이후 세계열강이 조선의 독립을 외면하자, 외교론 대신 민족의 실력을 양성하자는 실력 양성론이 재차 대두되었다. 민족주의자들은 대부분의 민중을 여전히 생활 습관을 고치고, 신교육을 받아야 하는 '계몽'의 대상으로 여겼다.

부르주아 민족주의 계열은 조선인 자본가를 육성하고자 경제적 실력 양성 운동을

실력 양성론의 두 축, 조만식과 윤치호
조만식은 국산품 애용이 경제 발전은 물론 민족의 단결을 촉진한다고 주장한 '한국의 간디'였다(오른쪽). 조만식과 함께 실력 양성론을 주창한 윤치호는 민립대학 설립 운동에 앞장섰으나 후에 일제의 침략 전쟁에 협력하는 친일파가 되었다(왼쪽).

전개했다. 이들은 1921년, 위기에 처한 조선인 자본가를 구하기 위해 조선인산업대회란 조직을 결성하고 조선총독부에 조선인 중심의 산업 정책을 실시할 것을 건의했다. 1923년에 들어서면서 일본과 조선 사이의 무역에서 면직물과 주류를 제외한 모든 상품의 관세가 면제되기 시작했다. 상대적으로 품질이 우수한 일본산 제품이 싼 가격에 시장에 공급되자 조선인 자본가들은 경쟁에서 버티기 어려워졌다. 이에 물산장려운동이 일어났다.

민족주의 계열은 '무서운 것은 경제적 노예다'라고 하며, 정치적 독립은 경제적 독립이 바탕이 되어야 가능하다고 보았다. 또한 경제문제가 모든 것을 해결할 수 있는 유일한 방책이라고 보았다. 물산장려운동은 '조선인이 만든 것을 입고, 먹고, 쓰자', '내 살림 내 것으로'라는 표어 아래 진행되었다.

경성의 물산장려회는 남성의 두루마기와 여성의 치마를 조선인이 만든 것으로 염색하고, 소금·사탕·과일·청량음료를 제외하고 조선에서 생산되는 것을 사용하자는 토산품 애용을 주장했다. 토산품 애용은 전국적인 강연회와 전시회를 통해 큰 효과를 거두었다. 지방 청년회의 단체 주문으로 일본과 중국의 모자보다 조선 공장에서 만든 모자가 많이 팔렸고, 특히 직물업이 큰 호황을 누렸다.

물산장려운동이 시작된 직후 양복이나 비단옷보다 무명으로 된 두루마기가 크게

조선 사람 조선 것으로! 물산장려운동

어느덧 벌써 1년이 되었습니다. 조선물산장려운동이 조선 사람의 경제상 각성이 일대 공동 의식을 만들게 된 것을 기뻐하면서(도) (…) 갑자기 조선 물품의 소비가 격증하므로 옷감의 시가市價가 높아진 까닭에 개인 경제상으로는 손실을 보게 되었으며, 더욱 가증한 일은 나쁜 포목 상인들이 면포를 매점해 가격을 무리하게 올리고, 오사카 공장에서 조선 면포와 비슷한 모조품을 제조해 조선에 들여와서 조선 상인 중에 그것의 상표를 떼어버리고 조선 상품처럼 판매한 자도 있었(습니다.) (…) 지금에 와서 가만히 생각해보면 감개무량합니다. 조선의 자본가가 유리해질까 하는 사회주의자의 기우도 없어지고, 물가도 원래대로 회복해(했지만) (…) 우리의 처지를 깊게 반성해 돌진하는 동시에 장구한 시일을 두고 노력하지 아니하면 효과가 없을 것입니다.

(필자 미상, 「일주년 기념을 당해」, 『산업계』 3호, 1924. 3.)

유행했다. 사람들이 많이 찾자 무명 가격은 한 필당 2원 20~30전 하던 것이 4원 10전으로 두 배 가까이 오르기도 했다. 일본인 상인이 조선 것과 유사한 상품을 만들어 국내로 들여온다는 소문도 돌았다.

이러한 호황에도 불구하고 조선의 산업이 워낙 미약했고, 대중의 생활 또한 워낙 어려웠기 때문에 조선인이 생산한 상품을 계속해서 구매하는 데 한계가 있었다. 또한 조선인이 운영하던 공장의 무명, 삼베, 모시 등의 직물 생산은 필요한 수요의 절반에도 미치지 못했다. 일시적인 수요 증가는 직물의 가격만 올려놓았고, 이득은 상인에게 돌아갔다. 실제로 일본 제품을 대체할 상품을 생산할 수 있는 큰 규모의 조선인 공장 및 회사의 설립은 제대로 이루어지지 못했다.

물산장려운동은 새롭게 성장하던 사회주의 계열로부터 도전을 받았다. 사회주의자들은 이 운동이 조선의 토산물 사용을 장려하기보다는 조선인 자본가를 위한 운동이라고 비판했다. 이들은 식민지 상황에서는 산업이 제대로 발전하지 못할 것이며, 무산계급의 입장에서 보면 조선인 자본가와 외국 자본이 같은 것이어서 그들에게 아무런 이익이 없다고 주장했다.

반면, 물산장려운동 세력은 민족을 강조했다. 조선 사람 내부의 계급 분열을 강조하기에 앞서 조선 사람의 경제적 실력을 배양하는 것이 당면한

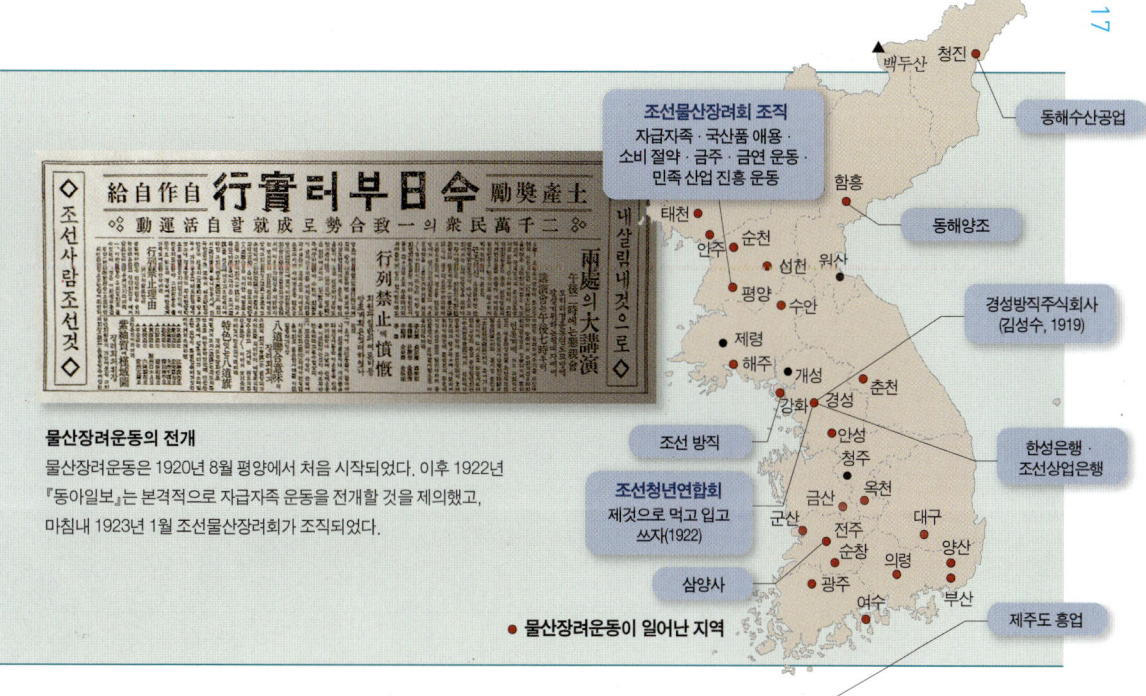

물산장려운동의 전개
물산장려운동은 1920년 8월 평양에서 처음 시작되었다. 이후 1922년 『동아일보』는 본격적으로 자급자족 운동을 전개할 것을 제의했고, 마침내 1923년 1월 조선물산장려회가 조직되었다.

문제라고 보았다. 아울러 조선인은 유산자, 무산자 할 것 없이 거의 파산할 지경에 이르렀기에, 물산장려운동은 조선인의 부흥 운동이라고 주장했다. 논쟁이 진행되면서 물산장려운동 세력은 조선인 자본가 육성을 목표로 하는 입장과 모자, 양말, 메리야스, 고무신 등 소상품 생산자의 산업 활동을 진흥하며 생산소비 조합을 설치하자는 입장으로 재차 나뉘었다. 전자의 경우 조선인 자본가의 생존을 위해 조선총독부 권력의 보호와 지원을 요구하는 타협적인 방향으로 나아가고 말았다.

민립대학 설립 운동과 경성제국대학의 설립

식민지 백성이 비판적 지식인으로 성장할 때, 제국주의 식민 통치는 난항을 겪게 마련이다. 당시 일제는 충성스럽고 선량한 국민 양성을 식민지 조선인 교육의 목표로 설정했다. 이에 따라 일본은 식민지 조선인을 대상으로 식민 통치에 유용한 실무 교육을 시키는 학교는 설치했지만 고등교육기관인 대학은 설치하지 않았다. 또한 경성과 대도시에는 극소수의 고등보통학교와 사범학교를 설치해 식민지 지배에 필요한 교육을 책임질 교사를 양성하는 데 주력했다.

이에 1920년대 부르주아 민족운동 세력은 사립 보통학교, 사립 고등보통학교를 설

| 민립대학 설립 운동의 참가자들

1923년 당시 전문학교는 관립이 5개교, 사립이 3개교가 있었다. 식민지 조선의 학생들은 대학에 가기 위해 외국으로 유학을 가야만 했다. 이에 1922년 11월 이상재 등은 민립대학 기성 준비회를 구성했고, 각 군 단위에서 2~5명씩 총 1만 1170명의 위원이 선발됐다. 이들은 1923년 3월 29일 민립대학 발기 총회를 열었다.

민립대학 기성회

립하자는 운동을 전개했고, 1923년부터는 조선인이 기금을 모아 대학을 설립하려 한 민립대학 설립 운동이 일어났다. 1923년 3월 전국적으로 선출된 발기인 가운데 462명이 경성에 모여 민립대학 발기 총회를 조직하고, 대학 설립을 위한 전국적인 모금 활동에 나섰다. 민립대학은 1차로 법과·문과·경제과·이과 등 4개 과를 설치하고, 2차로 공과, 3차로 의과와 농과를 설치할 계획이었다. 이러한 민립대학 설립 운동은 100여 개의 지방부까지 두고 추진되었다.

그러나 민립대학 설립 운동은 일제의 방해와 모금 부족으로 결국 실패하고 말았다. 비록 전국적으로 호응이 있었지만, 1923년의 대홍수와 1924년의 극심한 가뭄으로 자금 모금이 어려워졌다. 이후 오산학교, 연희전문학교, 보성전문학교 등을 대학으로 승격하는 노력은 계속했지만, 일제의 저지로 실현되지 못했다. 사회주의자들도 민립대학 설립에 반대했다. 고등교육기관보다 노동자 강습소, 농촌의 야학과 간이학교 등 대중 교육 보급이 더 시급하다는 이유에서였다.

한편 일제는 조선의 교육열과 민립대학 설립 운동을 무마하기 위해 경성제국대학을 설립했다. 이를 통해 식민지 조선에 대학이 있다고 선전했다. 그러나 경성제국대학의 설립은 식민정책을 학술적으로 뒷받침하기 위한 연구자와 연구 기관에 관한 수요 때문이었다. 경성제국대학을 졸업한 조선인 학생은 고등 문관 시험을 통해 사법·행정·

"민립대학을 만드서요"
김성수(오른쪽)는 교육가, 언론인, 기업가이자 정치가이다. 그는 1919년 중앙학교를 인수하고 교육 활동에 나섰다. 민립대학 설립 운동 이후 그에게 대학 설립 요청이 있자, 그는 1923년 보성전문학교(지금의 고려대학교)를 인수했다. 오른쪽 지면은 김성수에게 민립대학 설립을 촉구하는 내용이다.

경성제국대학, 빛과 그림자

일제는 협력적 지식인을 긴 안목으로 키운다는 목적 아래 경성제국대학을 설립했다. 외면적으로 경성제국대학은 식민지 조선의 유일한 대학이었으며, '수재 교육'이란 명목으로 극소수의 조선인만을 입학시켰다. 하지만 일본에 설립된 제국대학과 달리 경성제국대학은 종합대학으로서의 학제와 규모를 갖추지 못했다. 또한 조선인 학생보다 일본인 학생이 더 많았는데, 식민지 시기 내내 조선인 학생들은 전체 학생의 3분의 1밖에 되지 않았다. 수업도 일본어로 했다.

1924년 5월에 예과를, 1926년 4월에 법문학부와 의학부를 개설했다. 경성제국대학 예과에 지원서를 제출한 학생은 본인과 가족의 정치적 성향, 3·1운동 관련 여부, 재산, 성격 등 신분 조사를 거쳐야 했다. 법문학부 안에 법학과와 정치학과, 철학과철학 및 철학사, 윤리학, 심리학, 종교학 및 종교사, 미술 및 미술사, 교육학, 중국 철학, 사회학 전공, 사학과일본사, 조선사, 동양사학 전공, 문학과일본어 및 일본 문학, 조선어 및 조선 문학, 중국어 및 중국 문학, 영어 및 영문학 전공을 개설했다. 도쿄제국대학 문학부가 일본 근대국가의 발전과 제국주의 진출을 학문적으로 뒷받침했듯이, 경성제국대학 문학부는 '조선 문화 또는 동양문화 연구'란 이름 아래 대륙 침략 및 식민지 지배 이데올로기 생산의 역할을 담당했다. 1929부터 1940년 사이에 조윤제, 이희승, 이숭녕 등 20명의 조선인 학생이 조선어문학과를 졸업했다.

경성제국대학 법문학부 건물
경성제국대학은 일본의 제국대학 가운데 여섯 번째로 설립되었다. 1926년부터 예과 졸업생들이 법문학부와 의학부에 진학했다.

경성제국대학 캠퍼스
경성제국대학의 법문학부는 지금의 서울시 종로구 대학로 마로니에 공원 자리에, 의학부는 그 맞은편인 서울대학교병원 자리에 있었다. 또한 이공학부는 지금의 서울과학기술대학교 자리에 있었다.

외무 관료로 진출하는 경우가 많았다. 인문학의 경우에도 식민 통치에 부합할 수 있는 언어·역사·민속 연구가 진행되었다. 이렇듯 경성제국대학은 식민지 조선의 유일한 대학이었지만, 조선인을 위한 대학은 아니었다.

식민지 교육정책과 민중의 열망

조선총독부는 민심 수습책의 일환으로 3개 면面에 1개씩 공립보통학교를 설립했다. 하지만 자녀에게 신식 교육을 시키려는 조선인 학부모의 '교육열'을 감당할 수는 없었다. 상급 학교에 진학하여 보다 나은 사회적 지위를 얻으려는 학생들도 늘어났다. 보통학교 입학 경쟁률이 평균 2 대 1이었고, 경성의 일부 학교는 4.6 대 1에 이르렀다. 1920년대에는 약 18퍼센트의 아동이 보통학교에 취학했을 뿐이다.

1910년대에 사립학교를 통제하고 위축시킨 총독부의 교육정책은 결과적으로 공립보통학교에 대한 수요를 증가시켰다. 또한 각급 관리, 교원, 은행원, 회사원 등으로 일할 수 있는 사무직과 기술직으로 채용되기 위해서는 공립보통학교를 졸업하든지 상급 학교에 진학해야만 했다. 취업을 할 때 총독부에서 인정하는 학력이 가장 중요한 자격 조건으로 명시되었고, 취직을 위한 시험 과목도 정규 공립학교의 교과목과 거의

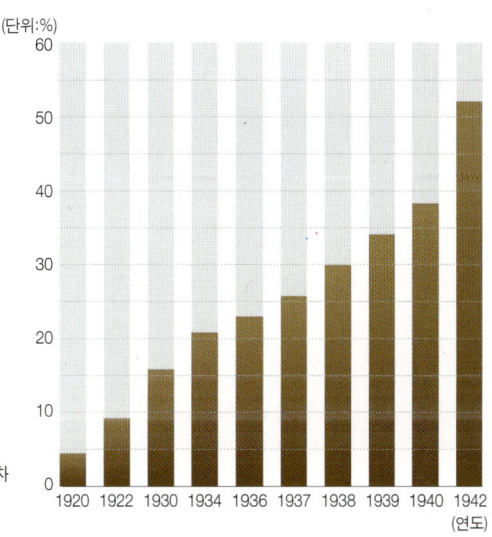

보통학교 진학률
3·1운동을 전후한 시기부터 보통학교 진학에 대한 태도가 적극적으로 바뀌었다. 이로 인해 저조했던 보통학교 진학률이 점차 높아졌다.

동일했기 때문이었다.

그 결과 3·1운동을 전후해서는 보통학교에 대해 긍정적으로 생각하게 되었고, 저조하던 보통학교 취학률도 높아졌다. 근대 교육을 받은 사람들이 다양한 직업으로 활발하게 진출하던 1920년대에는 보통학교 입학열이 더욱 고조되었고, 상급 학교 진학을 위한 입시용 참고서와 교재의 수요가 증가했다. 학교교육을 사회적 차별로부터 벗어나기 위한 통로이자 실력을 양성하기 위한 유력한 수단으로 인식했기 때문이다. 민족차별이라는 식민지 교육 체제의 모순이 존재하는데도 근대적 직종의 확대와 학력주의의 제도화, 그것과 결합한 사회적 지위 상승에 대한 욕망 역시 교육열 확산에 영향을 주었다.

그러나 일반적으로는 경제력이 허락하지 않는 한 상급 학교 진학은 꿈도 꾸기 어려웠다. 경성에 유학한 중학생의 한 달 학비와 생활비는 일반 사람들은 감당할 수준을 넘어선 엄청난 금액이었다. 교육에 대한 열망은 컸지만 정규학교 진학이 쉽지 않았기 때문에, 고학을 하거나 통신 강의를 듣는 청년의 모습은 흔히 접할 수 있는 시대의 풍경이 되었다.

근대 교육을 받은 청년 가운데 일부는 일방적인 식민지 동화교육에도 불구하고 반제국주의, 반식민주의 의식을 키웠다. 그런가 하면 상당수의 청년이 진학과 취업이라

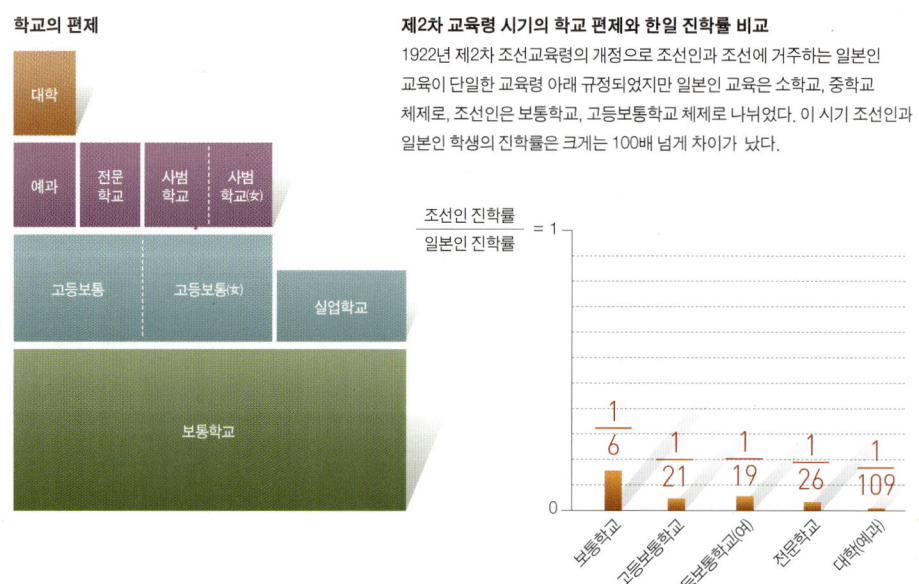

학교의 편제

제2차 교육령 시기의 학교 편제와 한일 진학률 비교
1922년 제2차 조선교육령의 개정으로 조선인과 조선에 거주하는 일본인 교육이 단일한 교육령 아래 규정되었지만 일본인 교육은 소학교, 중학교 체제로, 조선인은 보통학교, 고등보통학교 체제로 나뉘었다. 이 시기 조선인과 일본인 학생의 진학률은 크게는 100배 넘게 차이가 났다.

는 개인적 목표를 추구하는 가운데 식민 체제에 포섭되어갔다. 1910년에 태어난 시인 이상李箱이 경성공업고등학교를 졸업하고 조선총독부 건축과 기수로 근무한 것에서도 알 수 있듯이, 조선총독부 산하 기관에는 적지 않은 조선인이 소속되어 있었다. 중앙에서는 말단 관리인 판임관 등에 주로 임용되었고, 지방에서는 직접 대민 접촉을 하는 면장과 면직원, 대민 치안을 보조하는 순사보, 헌병 보조원 등에 고용되었다. 급료와 승진 등에서 조선인 관리에 대한 차별이 일반화되어 있었지만, 고용 기회가 많지 않은 식민지에서 '관리'라는 직업은 사회적으로 출세할 수 있는 중요한 지표였다.

관리를 뽑는 보통 문관 시험이나 고등 문관 시험에 조선인 응시자가 증가하면서 경쟁이 치열해졌다. 그들은 고등 관료로 승진할수록 일제의 수탈 정책에 대한 협조, 조선인 동화와 사상범 색출에 더욱 적극적으로 나서야 했다. 총독부의 관리로 일하는 것에 대한 거부감이 약화되는 가운데, 적지 않은 청년들이 개인의 영달을 최고의 목표로 삼는 출세욕에 사로잡혔다.

조선인들이 경멸하고 배척했던 순사 채용 시험의 경우, 경쟁률이 무려 10~18 대 1이나 되었다. 1920~1930년대에 500~600명에서 1000명가량을 채용하는 순사 채용 시험에 많게는 1만 6000명이나 되는 지원자가 몰렸다. 순사는 식민통치의 하수인으로 공포심과 증오심을 자극하는 존재였지만, 개개인들은 대우가 좋은 직업을 얻기 위해 순

총독부 건축과 기수로 근무한 시인 이상
1910년에 태어난 시인 이상(본명 김해경)은 양자로 들어간 백부의 교육열에 힘입어 신명학교와 보성고등보통학교를 거쳐 1929년에 경성고등공업학교 건축과를 졸업했다. 이상은 졸업하던 해 조선총독부 내무국 건축과 기수(技手)가 되었다. 이 시절부터 「오감도」 같은 시를 발표하며 문학 활동을 병행했으나, 1933년 건강 악화로 건축 기수를 그만두었다. 1036년 결혼 후 도쿄로 건너간 이상은 이듬해 2월 도쿄에서 사상이 불온하다는 혐의로 체포, 감금되었다. 건강이 악화되어 병보석으로 풀려났지만, 4월 도쿄제국대학 부속병원에서 사망했다.

사 채용 시험에 응시했으며, 높은 경쟁을 뚫고 합격한 사람은 주변 사람들로부터 축하를 받았다. 그러나 그러한 취업의 기회마저 극도로 제한되었기 때문에, 중등학교와 유학을 마친 졸업생들이 취업 전선에 나오기 시작하는 1920년대 중반부터는 지식인 실업자 문제가 새로운 사회문제로 대두되었다.

좌우로 나뉜 부르주아 민족운동 세력

한편, 1920년대 중반에 접어들자 교육과 산업 증진을 위한 부르주아 민족주의 계열의 교육 진흥 운동, 물산장려운동은 점차 침체에 빠져들었다. 독립의 전망이 불투명해지고 민족운동의 전망이 어둡게 바뀌자, 부르주아 민족주의 계열 내부도 분열되기 시작했던 것이다. 부르주아 민족주의 계열은 절대 독립을 주장하는 세력과 장기적인 전망 속에서 민족 구성원의 실력을 키우자는 입장을 지닌 세력으로 나뉘었다. 이 과정에서 1922년에 발표된, 조선 민족의 나태한 민족성을 개조해야 한다는 취지의 이광수의 「민족개조론」은 사회적으로 큰 파장을 일으켰다.

민족주의 계열에 속하는 최원순은 "열악하다는 조선인의 민족성의 실체가 무엇인가" 하고 반문했다. 그리고 설사 이러한 현상이 있더라도 이는 조선인의 고질적이고

| 이광수의 「민족개조론」

이광수는 3·1운동을 '우연의 변화'라고 보았으며, 문명화가 진행되지 않은 '야만 인종'의 행동과 큰 차이가 없다고 주장했다. 그는 이러한 상황 속에서 조선 민족의 나태하고 게으른 민족성을 근본적으로 개조해야 한다고 주장했다.

"재작년(1919년) 3월 1일 이후로 우리의 정신의 변화는 무섭게 급격하게 되었습니다. 그리고 이러한 변화는 금후에도 한량(限量)없이 계속될 것이외다. 그러나 이것은 자연의 변화이외다. 또는 우연의 변화이외다. 마치 자연계에서 끊임없이 행하는 물리학적 변화나 화학적 변화와 같이 자연히 우리 눈으로 보기에는 우연히 행하는 변화이외다. 또는 무지몽매한 야만 인종이 자각 없이 추이해가는 변화와 같은 변화이외다. 문명인의 최대한 특징은 자기가 자기의 목적을 정하고 그 목적을 달하기 위해 계획된 진로를 밟아 노력하면서 그 시각마다 자기의 속도를 측량하는 데 있습니다. 그는 본능이나 충동에 따라 행해지지 아니하는 생활의 목적을 확립합니다."

유전적인 것이 아니라고 비판했다. 사회주의자인 신일용도 민족이 처한 어려운 상황은 조선인의 열악한 민족성에 있는 것이 아니라 식민지라는 특수한 상황에서 비롯되었다고 보았다. 나아가 이광수가 생존경쟁을 진리로 믿는 동시에 신흥하는 민중 정신을 모독한다고 보았다.

1920년대 후반 이후 이광수를 비롯한 민족주의 우파 세력들은 독립을 전망하지 않은 채 합법적인 영역에서 조선 민족의 역량을 키워야 한다고 주장했다. 결국 일본의 지배를 인정한 이들의 주장은 조선총독부와 협력해서 조선을 문명화해야 한다는 친일파의 주장과 거의 차이가 없게 되었다.

「눈물 젖은 두만강」 레코드
「눈물 젖은 두만강」은 1938년 김용호 작사, 이시우 작곡으로 김정구가 노래했다. 망명의 공간인 두만강을 배경으로 한 이 노래는 오늘날까지 국민가요로 불리고 있다.

1920년대 축음기

나라 잃은 설움을 노래하다
● 식민지 조선의 대중가요 ●

대중가요는 서민 문화로 대중의 경험과 관심사, 정서와 욕망 등을 드러냄으로써 대중과 공감대를 이룬다. 지금도 「가요무대」와 같은 프로그램에서 자주 흘러나오는 가요 가운데 "이 풍진 세상을 만났으니 나의 희망이 무엇이냐, 부귀와 영화를 누렸으면 희망이 족할까"라는 가사가 나오는 「희망가」란 노래가 있다. 이 노래는 일제 시기 초에 발표된 「청년경계가」라는 노래가 원곡이라고 알려져 있다. 이 노래는 원래 서양 곡에 일본어 가사를 붙여 부른 일본 유행가였는데, 이를 다시 한국어로 가사를 바꾼 것이다. 신식 노래에는 이렇듯 서구와 일본의 영향이 깊게 새겨져 있었다.

한말에는 신식 노래를 일본에서 수입된 단어를 써서 '창가'라고 불렀다. 7·5조의 가사로 이루어진 창가는 계몽의 중요한 수단이었다. 문명개화를 노래한 노래 가운데 대표적인 것이 최남선의 「경부철도노래」 1908이다. 기차로 대표되는 문명을 찬양하는 이 노래는 "우렁차게 토하는 기적 소리에 / 남대문을 등지고 떠나 나가서 / 빨리 부는 바람의 형세 같으니 / 날개 가진 새라도 못 따르겠네"라는 가사로 시작된다. 창가 가운데에는 애국과 독립을 강조하는 노래도 있고, 근대적 교육기관이 생기면서 학생들에게 근면과 학문을 권하는 내용을 담은 교가도 있었다.

일제 시기 총독부는 이전 시기에 불린 독립·애국가를 압수했고, 학교교육용 창가집인『보통교육창가집』을 발간해서 교과서로 활용했다. 이 책에 실린「학도가」는 "청산 속에 묻힌 옥도 / 갈아야만 광채 나네 / 낙락장송 큰 나무도 / 깎아야만 동량 되네"라는 4·4조 가사로 이루어졌다. 비록 건전한 가사지만, 식민지란 상황을 고려하면, 민족의 장래보다는 학문을 통해 개인적인 입신출세를 지향하고 있음을 알 수 있다.

학교 창가와 비슷한 시기에 나온 유행가「카추샤」,「장한몽가」등은 남녀 간의 사랑이나 인생의 허무를 노래했다. 이러한 노래는 일본의 영향이 컸다.「장한몽가」는 일본 신파극의 번안물「장한몽」의 주제가이며,「카추샤」역시 톨스토이의『부활』을 일본에서 신파극으로 만든「부활」의 주제곡을 번안한 곡이다. 이와 함께 서양식 노래 양식도 우리의 대중음악에 큰 영향을 주었다. 찬송가에서 시작된 서양적 음악을 토대로 1920년대의「오빠 생각」같은 동요나 홍난파의「봉선화」같은 가곡이 등장했다.

대중가요의 유행은 음반의 형태로 본격화되었다. 가장 오래된 음반은 1925년 이전에 일본축음기상회가 만든「이 풍진 세월」이란 음반이다. 앞서 언급한「청년경계가」를 음반으로 만든 것이다. 1925년 11월『동아일보』에 유행가 4곡을 실은 음반 광고가 실렸는데, 모두 일본 유행가의 번안곡이었다.

우리가 만든 최초의 음반은 1927년에 발표되고 1929년에 음반화된「낙화유수」다. 1930년대 중반 일본의 주류적 대중음악의 경향이 식민지 조선에도 큰 영향을 주어, 4박자의 노래가 트로트 양식으로 정립되었다. 이 시기의 대표곡으로는 오늘날에도 즐겨 부르는 이난영의「목포의 눈물」1935, 남인수의「애수의 소야곡」1937, 김정구의「눈물 젖은 두만강」1938 등이 있다.

일제강점기의 트로트는 박자와 음계가 '왜색적'이고, 비장한 애수의 감정을 담고 있다고 비판받기도 한다. 그러나 대중가요는 대중의 정서를 반영한다는 점을 간과해서는 안 된다. 당시 노래 가사에 많이 등장한 '나그네'는 나라 잃은 민족의 심정을 대변한 것이다. 비록 트로트가 일본의 영향에서 시작되었지만 식민지 조선인의 정서를 반영하는 노랫말과 곡조는 대중의 사랑을 받았다.

대중가요 확산을 이끈
대형 음반사들

신사회 건설을 위하여

| 사회주의 계열 민족운동의 점화

1922년 12월 26일 오전, 경성지방법원의 제7호 법정. 식민지 조선에서 처음 열리는 사회주의자에 대한 공판을 보기 위해 아침부터 모여든 600여 명의 군중들로 방청석은 초만원을 이루었다. 이른바 '신생활사 필화 사건'에 대한 첫 공판은 노무라 재판장과 오하라 검사가 들어옴으로써 개정되었다. 피고인석에는 신생활사의 사장 박희도와 주필 김명식, 기자 신일용과 유진희, 그리고 조선노동대회의 김사민과 이항발 등 여섯 사람이 출석했다. 이들은 1922년 11월 러시아혁명 5주년 기념호로 발행된 『신생활』 11호에 게재된 글이 이른바 적화사상을 선전했다는 이유로 공판에 나왔다.

"공산주의에 찬성하는가?"라는 검사의 질문에 관계자들은 "마르크스의 사상에 공명하여 연구하고 찬성하오"라고 당당히 답하며, 공판을 사회주의사상의 선전장으로 활용했다. 1917년에 러시아혁명이 일어난 지 불과 5년 만에, 제국주의의 압제 아래 신음하던 식민지 조선의 법정에 '마르크스주의자'임을 천명한 인사들이 등장한 것이다.

사회주의사상의 수용

3·1운동 이후 민족주의자들이 실력 양성 운동을 전개할 무렵 다른 한쪽에서는 사회주의사상을 수용한 새로운 운동 세력이 성장하고 있었다. 1910년대 후반에 소개된 사회주의사상은 마르크스주의뿐만 아니라 아나키즘이나 페이비어니즘Fabianism, 길드사회주의, 기독교사회주의 등과 같이 매우 다양한 조류들을 포함하고 있었다.

사회주의사상은 크게 두 가지 경로를 통해 식민지 조선에 들어왔다. 하나는 일본을 거치는 경우로, 신사상과 신학문을 배우기 위해 일본에 유학한 학생들이 민족해방운동의 일환으로 사회주의를 받아들였다. 김철수와 장덕수 등의 재일 유학생들은 1916년 봄에는 일제의 침략이라는 동병상련의 처지에 있던 중국과 타이완 출신 유학생들과 의기투합해 "아세아에서 일본 제국주의를 타도하고 새 아세아를 세우자"라는 기치 아래 반일 민족해방운동 단체인 신아동맹당을 조직했다. 귀국 후에는 국내의 사회주의자들과 힘을 합쳐 사회혁명당을 조직했다.

다른 하나는 만주와 러시아를 거치는 경우로, 소비에트 러시아와의 관계를 강조하는 혁명적 민족주의자들이 중심이 되어 사회주의를 받아들였다. 그들은 한말에 신민회에 참여한 뒤 1910년대에 만주에서 무장투쟁을 전개했던 이들 가운데서 나왔는데,

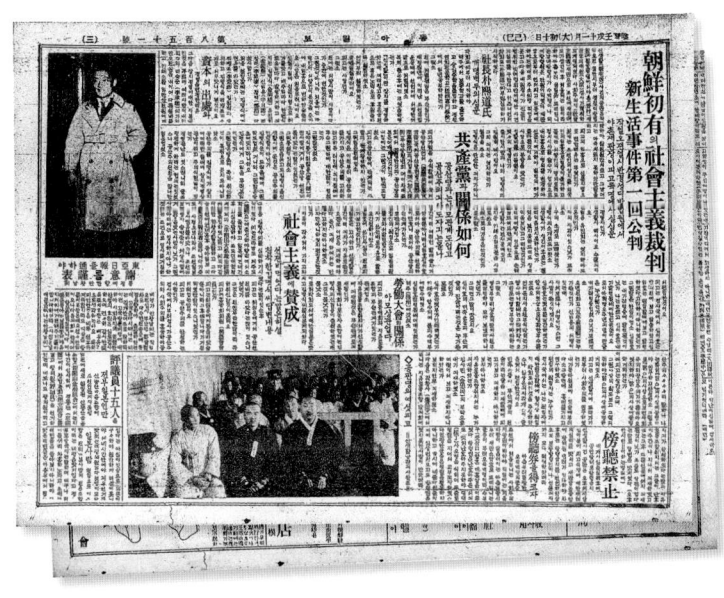

조선 초유의 사회주의 재판
1922년 12월 27일자 『동아일보』는 '조선 초유의 사회주의 재판'이라는 제목하에 전날 있었던 사회주의자들에 대한 공판 내용을 실었다.

1918년 5월 하바롭스크에서 이동휘가 중심이 되어 조직한 한인사회당이 대표적이다. 식민지 민족해방운동에 대해 소비에트 러시아와 코민테른이 적극적으로 지원해주는 현실적인 상황과 민족 해방과 사회혁명을 모두 달성할 수 있는 해방의 이데올로기로 마르크스주의가 주목을 받으면서, 3·1운동 이후 식민지 조선에서 전개된 사회주의 운동은 마르크스주의를 지도 이념으로 삼았다.

이 시기에 전개된 사회주의 운동은 크게 두 세력을 중심으로 진행되었다. 두 세력이란 민족 해방을 달성한 뒤 사회주의혁명을 이루자는 연속 혁명론을 지지하는 세력과 식민지 조선에서 사회주의혁명을 이루자고 주장하는 세력의 대립이었다. 전자를 대표한 것은 사회혁명당과 한인사회당이 연합해 상하이에서 조직한 상해파 고려공산당이다. 후자를 대표하는 것은 러시아로 귀화한 한인들과 한인사회당에 반대하는 세력이 결합해 이르쿠츠크에서 조직한 이르쿠츠크파 고려공산당이다. 이 두 세력은 1921년 5월에 두 개의 고려공산당으로 그 모습을 드러냈다.

조선공산당의 태동

1920년대 초반까지 식민지 조선의 사회주의 운동을 주도한 것은 상해파 고려공산당

| 이동휘와 김알렉산드라

망명한 혁명적 민족주의자들의 리더였던 이동휘는 극동소비에트 외무인민위원이자 볼셰비키의 지도자인 김알렉산드라와 함께 한인사회당을 조직하였다. 식민지 조선의 민족해방운동과 국제 혁명운동의 밀접한 연계를 강조한 이 조직은 1920년대 초 한국 사회주의 운동의 주도권을 장악했던 상해파 고려공산당의 모태가 되었다.

김알렉산드라　　　　이동휘　　　　조선공산당사건 관련 기사

이었다. 이들은 민족 해방을 위해서는 부르주아 민족주의 세력과 적극적으로 제휴해야 한다고 주장했다. 그들이 1922년 김윤식 사회장과 1923년 물산장려운동에 부르주아 민족주의 세력과 힘을 합쳐 적극적으로 참여한 것도 바로 이 때문이었다.

다른 공산주의 그룹은 상해파의 이러한 노선에 반대하며, 물산장려운동을 식민지 무산無産대중의 처지를 고려하지 않는 중산계급의 이기적인 운동이라고 비판했다. 물산장려운동을 둘러싸고 전개된 사회주의자들 사이의 논쟁은 이들이 마르크스주의 혁명론을 어떻게 다르게 인식하고 있는지를 보여주었다. 이러한 대립을 통해 사회주의 운동의 주도권은 새로운 공산주의 그룹들에게 넘어갔다.

공산주의 그룹들은 이합집산을 거듭하며 통일적인 전위당을 조직하려 했다. 그들의 시도는 결국 결렬되었고, 서울파 중심의 고려공산동맹과 화요파·북풍파·상해파가 연합한 조선공산당이라는 두 개의 조직이 출현했다. 고려공산동맹과 조선공산당은 각각 청년운동과 노농운동에서의 우위를 바탕으로 상호 경쟁했다. 각각 우세한 지역을 토대로 전국적인 대립 구도를 형성했으나 어느 쪽도 상대방을 제어할 수 없을 정도로 힘의 균형이 유지되었다. 그들의 경쟁은 대중운동 단체의 양적 팽창을 통해 대중운동의 저변을 확대했다는 점에서는 긍정적이었지만, 계통을 달리하는 단체가 복수로 존재한다는 점에서 지역의 대중운동 역량을 분산시켰다는 비판도 받았다.

박진순과 레닌
1920년 코민테른 제2차 대회에 한인사회당 대표로 참석한 박진순. 사진에서 그의 왼쪽(검은 정장 차림)에 있는 이가 레닌이다.

1926년 3월 코민테른은 「조선 문제에 대한 결정」을 통해 조선공산당을 코민테른의 지부로 승인했다. 그러나 6·10만세운동을 주도한 조선공산당은 일제의 탄압으로 궤멸 상태에 빠졌다. 이러한 상황 속에서 파벌 박멸과 사회주의 운동의 통일을 주장하던 레닌주의동맹은 일월회와 결합해 ML파를 형성했다. 이들의 주도로 1926년 12월에 통일조선공산당이 조직되면서 국내외의 모든 사회주의 운동 세력이 하나로 통합되었다. 통일조선공산당은 「정우회선언」을 통해 민족협동전선 조직, 경제 투쟁에서 정치 투쟁으로 전환, 이론 투쟁 강조, 분파 투쟁 청산 등을 담고 있는 '방향전환론'을 주창했다.

ML파 중심의 조선공산당 운영에 비판적이었던 서울구파와 상해파는 1927년 12월에 춘경원에 모여 당대회를 개최하고 서·상파를 형성했다. 또다시 두 개의 전위당이 출현해 코민테른에서 서로가 정통성을 주장하며 대립했다.

단결하는 노동자와 농민

장시간의 노동과 저임금으로 대표되는 1920년대의 열악한 노동조건과 조선인에 대한 일제의 민족 차별은 노동자들이 계급의식과 민족의식을 성장시키는 원동력을 제

코민테른 대회에서 휘날리는 태극기
1920년 7월 19일부터 소비에트 러시아에서 개최된 코민테른 제2차 대회에서는 이후 식민지·반식민지의 민족운동에 중대한 영향을 미친 「민족·식민지 문제에 대한 테제」가 채택되었다. 겨울궁전 앞 궁전광장에서 대중에게 연설하는 레닌과 군중 속에서 휘날리는 태극기가 찍힌 모습이다.

공했다. 열악한 노동조건에 대한 개선을 요구하는 파업 투쟁은 전국적인 현상이었다. 1921년 9월 5000여 명이 참가한 부산 부두 노동자 파업이나 1923년 7월 평양에서 발생한 양말 직공 파업이 대표적인 사례였다.

농민들은 토지조사사업과 산미 증식 계획으로 대표되는 일제의 식민지 농정으로 인해 식민지 지주제가 강화되면서 빠르게 소작인화되었다. 높은 소작료와 소작권 이동 등으로 어려움을 겪던 농민들은 소작쟁의를 일으켰다. 소작쟁의는 농민의 경작권이 흔들리고 생활고가 급격히 심해지는 가운데 최소한의 생존권이라도 지키기 위한 대응이었다. 그들의 요구 사항은 소작료 감액과 소작권 이동 반대, 지조地租와 공과금의 지주 부담 등으로 요약된다. 1922년에 24건이던 소작쟁의는 1923년에는 176건으로 급증했다. 1923년 8월, 전남 무안군 암태도에서 발생한 암태도 소작쟁의는 대지주와 일제에 대항해 승리를 쟁취한 대표적인 소작쟁의였다.

이러한 움직임과 연동되어 노동자와 농민들의 이해를 대변하는 노농운동단체가 전국에서 나타났다. 1920년 4월에 전국 단위로는 처음 조직된 노농운동단체인 조선노동공제회가 출범했다. 이 단체는 전국에 지회를 조직하고 강연회를 개최하며 기관지로 『공제』를 발행했다. 그러나 노동자와 소작농을 아울러서 조직하려 했던 조직적인 한계와 지도부의 갈등으로 점차 영향력을 잃어갔다.

암태도 소작쟁의
지주 문재철의 가혹한 소작료 수취에 대해, 1923년 암태소작인회는 소작료의 인하를 요구하였다. 그 과정에서 소작인회 간부가 구속되었고, 이에 항의한 군중들은 단식농성으로 맞섰다. 암태도 소작쟁의는 전국적인 반향을 일으켰으며, 이후 전개된 다도해 지역의 소작쟁의에 영향을 미쳤다.

민족협동전선, 신간회

1927년 2월 15일 경성 YMCA 회관. 250여 명의 회원이 모인 가운데 신간회가 결성되었다. 동아일보계와 천도교 신파의 자치 운동 움직임에 반대하는 27인의 활동가가 중심이 되어 1927년 1월 19일 신간회를 발기한 지 한 달여 만이었다. 발기인과 신간회 본부는 조선일보계와 천도교 구파를 중심으로 조선물산장려회에 참여한 민족주의 좌파와 사회주의 세력으로 구성되었는데, 민족주의 좌파의 주도성이 강했다.

민족협동전선을 표방한 신간회의 결성은 이미 발기 이전부터 전개되던 민족주의 좌파와 사회주의자들 사이의 움직임과 밀접하게 연관되어 있었다. 1926년 3월, 조선공산당 책임비서인 강달영은 민족주의 좌파의 지도자들과 모임을 갖고 자치 운동에 반대하는 국민당 형태의 협동전선 결성에 합의한 바 있었다. 그 계획은 6·10만세운동의 여파로 조선공산당이 궤멸적인 타격을 입으면서 실현되지 못했다. 1926년 7월에는 고려공산동맹과 조선물산장려회가 함께 민족협동전선인 조선민흥회를 조직했다. 통일조선공산당도 1926년 11월 15일 「정우회선언」을 통해 민족주의 좌파와의 협동전선 결성을 천명했다.

합법단체인 신간회는 조직 과정에서 여러 가지로 일본의 허락을 받아야 했다. 단체의 명칭은 신한회에서 신간회로 변경되었고, 강령도 애매한 문구로 계속 수정되었다. 창립 대회에서는 3개 항의 강령과 함께 집행부로 이상재와 홍명희(사퇴 후 권동진)를 회장과 부회장으로 각각 선출했다.

> **신간회 강령**
> 1. 우리는 정치적 경제적 각성을 촉진함
> 1. 우리는 단결을 공고히 함
> 1. 우리는 기회주의를 일절 부인함

신간회는 개인 가입제로 운영되어 입회원서를 직접 써야 했기 때문에 가입에 일정한 제한이 있었다. 그럼에도 회원 수는 창립 1주년에 2만 명을 돌파했고, 해소 즈음에는 약 4만 명까지 증가했다. 지회 수도 1927년 96개에서 1931년에는 149개까지 증가했다. 조선청년총동맹, 조선노동총동맹, 조선농민총동맹 등 이른바 '3총'이 집회 금지 상태에 있던 상황에서, 신간회는 합법적인 공간을 활용해 조선인 위주의 교육 실시, 식민 교

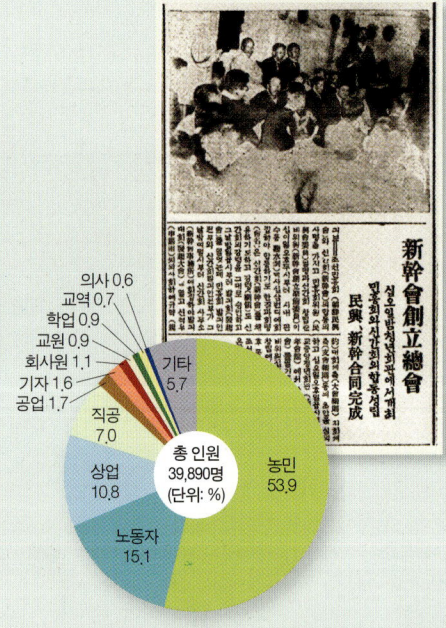

신간회 결성을 알린 신문 기사

신간회원의 직업 분포
- 농민 53.9
- 노동자 15.1
- 상업 10.8
- 직공 7.0
- 공업 1.7
- 기자 1.6
- 회사원 1.1
- 교원 0.9
- 학업 0.9
- 교역 0.7
- 의사 0.6
- 기타 5.7
- 총 인원 39,890명 (단위: %)

신간회 간부 모습

육 반대, 타협적 정치 운동 반대 등과 관련된 활동을 전개했다.

1929년 6월 복대표 대회에서 규약 개정을 통해 종래의 간사제를 중앙집행위원제로 변경하고, 허헌을 중앙집행위원장으로 선출했다. 개편을 통해 신간회 본부의 사회주의자 비율은 50퍼센트에 이르렀지만, 사회주의자들과 지회에서 강력하게 요구한 단체 가입제는 관철되지 못했다.

1929년 11월에 광주학생운동이 발발하자 허헌 집행부는 이를 전국적인 대중투쟁으로 전환시키기 위해 12월에 민중운동자 대회를 개최하려 했다. 그러나 일제는 민중대회 사건을 일으켜 집행부를 와해시켰다. 그 뒤로 신간회 집행부는 개량화의 길을 걸었고, 이는 본부와 지회의 갈등을 더욱 격화시켰다.

여기에 코민테른의 계급 대 계급 전술에 입각한 계급 노선과 국·공합작의 파탄이라는 상황이 겹치면서, 1930년 12월에 사회주의자들 내부에서 처음 해소론이 제기되었다. 해소를 둘러싼 격렬한 찬반 논쟁이 전국적으로 전개되었고, 민족주의 좌파는 적극적으로 해소 반대를 천명했다. 1931년 5월 15일 해소에 대한 입장을 결정하는 전체 대회에서 찬성 43, 반대 3, 기권 30으로 해소안이 가결되었다. 사회주의자들은 해소란 해체가 아니며 한 운동에서 다른 운동으로 전환하는 자기 발전을 의미한다고 강조했다. 그러나 일제가 이후 신간회 활동을 일절 금지했기 때문에 해소는 현실적으로 해체를 의미하게 되었다.

신간회는 식민지 시기 국내에서 조직된 최대의 민족운동 단체이자, 반일이라는 공통의 목표를 위해 이념을 넘어 민족주의자들과 사회주의자들이 함께 힘을 모은 경험이라는 점에서 역사적인 의미를 갖는다. 신간회 해소 후 사회주의자들이 혁명적 노동조합운동과 혁명적 농민조합운동을 통한 조선공산당 재건 운동에 주력한 데 비해, 민족주의 좌파들은 조선학 운동 등을 통해 새로운 활로를 모색했다.

이후 공산주의 그룹과 관련된 조선노동연맹회나 남선노농동맹 같은 단체가 조직되었다. 1924년 4월에는 이들 단체를 기반으로 전국에서 260여 개 노농 운동 단체를 포괄하는 조선노농총동맹이 조직되었다. 조선노농총동맹은 신사회의 건설과 자본가계급과의 투쟁을 강령으로 내걸었다. 강령에서 언급한 신사회는 조직을 주도하던 사회주의자들에게는 사회주의사회의 다른 이름이었다. 하지만, 일반 구성원들은 일제의 압제에서 벗어난 민족 해방으로, 현재의 고통에서 벗어난 좀 더 나은 상태로 받아들이기도 했다. 신사회는 이렇듯 다중적인 바람을 표현한 것이었다.

1920년대 중반 이후 원산 총파업으로 대표되는 노동자들의 파업 투쟁과 계속되는 농민들의 소작쟁의로 인해 노동운동과 농민운동의 투쟁력은 더욱 강력해졌다. 그러나 그에 비례해 일제의 탄압 강도와 조선노동총동맹과 조선농민총동맹 지도부의 개량주의적 경향도 더욱 강해졌다. 고양된 노동운동과 농민운동을 효율적으로 지도할 지도부의 부재는 1930년대 초반 혁명적 노동조합운동과 혁명적 농민조합운동의 출현을 예비하는 것이었다.

전조선노농총동맹
사진은 1924년 4월 창립총회 모습이다. 조선노농총동맹은 1926년 12월, 조선노동총동맹과 조선농민총동맹으로 분리된 후 협의기관을 구성했다. 이후 파업투쟁의 규모와 범위는 더욱 확대되었고, 경제적 투쟁에서 벗어나 정치적인 성격을 강하게 표출했다.

청년의 움직임과 광주학생운동

3·1운동 이후 식민지 조선에서 폭발적으로 조직된 대중운동 단체 가운데 가장 많은 수를 차지한 것은 청년운동 단체였다. 수양과 계몽으로 대표되는 초기 청년운동 단체들은 지방의 유지와 종교계의 활동가들이 주도했다. 감리교의 엡윗청년회와 장로교의 면려청년회는 기독교의 청년운동 단체를 대표했고, 천도교에서는 천도교청년회가 대표적이었다. 부르주아 민족주의, 사회주의, 아나키즘이 혼재되어 전개되던 청년운동은 사회주의사상을 받아들인 청년들의 영향으로 점차 변모되었다.

면을 중심으로 조직되었던 청년운동 단체들이 군 단위 조직을 결성하는 가운데 서울청년회와 신흥청년동맹이 중심이 되어 전국 단위의 청년운동 단체를 조직하려는 움직임을 전개했다. 1924년 4월, 250여 단체를 포괄하는 전국 단위의 조직인 조선청년총동맹이 결성된 것은 이러한 움직임이 현실화된 것이었다. 조선청년총동맹은 강령을 통해 대중 본위의 신사회 건설과 민족해방운동의 선구자임을 천명했다.

1920년대 중반 이후 청년운동은 기본적으로 조선공산당과 고려공산청년회의 지도를 받았다. 조선청년총동맹은 1927년 8월에 '리里 반 → 면面 지부 → 부·군 동맹 → 도 연맹 → 조선청년총동맹'이라는 청년운동의 조직 방침과 전 민족적 협동전선의 결성

전조선민중운동자대회
425개 대중운동 단체가 참석할 예정이었던 전조선민중운동자대회가 개최 하루 전인 1925년 4월 19일 늦은 11시에 일제에 의해 전격 금지되었다. 4월 20일 경찰의 집회 금지 조치에 항의하는 300명의 대의원들이 적기를 흔들며 시위를 전개하였다.

을 내용으로 하는 청년운동에 대한 신운동 방침을 발표했다. 신운동 방침은 1929년까지 행정구역의 75퍼센트에 가까운 부·군에 청년동맹이 조직되었다는 점에서 일정한 성공을 거두었지만, 기초단위인 반 조직의 확대에는 실패했다. 1930년에 출범한 조선청년총동맹 지도부의 개량화에 반대한 지방 청년동맹들의 해소 결의로 조선청년총동맹은 1931년 이후 사실상 기능을 상실했다.

3·1운동에 적극적으로 참여했던 식민지 조선의 학생들은 1920년 5월 계몽적 성격의 전국 단위 학생운동 단체인 조선학생대회를 조직했다. 1925년에 공산주의 그룹과의 연관 속에서 조선공학회, 조선학생사회과학연구회, 서울학생구락부, 경성학생연맹 등이 조직되면서 학생운동 단체의 성격도 변화하기 시작했다. 그 가운데 조선학생사회과학연구회는 고려공산청년회의 지도 아래 학생운동을 지도하던 조직으로, 1926년에 6·10만세운동에 주도적으로 참여했다. 이러한 투쟁을 기반으로 각 학교에는 독서회가 조직되었다. 전국적으로 경성의 ㄱ당이나 광주학생운동을 지도한 성진회와 같이 학생운동을 지도하는 비밀결사 형태의 조직들이 만들어졌다. 이들은 식민지 교육 반대를 내걸고 동맹휴교를 전개하면서 계급의식과 민족의식을 고양했다. 1927년부터 1928년까지 전개된 함흥고보의 동맹휴교는 이 시기를 대표하는 사례였다.

이런 와중에 광주학생운동이 일어났다. 이 운동은 1929년 10월 30일 통학 열차에서

6·10만세운동 당시 모습

일본인 남학생의 시비로 촉발되었다. 11월 3일 일제 타도를 외치면서 시작된 광주학생운동은 광주 지역의 독서회 중앙본부가 지도부를 구성하고 독서회의 조직망을 통해 조직적으로 학생들을 동원하면서 확대되었다. 이들은 전남 일원과 경성 등지로 연락을 취했고, 신간회 중앙 본부와 조선학생사회과학연구회·조선학생전위동맹 등이 진상 조사단을 파견했다. 12월 9일 경성에서 학생 연합 시위가 전개되자, 신간회 중앙 본부는 이에 호응하여 민중 대회를 개최하려 했다. 일제의 탄압으로 대회가 무산되면서 광주학생운동은 전국적인 민족해방운동으로 발전했다.

  1930년 4월까지 194개 학교에서 5만 4000여 명의 학생들이 시위에 참여했는데, 이는 당시 중등학생의 60퍼센트 이상이 참가한 것이었다. 이 가운데 5000여 명의 학생들이 구속되거나 퇴학 또는 무기정학을 당했다. 광주학생운동은 기존의 동맹휴교라는 투쟁방식에서 벗어나 가두시위를 전개했다는 점이나 투쟁 규모에서 특정 지역을 넘어 전국적인 차원에서 전개되었다는 점에서 이전의 학생운동과 구분되는 사건이었다.

광주학생운동
1929년 11월 3일 광주에서 일어난 시위는 일제의 탄압으로 전국적인 민족해방운동으로 확산되었다. 사진은 검거된 조선인 학생들이 광주지방법원에서 공판을 받고 있는 모습이다. 오른쪽은 이 사건을 보도한 『동아일보』 1929년 11월 6일자 기사 지면.

마르크스는 어떻게 조선과 마주했나
● 『공산당선언』과 동아시아 ●

지구상에서 『성서』 다음으로 많이 출판된 책은 무엇일까? 바로 카를 마르크스와 프리드리히 엥겔스가 집필한 『공산당선언』이다. 이 책에는 "하나의 유령이 유럽을 떠돌고 있다. 공산주의라는 유령이. (…) 이제까지의 모든 사회의 역사는 계급투쟁의 역사이다. (…) 만국의 프롤레타리아여, 단결하라!"라는 유명한 문구가 실려 있다. 짧은 머리말과 네 부분으로 구성된 23쪽 분량의 이 작은 책은 1848년 공산주의자동맹의 강령으로 출간된 이래, 여러 나라의 언어로 번역되어 현실 사회주의가 붕괴되기 이전까지 사회주의 진영의 성서로 간주되던 마르크스주의의 고전 중의 고전이다.

동아시아에는 1904년에 일본에서 『공산당선언』이 출간되면서 마르크스주의가 소개되었다. 당시 일본에서는 헤이민샤平民社의 고토쿠 슈스이幸德秋水와 사카이 도시히코堺利彦가 『주간 평민신문週刊 平民新聞』의 1주년을 기념하기 위해 1904년 11월 13일자 전체를 『공산당선언』의 일역日譯으로 구성했는데, 이로 인해 『주간 평민신문』은 발매 정지를 당하기도 했다.

일본 사상계에서 마르크스주의는 다양한 사회주의사상 가운데 하나에 불과했지만, 일본 자본주의가 발전하는 것에 비례해 발생하는 여러 가지 문제들을 효과적으로 해결할 수 있는 사상이라는 인식이 점차 힘을 얻어갔다. 그 과정에서 소개된 것이 바로 『공산당선언』이었다. 20세기 동안 세계를 양분했던 강력한 사상 가운데 하나인 마르크스주의는 이렇게 『공산당선언』의 번역을 통해 동아시아에 모습을 드러냈다.

제국주의 열강의 침략으로 반식민지 상태에 있던 중국이 마르크스주의를 받아들이는 데에도 『공산당선언』의 번역이 중요한 역할을 했다. 일본 유학생 출신인 천왕다오陳望道는 1920년 8월에 상하이의 사회주의연구사에서 고토쿠 슈스이와 사카이 도시히코의 일역본을 저본으로 하는 중역中譯본을 출판했다. 이후에 『공산당선언』은 마오쩌둥毛澤東을 비롯한 중국의 사회주의자들이 마르크스주의자가 되는 과정에 결정적인 계기를 제공했다.

일제의 압제 아래 있던 식민지 조선의 사회주의자들은 마르크스주의를 식민지 조선에서 제국주의 일본을 몰아내는 일과 사회주의 건설을 동시에 실현할 수 있는 강력한 해방의 무기로 인식하고 적극적으로 받아들였다. 그 과정에서 가장 먼저 번역된 마르크스주의 원전 가운데 하나가

『공산당선언』일역본
일제의 패전과 함께 1945년 12월 쇼쿄쇼인(彰考書院)에서 '해방문고 1집'으로 『공산당선언』 일역본이 출간되었다. 사진은 쇼쿄쇼인의 1945년 판과 1952년 판이다.

『공산당선언』한글 번역본
해방 후 1년 만에 5종의 『공산당선언』 한글 번역본이 출간되었다. 사진은 노동전선사 판으로, 1945년 11월 발행된 해방 후 최초의 한글 번역본이다.

바로 『공산당선언』이었다.

『공산당선언』의 한국어 번역본은 1921년에 식민지 조선의 경성과 중국의 상하이, 소비에트 러시아의 이르쿠츠크 등 세 곳에서 출간되었다. 이들 번역본은 각각 『공산당선언』의 일역본, 영역본, 러시아어 번역본을 저본으로 번역했는데, 유일하게 번역자를 알 수 있는 영역본의 번역자는 여운형이었다. 한글 번역본이 세 곳에서 각각 출판된 것은 식민지 초기 조선 사회주의 운동의 발생지와 밀접한 관계가 있다.

1921년에 출간된 세 가지 한글 번역본은 모두 비합법 출판물의 형태로 발행되었다. 일제는 1945년 8월 15일 패전할 때까지 일본과 식민지 조선에서 『공산당선언』의 공식적인 출판을 금지했다. 그럼에도 불구하고 『공산당선언』은 비밀 출판물의 형태로 지속적으로 출판되었다. 『공산당선언』의 한글 번역본이 공개적으로 출판된 것은 『공산당선언』이 발간된 지 거의 한 세기가 지난 뒤인 해방 후 노동전선사 판을 통해서였다.

카를 마르크스

부평초의 고단한 타향살이

| 재외 한인의 정치·경제적 시련

1923년 9월 1일 오전 11시 58분, 일본의 간토關東 지방에 매그니튜드 7.9의 대규모 지진이 일어났다. 진원지는 가나가와 현 남부의 사가미만이었다. 때마침 점심시간 직전이라 취사용으로 사용하던 불이 목조건물로 옮겨 붙으면서 도쿄와 가나가와 일대에 큰 화재가 발생했다. 그런데 지진이 발생한 날부터 조선인과 사회주의자들이 소요를 일으켰다는 유언비어가 퍼지기 시작했다. 이를 빌미로 군경과 민간인들은 6000여 명의 조선인, 200여 명의 중국인, 소수의 일본인을 학살했다. 이로 인해 약 600명이 기소되었지만 실형을 받은 사람은 거의 없었다. 간토대지진 당시에 왜 이러한 끔찍한 사태가 일어났을까? 고국을 떠나 일본으로 향했던 조선인에게는 끔찍하리만큼 고단한 타향살이가 기다리고 있었다.

대지진과 조선인 학살

간토대지진이 일어난 다음 날인 9월 2일 오후, 계엄령이 시행되었다. 계엄군, 경찰 등은 '조선인이 일본인을 습격했다'는 소문을 연락망을 통해 간토 일대 및 일본 전역에 퍼뜨렸다. 또한 언론은 이 유언비어를 사실로 보도해 조선인의 대폭동 이미지를 날조했다. 이후 경찰과 군은 조선인 학살에 직접 관여했다. 그들은 자경단自警團을 조직하도록 적극 유도했고, 이들에게 무기도 제공했다. 그뿐만 아니라 학살에 앞장서기도 했다.

자경단은 지진으로 괴멸 상태가 된 도쿄 도심보다는, 상대적으로 지진 피해가 적었던 근교에서 더 많이, 동시다발적으로 조직되었다. 그 수는 도쿄 시내에 500~600개, 간토 전역에 3600여 개에 이르렀고, 도쿄 도심을 중심으로 도넛 모양으로 분포했다. 자경단에 스스로 참가하고 학살에 직접 가담한 사람들 중에는 인력거꾼·직공·일용직 등 빈궁한 생활을 하던 도시 하층민이 많았다. 이것은 당시 급속히 공업화되던 이 지역에서 조선인 공장노동자가 증가하던 상황과 관계가 깊었다.

간토대지진
1923년 9월 1일 정오, 간토 지방을 강타한 규모 7.9의 강진은 특히 지반이 약한 도쿄 시타마치 일대를 초토화시켰다. 사진은 지진이 일어난 직후의 도쿄 히비야 교차로 부근으로, 이미 뒤편의 유라쿠초 방면에서는 불길이 치솟고 있다.

지진으로 인해 이재민이 약 340만 명, 사망하거나 행방불명된 사람이 14만여 명에 이르렀고, 57만여 채의 주택이 파괴되거나 불탔다. 그리고 약 45억 엔의 재산 피해가 발생했다. 정부는 계엄령을 내리고 폭리 단속령·지불 유예령을 공포해서 혼란을 수습했지만, 진재 공황震災恐慌이 발생해 1927년에 금융공황이 일어났다.

간토대지진 이후 도쿄는 새롭게 탈바꿈했다. 도쿄의 행정·금융 중심가라 할 마루노우치 지역 빌딩 건설, 국회의사당 건설뿐만 아니라 하네다 공항 건설, 도쿄 중심의 철도 및 지하철 건설 공사 등에 많은 조선인 노동자가 참여했다.

일본의 노동력 저수지가 되다

1920년대 들어 조선인들의 이주 지역은 만주와 연해주, 하와이, 일본 등지로 확대되었다. 그러나 1920년대 초 일본이 만주에서 영향력을 넓혀가자 많은 조선인들은 위험한 만주·연해주 대신 일본으로 이주하기 시작했다.

일본은 자신들의 정치적·경제적 요구에 따라 조선인의 도항을 규제하다가 허가하는 일을 반복했다. 3·1운동 직후에는 치안 유지 차원에서 여행증명 제도를 실시해 도항을 제한하다가 1922년 말에 철폐했다. 이에 따라 일본 체류 조선인도 급증했다. 그

조선인에 대한 악성 유언비어를 보도한 일본 신문
일본 언론은 조선인들이 폭탄과 독약을 갖고 다니면서 폭행·습격·방화를 위해 분필로 표식을 하고, 우물에 독약을 넣었다고 했다.

자경단의 조선인 학살
자경단은 조선인이 확인되면 현장에서 살해했다. 죽창, 몽둥이, 총칼 등을 사용했고 시신은 강물에 던지거나 태워서 매장했다. 주로 일본어를 할 수 없는 노동자들과 어린이 및 임산부가 많이 희생되었다.

러나 일본은 6개월도 되지 않아 일본 경제의 부진을 이유로 도항 증명 제도를 실시하고 조선인의 도항을 제한했다. 이에 1924년 5월 중순 부산에서는 4000여 명의 노동자가 시민대회를 열고 '조선인 노동자의 일본 도항을 무제한으로 개방할 것'을 결의했다. 시민대회의 대표자들은 결의 사항을 가지고 부산부청, 경찰서, 오사카상선회사 등과 교섭했다. 그러자 총독부는 조선인의 일본 도항을 허가했다. 그 뒤에도 도항의 규제와 허가를 반복했다.

조선인들은 일본의 경제가 호황일 때 값싼 노동력을 공급하러 갔다가, 불황일 때에는 가장 먼저 해고되어 귀국선을 타야 했다. 이런 점에서 조선인들은 일본의 노동력 시장이라는 저수지에 담긴 물과 같았다. 가물 때에는 저수지로 흘러 들어가 있다가, 홍수 때에는 댐 바깥으로 방류되는 존재였다. 일본은 댐의 수문을 조절하듯이 도항 정책을 통해 일본에 들어가는 노동력의 양을 조절했다. 일제가 도항을 규제하거나 완화하면서, 조선인의 자유로운 도항을 허용한 적은 한 번도 없었다.

이처럼 일제의 도항 정책은 동화주의 식민정책의 허구성을 잘 보여주었다. 그들은 이주 조선인의 생존보다는 일본 기업가의 이윤을 더 중시했다. 서류와 수속 절차도 복잡했다. 일본에 가려면 거주지의 경찰서나 주재소에서 증명서를 발급받은 뒤, 일본에 건너가기 전의 최종 출발지에서 경찰관에게 제시해야 했다. 도항 절차가 번거로워지

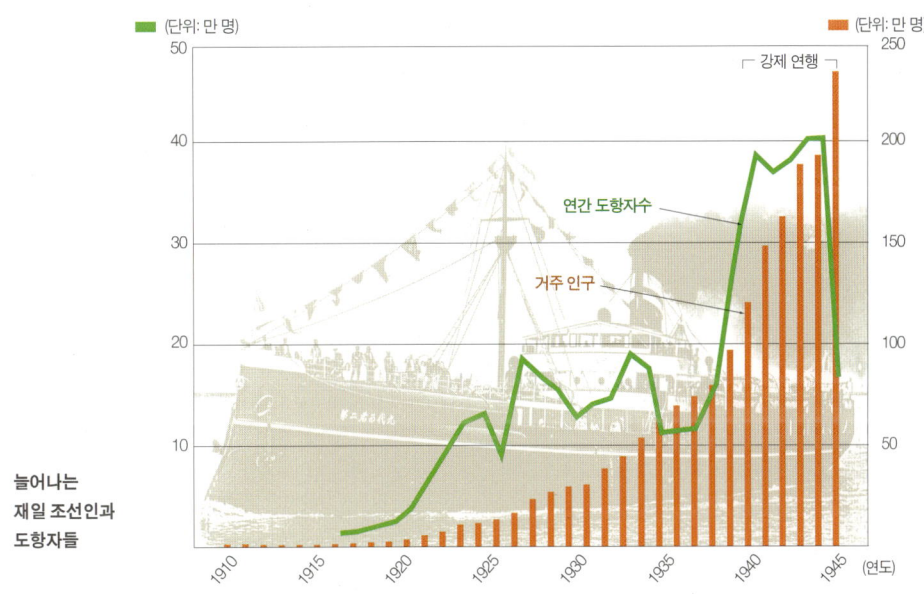

늘어나는 재일 조선인과 도항자들

자, 많은 사람이 여러 가지 방법을 이용해서 불법으로 건너갔다.

현해탄 너머의 일상

주로 어떤 사람들이 일본으로 건너갔을까? 1910년대에 일제는 토지조사사업을 실시해 토지 소유관계를 근대적으로 바꾸었다. 그 과정에서 많은 수의 농민이 자신의 경작지에서 쫓겨나 도시의 노동자가 되거나 화전민, 혹은 걸인으로 전락했다. 이러한 몰락 농민 가운데 해외, 특히 일본으로 이주한 자들은 형편이 좀 나아서 여비를 마련하고 외국에 대한 정보도 얻을 수 있는 사람들이었다. 1920~1930년대에 일본으로 건너간 사람 가운데 보통학교를 졸업한 학력 이상을 가진 자들이 절반가량 되었다. 주로 한반도 남부 출신이 많이 건너갔으며 오사카나 도쿄 등 노동력이 많이 필요한 곳에 정착했다.

재일 조선인 노동자들은 대부분 농촌 출신이었다. 그럼에도 불구하고 일본의 대도시나 탄광 등지에서 토목·광업·운수업 등 육체노동이 필요한 부문에서 일했다. 공장에서 일하는 수는 적었다. 특히 토목건축업 분야에 조선인 노동자가 많았다. 그들은 항만이나 시가지 바깥에서 철도 공사나 매립, 모래 채취 등에 종사했다. 토목 노동의

그들은 왜 조선을 떠났을까

당시 식민지 시기 조선에서는 인구 증가가 완만하거나 정체된 반면, 만주와 일본에서는 급속하게 늘었다. 조선인 인구는 1910년 당시 약 1670만 명에서 1945년 당시 2930만여 명으로, 일제강점기 35년간 1260만여 명이 증가했다. 여기에는 사망률 감소가 크게 영향을 미쳤다. 그럼에도 조선 내의 인구 증가율은 1930년대 중반부터 떨어졌고 이후에는 정체되었다. 증가 인구의 30퍼센트 정도가 해외로 빠져나갔기 때문이다.

특히 이 기간 동안 일본과 만주에 거주한 조선인 규모는 연평균 9.2퍼센트씩 증가해 해방 직전에는 400만 명에 이르렀다.

두 지역으로의 인구 이동은 시기별로 변화가 있었다. 1910년대에는 만주로 활발히 이동했다. 1920년대에서 1930년대 초반까지는 일본으로의 이주가 크게 늘었다. 1930년대 중·후반부터는 만주 개발 유인 정책에 따라 만주 이주가 크게 늘었다. 1940년대 초반에는 강제 노동과 군사동원

경우 기후나 공사 기간에 따라 쉽게 실직당하고, 일할 수 있는 날수가 한 달에 15일 안팎에 지나지 않았다. 광산에서는 건강하다는 이유로 조선인 노동자들은 가장 힘들고 어려운 채탄작업에 집중적으로 배치되었다.

이들은 일본인 노동자에 비해 적은 임금을 받고 훨씬 힘든 노동에 시달렸다. 경제적인 빈곤 때문에 가장 열악한 곳에 집단으로 거주했으며, 그로 인해 질병에 시달렸다. 가난한 조선인 아동들은 주로 야학 등에서 일본어를 공부했다. 조선인 노동자 집단이 일본인 노동자와 섞여 일하는 경우는 드물었다. 이러한 취업 실태 때문에 일본인들은 평소에 조선인들을 잘 알지 못했다. 일본 주민들은 묵묵히 일하는 조선인의 모습을 먼 발치에서 바라보는 경우가 많았다. 그들은 조선인에 대해, 기계 작업에 부적절하며 피곤함을 모르는 강건한 근력을 가졌고 성격은 비교적 온순하다는 인상을 가졌다. 이런 인상의 이면에는 문명화된 일본인과 대비되는 야만스러운 조선인이라는 선입견이 깔려 있었다.

바로 이러한 인식들이, 1923년의 간토대지진과 같은 한 번도 겪어보지 못한 재해가 일어나자 '조선인이 습격했다'는 유언비어가 광범위하게 확산되는 배경이 되었다. 실제로 도쿄 근교에 살았던 어떤 일본인은 지진 체험기에, 당시 조선인이 습격할지 몰라 가장 불안했다고 적었다. 당시 도쿄 근교에서는 많은 조선인 노동자가 토목공사 일을 등으로 많은 남성 인구가 일본으로 끌려갔다.

식민지 시기에 많은 인구가 한반도를 빠져나간 이유는 무엇보다도 조선 경제의 위기 때문이었다. 경작지를 잃은 농민들을 흡수할 산업 시설이 취약한 상황이어서, 이농 인구가 만주의 개간지나 일본의 노동시장으로 대거 이동했다. 노동 인구의 해외 유출은 조선의 경제적 회생을 저해하는 중요한 배경이 되었다. 또한 해방 후 재일 조선인의 3분의 2 이상과 재중 조선인의 절반 정도가 짧은 기간 안에 귀국함으로써 해방 직후 한반도의 높은 인구 압력과 심각한 빈곤 및 사회불안 등을 초래하기도 했다.

강제수용되는 조선인들

했다. 일상생활에서 이들을 접했던 체험 당사자는 그렇게 불안하게 생각한 이유를 평소에 조선인 노동자들이 새벽 5시부터 저녁 어두워질 때까지 혹사당하고도 아무런 위로를 받지 못해 마음이 거칠어졌을 것이라고 생각했기 때문이라고 밝혔다.

일상과 운동 사이

1920년대에 일본이 식민지 조선에서 산미 증식 계획을 실시하자 농민층에서 빈부 격차가 심화되었다. 이런 현상은 남부 지방에서 더욱 심해 이 지역 농민들 중 만주로 이주하는 사람이 늘어났다. 만주 이주는 일본으로의 도항 규제가 완화된 1922~1925년에는 급격히 줄었다가 일본 이주가 막힌 1926년 이후 다시 늘었다. 이들은 주로 하얼빈 등 북만주에 정착했다. 간도는 이미 포화 상태였고, 농업기술의 발달로 북부 지방에서도 논농사를 지을 수 있었기 때문이다. 재만 조선인의 거주 지역이 만주 전역으로 확대되고 논농사가 확산되면서 이전에 대지나 구릉에 자리 잡았던 사람들도 평원이나 수리 시설이 갖춰진 곳으로 이사했다.

이러한 주거 범위의 확대는 만주 지역의 독립운동 양상에도 영향을 미쳤다. 1910년대 말에서 1920년대 초에는 산악 지대를 배경으로 무장투쟁을 전개했다면, 1920년대

| 미쓰야협정의 진실。

미쓰야협정삼시협정은 1925년 6월 펑톈奉天, 지금의 선양에서 조선총독부경무국장과 펑톈성 경무처장于珍 사이에 「불령선인의 취체에 관한 조선총독부-펑톈 간의 협정」이란 이름으로 비밀리에 체결되었다.

제목에서 나타나듯이 이 협정은 주로 '불량조선인' 단속에 대한 중·일 양측의 합의가 중심이었다. 일제는 3·1운동 이후 고양되고 있던 만주의 독립운동을 탄압하기 위해 일본 영사관 경찰 분서와 조선인민회를 확충하고 경찰관을 만주로 월경시켰다. 중국 측은 이에 강하게 항의하면서 월경의 구실이 된 불령선인의 활동뿐만 아니라 조선인민회까지 탄압하는 조처를 취했다. 이에 일본은 한 걸음 물러나, 만주 내 일본 세력을 온존시키면서 조선의 독립운동에 대해서는 중국 측을 통해 탄압하는 방식을 취하고자 했다.

그런데 1920년대 후반 중국의 대만주 정책은 조선인 구축보다는 일본의 만주 침략 저지에 중

중반부터는 대중과 생활을 같이하면서 그들의 일상적 이익을 옹호하는 방식으로 바뀌어갔다. 민족주의 운동 계열에서 자치를 확보해서 정치·경제적 안정을 추구하고자 노력한 것이나, 대중의 일상적 이해를 중요시하는 사회주의 운동 계열의 영향력이 점차 확대된 것도 거주 지역의 변화와 관계가 깊다.

재만 조선인을 둘러싼 일본과 중국의 이해관계는 민감하게 교차했다. 일본은 조선인의 만주 이주를 방관했고 때로는 이를 촉진하기도 했다. 20세기 초 이래 일본인을 만주로 이주시키는 정책이 실패하면서 일본은 재만 조선인을 일본인의 대행자로 생각했다. 일본은 귀화한 조선인을 통해 땅을 사들이거나, 조선인이 사는 곳에 영사관·주재소를 설치하면서 중국의 주권을 침해했다.

중국인에게는 조선인이 일제 침략의 선두에 있다는 인식이 퍼졌다. 그 결과 1924년부터 조선인 배척 움직임이 두드러졌다. 장쮀린의 펑톈 군벌은 재만 조선인을 압박해, 귀화하지 않으면 가옥 소유권, 거주권, 소작권을 인정하지 않겠다고 했다. 이러한 압박은 1927년 이후 산둥 지방과 허베이 지방 농민이 내전과 기근을 피해 만주로 대량 이주하자 더욱 심해졌다.

일본은 중국과의 충돌을 감수하면서 영사재판권 등을 행사해 재만 조선인을 통제했다. 또한 동만 지방에 조선인민회를 설치해 일제의 보조기관으로 활용했다. 회원들

점을 두었다. 조선인은 이러한 상황을 이용해서 조선인의 자치 운동을 활발하게 전개했다. 미쓰야협정은 이전의 간도협약 등에 비해 후퇴한 측면이 강했는데, 이런 인식이 일본으로 하여금 완바오산사건에 대한 강경 대응이나 만주 침략을 통해 만주 문제를 일거에 해결하려는 행동을 하게 했다.

미쓰야협정 관련 기사
미쓰야협정은 비밀 협정이라서 체결 당시에는 언론에 보도되지 않았으나, 이후 중국 당국이 재만 조선인에게 압박을 가하는 상황이 국내에도 알려졌다. 기사는 흉년임에도 중국 관헌이 임의로 재만 조선인에게 세금을 징수하는 일이 미쓰야협정 때문임을 알리고 있다.

완바오산사건

완바오산사건
완바오산사건으로 조선인과 중국인의 감정이 격화되어 평양의 중국인 거리가 조선인들에 의해 아수라장이 되었다. 사진은 폭동이 가라앉은 뒤 평양 시내 중국인 거리의 황폐화된 모습이다.

완바오산사건을 보도한 『조선일보』 기사

1931년 7월 2일, 지린성 창춘현 완바오산万寶山 지역에서 조선인 농민과 중국인 농민 사이에 유혈 사태가 벌어졌다. 이를 완바오산사건만보산사건이라고 부른다. 일본 영사관의 비호를 받는 조선인과 중국 관헌의 비호를 받는 중국인 사이에 수로 개척과 제방 축조를 둘러싸고 발생한 충돌이 직접적인 원인이었다. 이 사건은 일본 경찰이 중국인에게 발포하는 상황으로 확대되었으나 인명 피해 없이 마무리되었다.

그러나 일본의 관동군 등은 조선 농민의 피해를 과장하는 허위 사실을 보도해, 일시적으로 조선 내에서는 화교 박해 사건이 발생하기도 했다. 이는 간토대지진 이후 벌어진 조선인 대학살의 참극과 유사한 측면이 있었다. 중국 측 발표를 토대로 한 보고서에 따르면 완바오산사건 당시 피해 규모가 사망 127명, 부상 393명에 이르렀다고 한다. 그런데 이 사건은 만주국 성립 이전에 있었던 가장 대표적인 조선인 농민의 수난 사건으로 알려져 만주국 성립을 정당화하는 구실로 이용되기도 했다.

의 생활 안정을 지원한다는 명목으로 조선인민회에 금융부를 설치하고 일정 금액을 대부해 이 지역 조선인을 일본 자본에 예속시켰다. 통치기관이 미비했던 남만과 북만 지방의 경우 1925년 6월 펑텐 군벌과 미쓰야협정을 맺어, 이들의 힘을 이용해서 조선인 무장대를 탄압했다. 또한 친일 단체를 조직하는 방안도 병행했다. 1920년부터 보민회保民會라는 무장 단체를 조직해서 독립운동가를 탄압했고, 조선인회를 조직해서 친일 세력을 확대하고 민족운동 진영을 분열시켰다.

이렇게 어려운 상황에서 전개된 귀화 운동은 일본의 간섭과 압박에서 벗어나려는 대중운동의 성격이 짙었다. 귀화 운동은 자치권을 얻기 위한 노력으로, 당시 귀화한 조선인은 공민권을 가지고 재만 조선인만의 특수한 교육권을 인정받았으며, 조선인 단체가 조선인 사무에 관한 중국 측 행정을 보조할 수 있었다. 정의부·참의부·신민부·조선공산당 만주총국 등이 귀화 운동을 적극적으로 전개한 결과, 1929년까지 10만여 명이 귀화할 수 있었다.

어느 슬픈 아낙네의 귀향

● 독립운동가의 아내, 그들의 삶과 애환 ●

김구의 부인 최준례

일제의 가혹한 탄압 당시, 독립운동가가 기댈 최후의 보루이자 마지막 근거지는 그들의 아내였다. 아내는 남편을 따라 독립운동의 최전선에서 활동하거나 국내에서 부모님과 어린 자식을 부양하며, 생활비를 송금하는 조력자를 자처했다.

이회영의 부인 이은숙도 마찬가지였다. 이은숙은 1910년대 초에 만주의 싼위안푸로 건너가 몇 년을 살다가 국내로 들어왔으나, 다시 남편의 행보를 따라 1920년대 전반에는 베이징에서 살았다. 그러나 남편과 함께 있는 시간은 오래갈 수 없었다. 1925년 무렵 국내로 다시 와서 생활비를 벌어야 했기 때문이다. 대갓집 며느리임에도 공장에 나가기도 했고, 유곽 바느질감을 다듬기도 했다. 남의 집에서 1년 동안 침모 생활도 했다. 이렇게 번 돈을 베이징의 남편에게 보내면, 그 일로

✤ 그녀는 조력자인가, 피해자인가 ✤

내 나이 66이니
인생이 무상이요
덧없는 세월이라
과거 현재 미래사가
다 모다 허황하다
억울한 이 심중에
쌓이고 묵혔으나
못 배운 이 식견을
만분지 일 형언하랴

허은 가사 「회상」 중 일부

허은 역시 독립운동가의 아내로 모진 삶을 살아온 산증인이다. 허은은 의병장 허위(許蔿) 집안의 손녀로, 1922년 음력 12월, 16세의 나이로 독립운동가 이상룡(李相龍)의 손자 이병화와 결혼해 화전현 시대에 와서 살았다. 남편은 독립운동을 하느라 항상 집을 떠나 객지에서 생활했고 그녀는 시조부모, 시부모 봉양과 사랑손님 뒤치다꺼리를 하느라 눈코 뜰 새가 없었다. 첫아이를 낳은 지 한 달 되었을 때 떠난 남편은 6년 만에 나타나

경찰이 못살게 굴기도 했다.

결국 베이징을 떠난 것이 남편과의 마지막 작별이 되었다. 1932년 남편이 다롄 경찰서에서 고문으로 사망했기 때문이다. 남편과의 사별 후에도 이은숙은 독립운동을 하다 체포된 자식의 옥바라지를 하는 등 독립운동가의 아내이자 어머니로서의 삶을 이어나갔다.

독립운동가의 아내들은 꿋꿋하게 살았지만, 그들에게도 단란한 가정을 영위하려는 소박한 바람이 있었다. 그것은 인간적인 삶에 대한 욕구이자 그들이 조국의 독립을 염원하는 이유이기도 했다. 그러나 현실은 이러한 바람을 종종 배반했다. 만주에 불어닥친 일제의 탄압으로 독립운동가의 버팀목 역할을 감당하지 못하고 주저앉는 경우도 있었다. 김동만의 처가 그러한 사례에 해당한다.

김동만은 국민대표회의 의장이었던 김동삼의 동생으로, 당시 싼위안푸의 삼광중학교 교장이었다. 그는 관동군의 서간도 학살 당시 마을 청년들과 함께 희생되었다. 중년의 여성으로 졸지에 남편을 잃은 김동만의 처는 정신장애를 앓게 되었다. 1920년대 말 점점 증세가 심해지자 집안사람들은 그녀를 하얼빈에서 조선행 기차에 태웠다. 그녀의 저고리 등 뒤에는 그녀의 이름과 목적지를 쓴 흰 광목 천이 꿰매어져 있었다. 당시 정신병 환자의 경우 그렇게 하면 기차 승무원이 도착지 정거장까지 태워주는 관습이 있었기 때문이었다. 낯선 땅에서 독립운동가 남편의 뒷바라지를 하다가 정신줄을 놓아버린 아내, 그리고 그녀의 쓸쓸한 귀향은 독립운동가 아내의 또 다른 자화상이었다.

이회영의 부인 이은숙

사나흘 묵은 뒤 다시 훌쩍 떠나버렸다.

1932년, 이상룡이 세상을 떠난 후 허은은 국내에 들어와 살았지만 고통과 어려움이 줄지 않았다. 일본 형사들이 들볶았고 남편은 독립운동을 하느라 감옥을 들락거렸다. 그는 해방 열흘 전에도 붙잡혀갔다가 해방된 다음 날 출감했다. 허은을 비롯한 독립운동자 가족들은 단란한 가정을 소망했으나, 그들의 현실적인 삶은 항상 남편 또는 자식의 죽음을 안고 사는 긴장의 연속이었다.

시인 이육사와 사촌 간으로 기억력이 대단히 뛰어났고 향학열이 남달랐던 허은은 교육에 대한 욕구가 컸다. 그렇다고 고국에서 교육도 못 받고 독립운동가 가족으로 지낸 타지의 삶이 인정받는 것도 아니었다. 허은의 가족이 압록강을 건너 경성역에 도착했을 때, 이역만리 남의 땅에서 고국을 위해 투신했건만, 귀환 동포를 따뜻하게 맞아주는 손길은 없었다.

▲ 일본 육군전투부대의 관병식 ▶ 1930년대

일제에 맞선 계몽과 투쟁

1929 • 1937

1930년대에 접어들자 조선인의 민족적 정체성은 뿌리째 흔들렸다. 강점 후 태어나 독립국 시절을 모르는 세대가 청년이 된 시대였다. 일제는 경제공황의 위기를 벗어나려고 만주를 침략했고, 조선총독부는 준전시하에서 조선인의 민족정신을 말살하려 했다. 이런 정책은 농촌 안정화와 공업 개발 정책, 그리고 상업적 대중문화가 활성화되는 사회분위기 속에서 진행되어 파급력이 컸다. 국내의 조선학 운동과 만주에서의 항일운동은 일제의 압박에 대한 응전이었다.

1

조선인에게 빵을 주고 순종하게 하라

| 경제공황과 식민지 공업화 정책

제6대 총독 우가키 가즈시게는 부임 후 자신의 일기에 이런 글을 남겼다. "조선인에게는 적당한 빵을 주는 것이 중요하다. 조선의 부富가 증가한 만큼 조선인의 부는 증가하지 않고 있다. 생활고에 신음하는 사람이 상당수 존재한다. 이것을 완화하고 제거하는 데 크게 신경 써야 한다. 정신과 물질생활의 양면에서 그들에게 안정을 주는 것을 가장 우선시하겠다." 그가 이토록 조선인의 안정을 강조한 이유는 무엇 때문이었을까?

1929년에 발발한 세계 경제공황은 조선 경제에도 직격탄을 날렸다. 곳곳에서 농민들의 저항이 일어나고 그토록 견고하게 다져온 식민지 지배체제가 흔들리게 되었다. 일본의 만주 침략으로 식민지 내부에서 조선의 위상을 다시 조정해야 하는 문제가 발생했다. 총독의 고뇌가 깊어지는 지점이었다.

대공황 당시 신문 기사

세계경제를 뒤흔든 대공황

1929년 10월 24일 아침, 뉴욕 월스트리트의 주식거래소는 이상한 징후에 휩싸였다. 갑자기 주식 매도 주문이 늘어났고 사상 초유의 주가 대폭락 사태가 벌어졌다. "팔아! 빨리 팔아! 얼마라도 좋아! 팔기만 하면 돼!" 이날 주식 브로커 수십 명이 뉴욕 맨해튼의 고층 빌딩에서 떨어져 자살했다. 이렇게 '암흑의 목요일Black Thursday'은 시작되었고 곧이어 세계경제는 대공황의 깊은 늪에 빠져들었다.

미국의 불황은 전 세계에 영향을 미쳤다. 당시 미국은 세계 총생산량의 40퍼센트를 차지하는 초강대국이었다. 미국 경제의 몰락으로 유럽을 비롯한 다른 나라들의 경제까지 연쇄적으로 무너지기 시작했다. 1930년 한 해 동안 미국 내 은행 2300여 개가 문을 닫았다. 1934년까지 실업률이 25퍼센트에 달했으며 GNP는 30퍼센트나 떨어졌다.

1920년대에 경제 침체에 허덕이던 일본 경제도 1929년 뉴욕 월스트리트의 주가 대폭락으로 시작된 대공황의 직격탄을 맞았고, 곧이어 쇼와 공황이 터졌다. 1930년 한 해 동안 일본 내에서 800여 개 기업이 도산하고 300여 만 명의 실업자가 발생했다. 일본 정부는 공황을 타개하기 위해 안으로는 재정지출을 확대하고, 밖으로는 적극적인 수출 장려책을 실시했다. 그러나 물가 폭락, 그로 인한 중소기업의 몰락과 농촌 경제

충격에 휩싸인 월스트리트
1929년 암흑의 목요일 이후 세계경제는 급격히 불황에 접어들었다. 월스트리트의 충격은 곧장 일본과 조선 경제에도 영향을 미쳤다. 추락하던 미국의 GDP가 정상 궤도에 오르기까지는 오랜 시간이 걸렸다. 오른쪽 그래프는 1920~1940년의 GDP 동향이다.

의 파탄을 피할 수는 없었다. 특히 누에와 쌀 가격이 폭락하고 농가의 겸업 소득이 감소하면서 농민 생활은 악화되었다. 이른바 농업공황이 발생한 것이다.

대공황을 맞아 서구의 제국들은 식민지를 포함한 경제블록을 만들어 위기를 극복하려고 했다. 서구만큼의 경제블록을 갖추지 못한 일본에서는 '만주는 일본의 생명선'이라는 주장이 세력을 얻었다. 영국과 미국, 일본 사이에 형성되어 있던 동아시아의 국제 협조 체제는 무너지기 시작했다. 런던 해군 군축 회의에서 대미 협조 노선을 추구했던 하마구치 내각은 군부와 우익으로부터 거센 공격을 받았다. 군부에서는 수단과 방법을 가리지 않고 국가를 개조해야 한다는 주장을 제기했다. 이 와중에 일어난 수상 하마구치 습격 사건은 일본 파시즘의 서막을 알리는 사건이었다.

일본, 만주를 침략하다

1931년에 일본이 일으킨 만주사변9·18사변은 경제 위기를 시장 확장으로 해결하려는 제국주의 침략의 일환이었다. 일본군은 펑톈 교외의 류탸오후柳條湖 부근에서 남만주 철도의 일부를 폭파했다. 철도 폭파를 중국군의 소행으로 돌려 공격의 빌미를 만들기 위해서였다. 이미 일본은 같은 해 7월, 완바오산사건에 격분한 조선인들이 국내

쇼와 공황
1930년 1월 11일, 금(金) 수출 금지가 해제되어 일본은 금 본위제가 되었다. 이날 일본은행에는 태환권과 금화를 교환하려는 사람들로 장사진을 이뤘다. 쇼와 공황의 서막을 알리는 날이었다.

습격당한 하마구치 총리
1930년 11월, 입헌민정당의 하마구치 오사치 총리가 극우 청년에게 저격을 당했다. 이 사건으로 하마구치는 다음 해 8월 사망하고 말았다. 당시 하마구치 내각이 추진했던 영·미 협조 외교의 유약함과 경제공황에 따른 사회적 위기가 저격의 원인이었다.

거주 중국인들을 공격했다는 사실을 소상히 발표해, 만주와 중국에서 조선인이 다시 박해를 받는 원인을 제공했고, 일본 관동군은 재만 조선인을 보호한다는 구실로 출병을 시작한 터였다. 이처럼 만주사변은 치밀하게 계획된 사건이었다.

일본이 만주를 점령하자 중국인들은 저항했다. 그러나 장제스는 일본을 자극할까 봐 두려워 중국인의 저항을 막았다. 장제스는 공산당 세력의 척결이 우선이라고 생각했다. 만주사변이 발발하자 미국은 전쟁 중단을 촉구했지만 일본은 아랑곳하지 않았다. 그러자 미국의 국무장관은 대통령에게 일본에 대한 경제제재를 건의했다. 일본이 미국의 석유에 의존해왔고, 미국이 일본의 수출품 가운데 40퍼센트를 수입한다는 사실은 경제제재가 가능한 조건이었다. 그러나 미국의 대통령은 일본을 자극하는 건 위험하고 전쟁의 위협이 너무 크다며 국무장관의 제안을 거부했다.

일본은 1932년 3월 1일, 청의 마지막 황제인 푸이溥儀를 앞세워 중국의 동북 3성에 괴뢰정권 만주국을 세웠다. 푸이는 처음에는 집정으로 있다가 1934년에 만주국의 황제가 되었다. 만주사변은 일본이 워싱턴 체제와 중국의 민족주의에 일격을 가한 성공적인 도발이었다.

만주사변은 20세기 전반, 일본 근대국가의 지향점을 보여주는 시금석이었다. 국내적으로는, 1920년대 자유주의적 사회 분위기를 배경으로 한 정당정치에 대한 군부 및

만주사변과 엔 블록 경제권의 구축
만주사변은 경제 위기를 시장 확장을 통해 해결하고 엔 블록 경제권을 구축하기 위한 제국주의 침략의 일환이었다.

우익 세력의 불신이 폭발한 것이었다. 1920년대 일본은 사회 내부의 대립을 해결하기 위한 방법으로 전쟁을 택했고, 이러한 팽창 노선은 국내의 정당정치, 그 배경이 되는 자유주의적 사회 분위기에 대한 억압정책과 병행되었다. 이러한 사실은 일본 사회가 근대국가로서 안고 있던 대내외적 문제와 과제를 풀어갈 해결책을 찾기보다는 내부적 억압과 외부적 팽창의 길로 되돌아갔음을 보여준다. 만주사변과 1937년의 중일전쟁, 1941년의 태평양전쟁은 연속선상에 있는 침략이었다.

조선 농민의 몰락을 막아라

일본 경제에 종속되어 있던 식민지 조선의 경제도 대공황의 무풍지대는 아니었다. 경기가 극도로 위축되었고, 쌀 증산 정책은 일본의 농업공황으로 파탄을 맞이했다. 식민지 지주제는 지주 경영의 손실과 소작농의 저항으로 흔들렸다. 전국적으로 식민지 지배에 저항하는 혁명적 농민조합이 출현했다.

이러한 조건 아래 제6대 총독 우가키 가즈시게가 부임했다. 우가키는 조선인에게 빵을 주자고 역설했다. 빵은 농민 저항을 무마하는 당근이면서 동시에 조선총독부의 지배를 받아들이게 하는 채찍이었다.

만주국 수립과 푸이 황제
일본은 1932년 3월 1일 만주국 건국 선언에 이어, 9월 15일 마침내 「일만(日滿)협정서」를 조인하면서 어린 푸이가 황제인 만주국을 정식 승인했다. 이날 도쿄 긴자 거리에는 이를 축하하는 양국의 대형 국기가 나란히 내걸렸다.

위기의 일본 정계 – 일본식 파시즘의 등장

만주사변 이후 일본 정치는 요동쳤다. 1932년 5·15사건 당시 이누카이 쓰요시 수상은 총에 맞아 쓰러졌고 정당정치는 큰 타격을 입었다. 다수당의 당수가 수상이 되던 관행에 종지부를 찍었다. 1933년에는 독일에서 베르사유 체제 타파를 내건 나치가 정권을 잡았다. 같은 해 일본은 국제연맹에서 탈퇴했다. 국제 협조 체제에 금이 가고, 바야흐로 분열과 항쟁에 돌입한 것이다.

1935년 천황 기관설 문제를 둘러싼 운동국체 명칭 운동은 다이쇼 데모크라시 시기의 정당정치를 뒷받침하던 논리적 근간을 무너뜨렸다. 1936년 2·26사건으로 귀결된 1930년대 일본 정치는 1920년대의 정당정치 시스템을 국민운동이나 대규모 여론 환기를 통해 수정해나가는 과정이었다. 이른바 국가 개조 운동은 일부의 군인 및 우익이 테러나 쿠데타라는 급진적인 행동과 병행해서 전개했다. 이 운동은 근대의 자본주의와 사회주의 양자를 비판함과 동시에 아래로부터의 위기의식을 조장함으로써 국민을 조직화하려고 했다. 이탈리아의 파시즘과 독일의 나치즘처럼 과격한 정권 교체는 발생하지 않았지만 위기의 심화와 그에 대한 반응은 동시대 파시즘 현상을 그대로 드러냈다. 만주국 건설과 일본 국내의 정치는 서로 영향을 주고받으면서 일본 파시즘을 형성했던 것이다.

일본의 국제연맹 탈퇴
베르사유 체제가 붕괴되자 일본은 국제연맹에서 탈퇴하고 독자 행보에 나섰다.

5·15사건 _ 1932년 5월 15일, 한 무리의 청년 해군 장교들이 정우회 총재이자 총리이던 이누카이 쓰요시를 암살하려 했다. 비록 실패했지만 그들이 보여준 행동은 쿠데타에 필적하는 것으로, 이 사건으로 말미암아 일본의 의회정치는 막을 내렸다.

2·26사건 _ 1936년 2월 26일 아침 1500명 정도의 군인이 도쿄 중심부를 점거, 전 총리인 사이토 마코토와 대장대신 다카하시 고레키요, 육군교육총감 와타나베 조타로 등을 암살했다. 2·26사건은 5·15사건 이후 군부가 관료·궁정·정당 위에 군림하는 등 군부의 정치적 영향력 확대가 그 배경이었다. 이 사건으로 황도파 군부의 힘이 강화되어 다음 해 중일전쟁의 시발점이 되었다.

우가키의 구상은 조선농지령과 농촌 진흥 운동으로 구체화되었다. 조선농지령은 지주의 자의적인 소작권 이동을 막기 위해 소작 계약 기간을 정한 법령이었다. 특별한 사정이 없는 한 소작 계약 기간을 3년 동안 유지하도록 하고, 마름으로 불리는 소작지 관리자를 행정기관의 명령으로 변경할 수 있게 했다. 그러나 소작료율의 결정은 여전히 지주의 권한으로 남겨두었다. 이어서 조선소작조정령을 제정해 재판소나 조정 위원회가 소작쟁의를 중재하도록 했다. 소작농에 대한 지주의 과도한 수탈이 농민 저항의 원인이라고 판단해 내놓은 정책이었다.

1932년 7월부터 1940년 12월까지 전개된 농촌 진흥 운동은 우가키가 조선 지배의 성패를 걸고 총력을 기울여 전개한 관제 농민운동이었다. 처음에는 색깔 있는 옷을 입어 세탁 비용을 절약하고, 노동시간 확대를 목적으로 한 생활개선 차원에서 시작했다. 그러다가 1933년부터는 농가 경제의 구석구석을 관리하고 지도하는 종합 대책 격인 농가 경제 갱생 계획을 실시했다. 이 계획의 목표는 식량이 부족하지 않은 농가, 부채가 없는 농가, 현금 수지의 균형이 맞는 농가를 만들겠다는 것이었다.

우선 소작농에게 자작 농지를 소유하게 하는 자작농 창정 사업과 부채를 정리하기 위한 부채 정리 사업을 실시했다. 이를 위해 말단 행정기관인 면사무소를 비롯해 학교, 경찰, 금융조합 등 모든 관공서를 동원했다. 또한 마을마다 면사무소의 지도를 받는

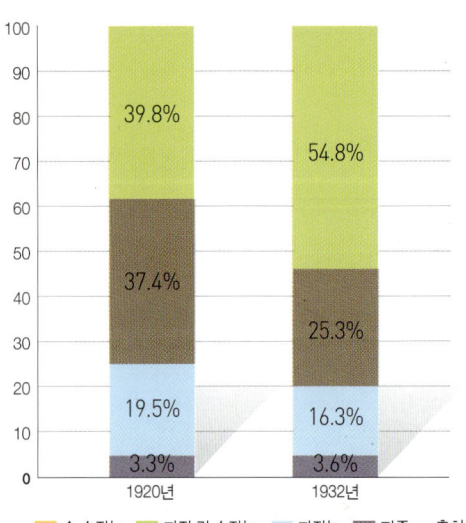

농촌 계급 구성 변화
1920년의 계급 구성과 비교해보면, 1932년에는 순 소작농의 비율이 절반 이상을 차지해 대다수 조선인 농민들의 현실이 더욱 비참해졌음을 짐작할 수 있다.

농촌진흥회를 조직해 농민을 관리하고 지도했다. 그러나 관리만으로는 운동 조직 전체를 관리하고 지도하는 것이 불가능하자 총독부는 마을에서 자발적인 정책 협조자를 구한다는 명분으로 대대적인 중견 인물을 양성하기도 했다.

1935년부터는 정신운동인 심전 개발 운동을 농촌 진흥 운동과 병행했다. 심전心田이란 불교 용어인데, 정신적 생활을 지탱하는 마음의 밭이란 뜻이다. 조선총독부는 농민 경제 몰락의 근본 원인이 약 4퍼센트에 불과한 지주가 60퍼센트의 토지를 소유하는 식민지 지주제에서 비롯되었음을 알고 있었다. 그러나 지주는 식민지 지배를 위해 꼭 필요한 계층이었기 때문에 지주의 경제적 이익은 유지되어야 했다. 그래서 농민이 가난한 원인을 농민 자신에게로 돌렸다.

총독부는 음주, 흡연, 도박은 근절해야 할 구습이었고, 게으름은 지도와 계몽을 통해서 벗어야 하는 조선인 고유의 나쁜 민족성이라고 선전했다. 농민 경제를 갱생시키고 심전을 개발하는 궁극적 목적은 일본에 협조하는 농민을 만들기 위해서였다.

공황 타개를 위한 식민지 공업화

1920년대까지 조선총독부의 관심 산업은 농업이었다. 조선총독부는 식민지 조선에

농민을 보는 근대의 시선

젊은 나이에 금융조합 이사로 부임한 어느 조선인 청년은 농촌 피폐의 원인을 진지하게 고민했다. 그는 '농촌이 피폐하게 된 원인은 농민들의 생활 태도와 전통 등에 있다'라고 생각했다. 명절과 휴일이 너무 많고 근로시간이 짧으며, 관혼상제에 분수에 넘치는 지출을 하고 있다고 생각했다. 그는 이사 취임 인사에서 "여러분은 다른 어떤 나라의 농민들보다도 노는 날과 쉬는 시간이 많으므로 일을 더 적게 한다"라고 지적하고, "여러분은 분수에 맞게 소비생활을 해 자립하도록 노력해야 하며 새로 나온 고무신이나 인조 옷은 사지 않도록 하자"라고 역설했다. 그에게 농민은 검약과 성실, 근로의 덕목을 지도하고 계몽해야 할 대상이었다.

서 공업을 육성할 필요를 느끼지 못했다. 그로 인해 일본 자본이 조선에 진출할 이유가 없었다. 이때까지 조선은 일본에서 만든 공산품의 시장일 뿐이었다.

그러나 1929년에 시작된 경제공황은 식민지 조선의 경제정책에 변화를 가져왔다. 경제공황으로 인한 일본의 농업공황은 조선에 한층 심각한 양상으로 파급되었다. 쌀 이외에도 대부분의 농산물 가격이 하락했다. 결국 1932년에 조선총독부는 쌀 증산 정책을 포기했다. 조선 쌀이 일본의 식량 문제를 해결하는 약이 아니라 일본 농가의 몰락을 촉진하는 독으로 치부되었기 때문이다.

이미 1929년에 쌀 과잉 생산과 쌀값 하락으로 문제가 심각해지자 조선 쌀의 수입을 제한하자는 여론이 일본 안에서 강력히 대두했다. 그러나 식민 통치에의 영향을 우려한 조선총독부와 저임금 유지를 위해 값싼 쌀이 필요했던 일본의 자본가, 조선의 지주가 협조해 이를 저지했다. 그 대신 조선총독부는 조선 쌀의 일본 유입을 계절별로 조절해 일본 쌀값 안정에 기여했고, 이를 위해 쌀을 저장하기 위한 창고를 건설했다.

대공황 이후 일본 내의 시장은 크게 위축되었다. 서구 제국주의 국가들이 공황 타개를 위해 경제블록을 강화해 시장을 방어함으로써 일본 공산품 시장도 급속히 축소되었다. 또한 공황과 시장 독점이 진전됨으로써 유리한 투자 기회를 상실한 일본 자본은 투자처를 찾지 못했다. 일본은 만주 침략을 통해 엔 블록경제를 구축하면서 이에 대응

허울뿐인 개량 농법

총독부가 농업 생산성 증가 등을 주장하며 강제한 근대적 생산 과정이나 품종 전환 등은 조선 농민의 현실과 잘 맞지 않았다. 식민지 당국에서는 뽕나무나 목화 재배, 정조식줄모 등을 강제하면서 이 시책에 부응하는 것이 농민에게 유리하다고 주장했다. 그러나 일본에 값싼 원료를 공급할 목적으로 공동판매 등의 획일적인 거래 방식을 도입하는 등 생산 농민의 이익 보장은 구조적으로 배제했다. 또한 당국에서는 정조식이 생산성이 높다고 하지만, 노동력이 부족한 농촌에서 품이 배로 드는 정조식으로 모내기를 하는 것이 쉬운 일이 아니었다. 식민 당국이 권장한 개량 농법이 농업 생산성 향상에는 기여했는지 모르지만, 직접 생산자인 농민들에게 돌아온 것은 출구가 보이지 않는 궁핍뿐이었다.

했다. 임금, 원료, 땅값이 저렴한 데다 식량 공급지였던 조선이, 일본 자본이 초과이윤을 획득할 수 있는 투자처로 부상했다.

한편, 조선은 만주 지배와 이후의 중국 침략을 위해 배후지로서 위상이 높아졌다. 조선 쌀을 둘러싼 갈등으로 쌀 중심의 농업정책이 한계를 드러내자, 조선총독 우가키는 일본을 정精공업지대, 만주를 농업지대로 삼고 양자의 연결 고리인 조선을 조粗공업지대로 만드는 경제권을 구상했다.

1930년대 전반이 되자 일제는 공업에 필요한 전기를 생산하기 위해 발전 시설과 송전 배전망을 대대적으로 정비했다. 석탄과 다른 동력원의 가격에 비해 전력 가격은 갈수록 저렴해져, 전력 소비가 확산되었다. 일본보다 훨씬 저렴한 가격으로 이용할 수 있는 전력은 일본 자본이 진출할 수 있는 유리한 조건을 조성했다.

게다가 조선총독부는 일본 내 노동자 보호를 위한 공장법을 조선에서는 시행하지 않았다. 1931년 공황 타개책으로 중요 산업에 대한 생산 억제와 기업 통제를 목적으로 시행된 중요산업통제법도 조선에는 적용하지 않았다. 이러한 조건들이 일본의 방적 자본 등을 조선으로 진출하게 만들었다. 이와 같은 일제의 의욕적인 공업 정책은 1937년 이후 전쟁 수행에 필요한 군수공업화로 귀착되었고, 이윤은 투자 자본의 대부분을 차지한 일본인 몫이었다. 조선인의 삶의 질은 전혀 담보

조선 내 주요 공장 분포
1930년대 이후 식민지 공업 개발 양상은 일본 자본의 이해관계에 따라 결정되었다. 소비 시장으로서의 매력이 높았던 경성 및 인천 지역과 남부 지역에서는 경공업이 발달하였고, 지하자원과 전력이 풍부한 북부 지역에서는 중화학공업이 발달하였다.

수풍댐 건설
수풍댐은 1937년 압록강 수력발전주식회사와 만주국의 공동 출자로 공사를 시작하여 1943년에 완공되었다.

하지 못하는 상황이 지속되었다.

당시 10인 이상의 노동자를 고용하는 공장 가운데 약 50퍼센트가 12시간 이상 가동됐다. 같은 시기 일본에서는 12시간 이상 노동을 하는 노동자는 1퍼센트도 되지 않았다. 공장법과 같은 최소한의 법률적 보호 장치조차 없었던 식민지 조선에서는, 쉬는 날이 하루도 없는 공장이 전체의 30퍼센트나 되었다. 단 하루의 휴일도 없이 하루 12시간 이상 노동을 하면서 저임금에 시달리는 것이 식민지 노동자의 현실이었다.

신장하는 조선을 선전한 관제 포스터
1911년과 1933년을 비교하여 조선의 농업, 공업, 우편, 전신, 전화, 철도, 무역 분야의 성장을 선전한 관제엽서이다.

식민지 경제의 근대적 변화, 어떻게 볼 것인가

● 식민지 근대화에 대한 끝없는 논쟁 ●

개항 이래 조선인들은 서구적 근대를 자기 것으로 만들려고 부단히 노력했다. 그러나 불행하게도 조선인들은 서구적 근대의 주체적 수용을 완결하기 전에 정치적 주권을 상실한 식민지를 경험했다. 일본 제국주의자들은 식민지 지배에 필요한 경우 근대적 제도와 사상을 적극적으로 이용했다. 그 결과 조선인들은 20세기 전반 정치적 주권 상실과 민족 차별이라는 현실 속에서 근대적 변화를 경험했다. 이러한 식민지의 근대적 변화를 어떻게 볼 것인가를 두고 역사학계는 지난한 논쟁을 지속해왔다. 식민지 경제에 대한 인식 차이는 '식민지 경제가 조선 후기, 대한제국, 해

식민지 수탈론

식민지 지배를 목적으로 도입한 근대적 제도나 사상들,
이를 통해 나타난 경제의 근대적 변화는 한국인들의 것이 아니었고,
그러한 변화의 궁극적 목적은 식민지 수탈에 있었다고 해석한다.
이 관점에서 식민지 시기는 조선 후기 이래 조선인들의 주체적 근대화 노력인 내재적 발전을 근저에서
왜곡하고 억압한 시기로 이해한다.

토지조사사업과 식민지 공업화의 성격에 대해

토지조사사업의 수탈성과 식민지 공업화의 식민지성을 강조한다.

20세기 경제사 전체의 역사상에 대한 논쟁

조선 후기 자본주의 맹아의 성장과 대한제국의 광무개혁을 자주적 근대화 개혁으로 높게 평가한다. 그리고 일제 시기를
조선인의 자주적 근대화가 왜곡당하고 수탈당하는 단절의 시기로 인식한다.

일제 시기와 해방 후의 연속성 문제

자주적 근대화 노력의 회복이라는 측면에서의 단절성과 한국 자본주의 발전의 대외 의존성,
내부적인 비민주성과 폭력성이라는 측면에서 부정적 연속성을 강조한다.

방 후와 어떠한 방식으로 연속성과 단절성을 가진 시기인가'라는 20세기 경제사 전체의 역사성에 대한 논쟁으로 확대되었다.

식민지의 경제 변화는 양적인 측면과 질적인 측면을 동시에 보아야 한다. 일본은 자신들에게 필요한 원료나 식량을 공급받고 또한 자신들이 만든 공산품을 소비하도록 조선을 식민지 경제체제로 재편성했다. 1910년대의 토지조사사업, 1920년대의 산미 증식 정책, 1930년대의 공업화 정책은 조선을 개발하고 성장시킨 식민지 경제정책이었다. 이 과정에서 조선에 일본 자본을 투자했고 근대적 기업과 금융기관을 운영했다. 이러한 변화는 '조선' 경제를 양적으로 성장시켰을 뿐, '조선인'의 경제적 발전을 보장하지는 못했다. 실제로 일본 자본은 1911년부터 17배 증가한 반면, 조선 자본은 5배 증가했다. 조선 자본은 정지 상태에 있고 일본 자본만 12배 증가한 셈이다.

따라서 식민지의 경제 변화는 '누구를 위한 개발과 성장이었고, 그 과정에서 어떤 경제 시스템이 만들어졌고, 그것이 이후에 미친 영향은 무엇인가'라는 관점에서 보아야 한다. 이러한 관점은 조선 후기 이래 200여 년간 지속된 근대적 경제 변동 과정의 결과인 현재 우리가 살고 있는 자본주의 경제의 역사적 성격을 알기 위한 수단이기도 하다.

식민지 근대화론

사회주의의 몰락과 한국 경제의 발전을 기준으로, 20세기 한국 경제사를 재해석할 것을 주장하는 관점이다. 이는 세계 자본주의 체제가 선진과 후진의 계열화된 체제를 기반으로 동시대 공간에 존재하는 것이 아니라, 시간의 순서에 따라 후진이 선진으로 발전하는 체제라는 시각을 기반으로 한다. 즉 일제 시기에 자본주의적 경제 변화로써 근대화가 진행되었으며 이 근대화는 조선 후기와는 단절된 이식된 근대화로, 서구의 충격과 일제의 식민정책이 동력이었다고 주장한다. 그리고 일제 시기에 형성된 근대적 제도와 인적 자본의 개발이 해방 후 한국 고도성장의 역사적 배경이라고 주장한다. 이를 경제 성장론이라고도 한다.

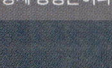

토지조사사업과 식민지 공업화의 성격에 대해

토지소사사업을 통해 근대적 토지소류권이 확립되었고, 식민지 공업화는 식민지 내부의 자본 포닐파 분임 세계 형성, 근대적 인적 자본으로서의 조선인의 개발이라는 측면을 강조한다.

20세기 경제사 전체의 역사상에 대한 논쟁

조선 후기의 '자본주의 맹아론'은, 서구 자본주의 이행 이론의 역사적 맥락을 사상한 채 적용했다고 비판한다. 일제 시기의 근대화는 서구적 근대의 충격과 근대적 제도를 효율적으로 적용한 식민지 지배에 의해 달성되었다고 주장한다.

일제 시기와 해방 후의 연속성 문제

한국전쟁으로 인한 식민지의 물적 유산의 상실을 인정하면서도, 개발된 인적 자본과 근대적 경제제도의 경로 의존성을 강조한다.

아스팔트 위를 산책하며 도시를 소비하다

| 자본주의적 욕망과 대중문화의 성장

1930년대가 되자 일삼아 노점상과 극장 간판, 쇼윈도를 구경하며 종로와 진고개의 밤거리를 돌아다니는 이들이 등장했다. 사람들은 그들을 '종산이·진산이'라고 불렀다. 그들이 거리로 나오는 목적은 도시의 밤거리를 배회하는 것 그 자체였다. 그들은 오직 현대 도시에서만 소비할 수 있는 도시적 문화를 갈구했다.

이러한 인간군을 대표하는 모던 보이와 모던 걸은 도시의 근대 소비문화를 향유하는 새로운 인간형이었다. 그들은 전통 의복을 벗어던지고 괴상한 양장과 장신구를 걸친 얼빠진 사람이기도 했고, 서구식 근대사상과 의식을 수용한 지식 청년이기도 했다. 때로는 사람들의 주목을 끌고 때로는 지탄을 받기도 했지만, 그들은 패션을 통해 유행과 사치를 주도하면서 스스로를 차별화했다.

백화점 전성시대

경성에서는 1920년대 중반 이후 백화점 영업이 본격화되었는데, 백화점은 순식간에 근대적인 도시 소비문화의 상징이 되었다. 백화점에서 판매되는 상품은 생활에 필요한 물건 이상의 상징적 기호였다. 소비자들은 백화점에서 다른 어디에서도 구할 수 없는 상징과 의미를 구입했다. 백화점은 자본주의 소비문화의 성전이 되었다. 백화점을 선호하던 여성들에 대해 당시의 언론은 '무당 판수에 미치듯이 백화점에 미쳤다'라고 성토했다.

1930년대 경성 5대 백화점
① 미쓰코시백화점
② 히라타백화점
③ 미나카이백화점
④ 조지아백화점
⑤ 화신백화점

당시 경성의 일본인 거주지인 남촌에는 백화점이 집중해 있어 많은 조선인이 이곳을 찾았다. 미쓰코시三越백화점은 1906년 일본 미쓰코시백화점의 경성 출장소인 미쓰코시 오복점으로 출발했다. 초창기에는 수입 잡화 상점이었는데, 1929년에 미쓰코시백화점 경성지점으로 승격되었다. 미쓰코시백화점은 경성부 청사가 옮겨간 자리에 1930년 10월에 연건평 2000평 규모의 매장을 신축했는데, 이 매장은 현재 신세계백화점의 본관 건물로 사용되고 있다. 구舊 미도파백화점지금의 롯데백화점 영플라자의 전신인 조지아백화점은 1921년에 설치되어 1939년에는 남대문로에 현대식 건물을 신축했다. 미나카이백화점이 1922년에, 히라타백화점이 1926년에 설립되었다. 한편 동아부인상점, 덕원상점, 화신상회 등과 같은 북촌의 상점들도 백화점식 경영을 도모했으나 남촌의 백화점과 경쟁하기에는 역부족이었다. 그러나 화신상회를 사들인 박흥식이 동아백화점을 합병해 1933년에 화신백화점을 설립해 북촌 상권을 대표하는 백화점이 되었다. 많은 자본을 투자해 설립한 백화점은 도시에 산재한 중소상인의 상권을 위협했기 때문에 백화점의 영업이 활발해지면서 중소상인의 몰락이 사회문제로 대두되었다.

화신백화점 조지아백화점

구매할 돈만 있다면 누구나 똑같이 최고의 대접을 받을 수 있었다. 백화점에서는 일괄적으로 관리되는 수십 개의 판매대에서 필요한 상품을 구경하고 구입할 수 있었으며, 각종 서비스, 정찰제, 상품권 발매 등 소상인은 도저히 흉내 낼 수 없는 영업 기법까지 도입해 고객을 끌어모았다.

다방이나 카페는 근대인을 위해 새로 생겨난 오락과 유흥의 공간이었다. 1920년대 후반부터 경성에 다방과 카페가 등장했다. 일본인 상권이 지배하던 명동 일대가 다방 골목으로 변모했다. 이 거리는 고뇌에 찬 도시의 지식층을 불러 모으는 문화 공간이 되었다. 날품팔이 남성 노동자의 일당이 60~80전, 큰 공장에 근무하는 노동자의 하루 임금이 1원 15전가량 되는 시절이었다. 경성의 전차와 버스 요금이 5전이었던 1930년대에, 다방이나 카페에서는 커피 한 잔을 10전에서 15전, 맥주 한 잔을 40전에 팔았다. 일반 민중들은 감히 찾아갈 엄두도 낼 수 없었지만, 문화인을 자처하는 도시의 지식층은 이곳에 모여 커피나 맥주를 마시면서 서구 근대 문화를 소비했다.

상업적 대중문화의 유행

1920년대에 보급된 영화와 라디오, 대중가요는 1930년대에 들어 널리 유행했다.

1930년대 카페의 여급

진공관 라디오
라디오의 보급은 대중가요의 유행에 결정적인 기여를 했다.

1934년, 잡지 『삼천리』는 축음기를 상품으로 걸고 유행가와 신민요를 부른 남녀 레코드 가수에 대한 인기투표를 실시했다. 이러한 행사가 실시될 수 있을 정도로 대중가요가 널리 유행했다. 축음기는 소리를 저장하는 기계로, 공연장에 가지 않고도 레코드를 통해 가수의 목소리를 들을 수 있게 되었다. 또한 라디오의 보급은 많은 유행가를 낳았다. 유행가의 보급은 대중의 사랑을 받는 스타를 탄생시켰으며, 유행가의 히트로 상업적 대중문화 시스템이 생겼다. 1930년대 중반에는 민요, 신민요, 유행가를 수록한 레코드가 4~5만 장이 발매되었다.

대중문화의 또 다른 상징은 영화였다. 여러 장소에서 반복해서 재생해내는 영사기를 통해 영화의 대중적 소비가 가능해졌다. 19세기 말 조선에서 처음 상영한 영화는 「귀신의 조화 속 같은 물건」이었다. 1910년대 초에 상설 영화관이 등장하면서 본격적으로 극영화가 상영되었으며, 1920년대 중반 이후 전성기를 맞이했다. 1926년에 단성사에서 개봉된 무성영화 「아리랑」은 110만 명의 관객을 동원해 독립군이 경성 한복판에 폭탄을 던진 것 같은 충격을 주었다. 이 영화가 성공함으로써 당시 24세인 무명의 나운규는 영화계의 기린아가 되었다. 그러나 조선의 영화 산업은 낙후된 상태였고, 일본 영화에 대한 관객의 호응이 적었기 때문에 미국 영화가 시장을 지배했다. 1930년대 중반 조선의 서양 영화 점유율은 60~70퍼센트 정도였으며, 그 가운데 90퍼센트 이

대중영화의 유행
1930년대 극장은 대중문화의 새로운 중심지였다. 당시 영화를 상영하던 극장 명치좌(왼쪽)와 서양 영화의 한 장면(가운데)이다.

영화 「아리랑」 출연진

상은 할리우드 영화였다.

1930년대 중후반에는 서적계도 최고의 전성기를 맞이했다. 소설 선집과 전집, 문고 발간이 붐을 이루었는데, 출판사들은 앞다투어 수십 권에 달하는 문학 전집을 발간했고, 각각 2000~3000부씩 팔렸다. 당시 베스트셀러는 역사소설, 애정 소설이 대부분이었지만, 사상 관련 서적도 많이 팔려나간 점으로 보아 당시 대중 독자의 취향이 다양해졌음을 알 수 있다.

그 밖에 경성과 평양의 축구 경기경평축구, 경륜자전거 시합, 정구, 마라톤 등 스포츠 역시 큰 관심을 불러일으킨 대중적 볼거리였다. 특히, 1936년에 열린 베를린 올림픽에서 들려온 손기정 선수의 승전보로 온 나라가 들썩이기도 했다. 이렇듯 1930년대는 식민지 자본주의의 심화로 상업적 대중문화가 활성화된 시대였다.

조선을 뒤덮은 투기 열풍

자본주의 시장경제가 확장되는 가운데 예측 가능한 안정된 삶을 영위할 수 없었던 식민지에서 불안한 삶과 만성적인 실업, 가난에 시달리던 조선인들은 너나 할 것 없이 투기 열풍에 휩싸였다. 1920~1930년대의 투기 열풍은 '미두'와 '금광'으로 압축된다.

전일본축구선수권대회에서 우승한 경성 축구단

미두에 대한 투기는 1920년대에 시작되었으며, 금광 열풍은 1930년대 초에 시작되었다. 일확천금을 꿈꾸는 사람들의 흥분과 광기, 절망과 환멸이 조선 사회를 휩쓸었다. 가진 자와 못 가진 자 모두 투기 광풍의 희생자였다.

1920년대부터 시작된 미두는 미두장米豆場의 준말로, 인천, 군산, 부산 등의 개항장에 설치되었던 곡물 거래 시장이자 미두 거래소를 중심으로 이루어지는 현물 및 선물 거래를 가리킨다. 조선의 가장 대표적인 생산물인 쌀의 집하와 거래를 위해 개설된 미두 거래소에 선물거래를 통해 투기적 차익을 얻고자 하는 미두꾼들이 구름처럼 모여들면서 미두장은 이판사판의 투기장이 되었다. 곡물 거래의 안정성을 확보하고 예측할 수 없는 손실을 최소화하기 위해 선물거래 형태로 이루지는 미곡 거래소에서 시세 차익을 노린 투기 광풍이 불었던 것이다.

이 광풍은 많은 자본을 가진 투자자뿐만 아니라, 지식인과 청년 학생, 평범한 서민과 백만장자, 지주와 머슴, 점원과 경찰, 상인, 교육자, 그리고 가진 것 없는 서민들까지도 투기판으로 끌어들였다. 사람들은 일확천금을 꿈꾸며 미두장을 찾았지만, 투기성이 강한 선물거래에 대한 전문 지식은 물론이고 거래의 구체적인 방법과 절차조차 알지 못했던 많은 조선인이 하루아침에 재산을 탕진하기도 했다. 그들은 하루라도 미두장에 나가지 않고는 견디지 못하는 미두 중독증에 걸려, 밑천도 없으면서 고작 50전

인천 미두취인소와 투기 행렬
당시의 미두 시장 입회 장면을 묘사한 『동아일보』 1939년 11월 9일자 풍자 만화이다.

이나 1전 같은 잔돈푼을 이리저리 굴리면서 몇 전씩 버는 재미로 미두장 출입을 멈추지 않았다. 그들은 비록 가진 자본은 없었지만 미두장의 팽팽한 긴장과 욕망을 먹고 살아간다는 점에서 미두장의 또 다른 주역이었다.

조선의 미두 열기는 1930년대 후반까지 계속되었으며, 그 와중에 수많은 성공과 몰락의 전설이 탄생했다. 그러나 1939년 이후 전시 때문에 통제경제에 들어서면서 미곡의 자유거래가 금지되었고, 그에 따라 미두 광풍도 사라졌다.

1930년대를 엄습한 또 하나의 투기 형태는 금광 개발 열풍이었다. 1931년 12월, 일본정부가 금을 확보하기 위해 금수출 금지, 밀매매 단속, 산금産金 장려 등을 시행하면서 금값이 천정부지로 올랐고, 조선은 순식간에 황금광 시대로 접어들었다. 조선은 1930년대 내내 금맥을 찾아내려는 열광에 휩싸여 몸살을 앓았다. 이것은 미두보다 훨씬 더 강렬해서 남녀노소, 지위 고하, 지식 유무, 직업의 귀천을 넘어서 사회 전체로 확산되었다.

금광을 찾아 헤매다 패가망신한 사람이 수두룩했지만, 그들보다는 금맥을 찾아내는 데 성공한 크고 작은 부자들의 이야기가 더욱 주목을 끌었다. 성공 신화의 주인공들은 금광 개발로 수십, 수백만 원을 단숨에 벌어들인 '금광 갑부'들이었다. 당시 조선인들의 입에 가장 많이 오르내린 사람은 삼성금광을 창설해 천만장자의 반열에 오른

영평금광
투기꾼들로 붐비는 영평금광의 전경. 이 금광의 개발과 매각으로 크고 작은 금광 갑부들이 탄생했다.

광산왕 최창학이었다. 『조선일보』 사주인 방응모 역시 금광 개발을 통해 부를 축적한 대표적인 황금광 시대의 주역이었다.

실제로 그들에게 막대한 부를 안겨준 노다지를 직접 금광에서 파내는 것은 일당 70전으로 연명하는 광산 노동자들이었다. 광산 소유주 아래에는 지배인, 덕대, 기술자, 하급 기술자, 채금 노동자로 연결되는 착취의 피라미드가 작동했다. 일본의 산금 정책으로 불기 시작한 황금광 시대의 광풍은 그 기세만큼이나 무분별하게 산과 계곡을 훼손했다.

1920~1930년대의 투기 열풍은, 조선인들이 식민지 근대의 네온사인 속에서는 현재와 미래에 대한 안정과 희망을 발견할 수 없었다는 것을 암시한다. 그들은 현실의 답답함, 암울함을 벗어던지고자 스스로를 투기라는 광풍 속으로 거침없이 던져 넣었던 것이다.

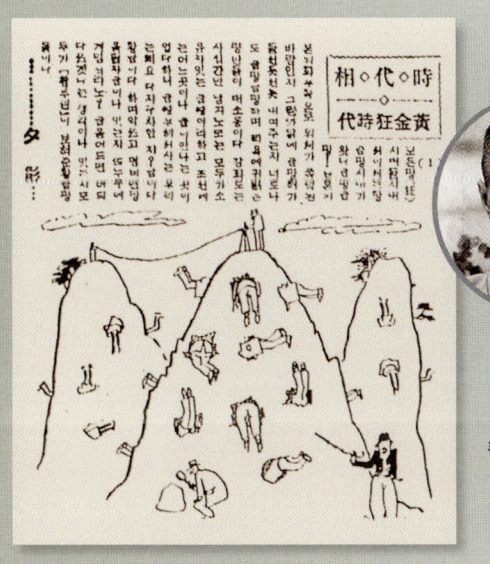

금광 갑부 방응모
평안도 정주 출신의 방응모는 1926년 한 폐광에서 금맥을 찾아내는 데 성공, 하루아침에 조선인 최고의 금광왕이 되었다. 그가 운영하던 교동광산은 종업원 수만 천 명이 넘을 정도로 규모가 컸다. 인생역전을 꿈꾸며 금맥을 찾아 헤매는 사람들로 팔도강산은 몸살을 앓았고, 사람들은 그런 열기를 일컬어 '황금광 시대'라고 했다.

황금광 시대
『조선일보』 1932년 11월 29일자 지면에 실린 안석영의 만평. 1930년대 조선 땅에 불어닥친 금광 열풍을 풍자하고 있다.

신체, 운동 그리고 베를린 올림픽

손기정의 세계 제패와 일장기 말소 사건

한말 이후 조선 사회 계몽의 표어는 '지덕체智德體'였다. 그 가운데 튼튼한 신체를 길러주는 '체'는 근대 국민을 양성하는 중요한 사업 가운데 하나였다. 식민지가 되면서 조선과 일본은 스포츠에서 치열하게 경쟁했다. 야구, 정구, 경륜, 육상 등에서 한·일 대결이 펼쳐졌다. '민족의 발전은 건강한 신체로부터'라는 구호에서 알 수 있듯이, 일본인들이 조선을 지배하기 위해 조선 사람에게 부여한 나태하고 게으르다는 민족적 열등감을 치유하는 데 스포츠만큼 효과적인 것이 없었다. 스포츠는 민족 사이의 경쟁뿐만 아니라 올림픽을 통해 국가 간의 우열을 겨루는 각축장이 되었다. 이를 상징적으로 보여준 것이 1936년 8월 1일 열린 제11회 베를린 올림픽이었다.

히틀러의 나치 정권은 올림픽을 독일 민족의 우수성을 돋보이게 하는 무대로 활용하고자 했다. '세계 평화'를 목표로 4년마다 열리는 올림픽 가운데 베를린 올림픽은 49개국 4000여 명의 선수가 참가한, 당시로는 가장 규모가 크고 화려한 대회였다. 성화 봉송도 이때 처음 시작되었다. 이 올림픽은 국가주의와 인종주의에 의해 스포츠가 어떻게 악용될 수 있는지를 보여준 대표적인 사례였다. 그해 7월 파시스트 프랑코가 군사 반란을 일으켰고, 이들과 인민전선 정부군 사이에 내전이 벌어졌다. 올림픽 개막 사흘째인 8월 3일 독일은 해군을 파견해 에스파냐 내전에 개입했다.

올림픽의 꽃이라는 마라톤 대회는 8월 9일 현지 시간 오후 3시 2분, 경성 시각으로 밤 11시 2분에 열렸다. 일본 대표 선수단의 일원으로 손기정과 남승룡이 이 경기에 참가했다. 특히 양정고보 5학년생인 손기정에 관한 기대가 컸다. 손기정은 1933년 10월 조선신궁경기대회 마라톤에서 2시간 29분 34초의 기록으로 우승했는데, 비공인이지만 세계신기록이었다.

경기 당일 베를린의 기온은 30도를 넘었다. 경성방송국은 8월 9일 밤 11시부터 일본 방송국이 베를린 현지에서 진행하는 일본어 방송을 받아 마라톤 경기를 중계했다. 17킬로미터 지점을 지날 무렵 손기정은 4위였다. 그러나 그날 자정 경성방송국의 중계방송은 중단되었다. 일본 방송사가 중계를 하루에 두 번밖에 하지 않기 때문이었다. 중계방송은 다음 날 아침 6시 30분에 속개되었다.

조선인은 라디오 방송을 들을 수 없었지만, 31킬로미터 지점부터 손기정이 1위로 달렸고, 남승룡도 선두 그룹에서 달렸다. 경기가 끝난 후인 새벽 2시, 동아일보사 사옥에서 손기정이 2시

1위로 결승선을 통과하는 손기정

간 29분 12초로 세계신기록을 세우며 1위를 했고 남승룡이 3위로 들어왔다는 소식을 발표했다. 광화문에서는 "손기정 만세", "남승룡 만세"와 함께 "조선 만세"가 터져나왔다.

경성방송국은 아침 방송을 시작하자 마라톤 중계방송을 다시 시작했다. 일본인 아나운서는 "손 일착! 손 일착! 손 군이 드디어 테이프를 끊었습니다. 당당하게 일본이 마라톤에서 우승했습니다"라고 우승 사실을 전달했다. 손기정이 골인한 지 5시간이 지난 뒤에 전달된 소식이었지만, 조선 사람들은 다시금 눈물을 흘리고 환호성을 올렸다.

식민지 조선은 우승열패의 경쟁에서 탈락한 망각된 존재였다. 그런데 손기정의 세계 제패는 이 모든 것을 바꿔놓았다. 손기정의 우승을 조선 사람의 승리로 여겼다. 전국 곳곳에서 기념 축하회가 열렸고, 손기정이 나온 신의주제일보통학교 어린이 600여 명은 이날 오후 3시부터 깃발을 들고 신의주 시내를 행진했다. 조선 민족은 더 이상 약한 족속이 아니었다.

⚜ 일장기 말소 사건의 전말 ⚜

당시 일본은 손기정의 우승을 '일본 선수단의 쾌거이자 1억 일본인의 승리'라고 생각했다. 월계관을 쓰고 시상대에 올라간 손기정의 사진을 게재한 『오사카아사히』는 사진 제목을 "마라톤 우승자, 우리들의 손기정"이라고 달았다. 그러자 조선인 언론 매체인 『조선중앙일보』는 시상내에 선 손기정의 운동복 가슴 가운데에 있는 일장기를 지운 사진을 실었고, 이후 『동아일보』의 기자 이길용도 이러한 사진을 8월 25일자 『동아일보』 석간에 실었다. 식민지 조선인의 입장에서 보면 손기정은 일본인이 아닌 우리 조선인이었기 때문이다.

이에 일본 경찰은 이길용을 비롯한 관계자를 체포하고, 이를 계기로 조선 언론을 길들

사라진 일장기
일본 신문(왼쪽)과 달리, 『조선중앙일보』와 『동아일보』는 손기정의 가슴에서 일장기를 삭제했다(오른쪽).

이고자 했다. 배후를 찾는다는 명목 아래 고문 수사를 했다. 그 결과 이길용, 현진건 등 여섯 명이 언론기관을 떠나야 했으며, 『조선중앙일보』는 폐간되었고, 『동아일보』는 정간되었다. 이것이 그 유명한 '일장기 말소사건'이다.

배워야 산다, 조선의 문화 저항

| 조선학 운동과 '민중 속으로'

1930년은 일본이 조선을 지배한 지 20년이 되는 해이자, 1910년에 태어난 아이가 스무 살이 된 해였다. 조선 땅에서는 대한제국이란 독립국이던 시절을 모르고 식민지 조선만을 아는 세대가 형성되기 시작했다. 이들은 일본어로 말하고 쓰기가 능숙한 세대였다. 보통학교에서 대학교에 이르는 학생들이 읽고 배우는 책의 90퍼센트가 조선어로 쓰인 책이 아니었다.

1930년대는 일본의 동화정책과 이에 대한 저항이 공존한 시기였다. 만주사변 이후 일본은 준전시체제 아래, 동화정책의 일환으로 식민 사관을 강화하고 조선 문화를 비하했다. 비합법적 활동 말고는 정치적 실천 활동이 어려워지자, 민족운동가들은 조선의 역사와 문화를 지키고자 조선학 운동을 전개하고, 농민들 속에서 한글 보급 운동 및 역사 연구와 문학 활동을 펼쳐나갔다.

민족문화 수호를 위한 조선학 운동

1931년 5월, 신간회 해체 이후 민족주의 운동 계열은 활동에 많은 제한을 받았다. 신간회 운동에 참여했던 민족주의자들은 정치 운동이 어려워지자, 차선책으로 우리 역사와 우리말에 대한 연구를 통해 민족정신을 지키고 가꾸는 일에 주목했다. 1934년, 정약용 서거 99주년 기념사업을 계기로 조선의 역사와 문화에 관한 학문적 연구의 필요성이 제기되었다. 이 활동의 중심에 정인보와 안재홍이 있었다. 1938년 10월, 이들의 책임 교열 아래 『여유당전서與猶堂全書』가 완간되었다.

이와 같이 1930년대에 조선의 역사와 문화를 연구한 활동을 조선학 운동이라고 한다. 넓은 의미의 조선학은 조선 민족의 역사와 문화를 연구하는 것을 의미했다. 일본인의 식민지에 관한 학술적 연구에 대항해서, 조선적인 것을 찾고 거기에 의미를 부여하고자 했다. 1920년대에 활발하게 진행된 단군 연구, 불함不咸 문화론 등이 그 예이다.

1930년대 조선학 운동은 조선의 언어와 역사와 함께 한글로 쓴 조선 문학을 연구하는 것으로 더욱 구체화되었다. 당시 우리 역사와 문화에 대한 체계적 정리와 이해가 이루어지지 못한 데 대한 자각과 반성의 결과였다. 문일평은 세종의 한글 창제를 강조해서, 조선말의 생명을 담은 조선글의 발명으로 진정한 조선 문학의 수립이 가능했다

| 『여유당전서』와 조선사 연구

『여유당전서』는 정약용의 시, 경서에 관한 새로운 해석, 역사·지리·의학 연구, 사회 개혁적 논의에 대한 저작물을 망라했다. 이 책은 1934~1938년까지 정인보·안재홍이 교열해서 신조선사출판사에서 활자본 76책으로 출판했다. 정약용은 조선 후기 실학을 집대성한 인물로, 안재홍·정인보 등은 『여유당전서』 발간을 통해 조선의 문화와 역사 연구의 새로운 계기로 삼고자 했다.

1930년대 조선 역사와 문화 연구에 앞장섰던 안재홍, 정인보, 문일평(왼쪽부터)

여유당전서

고 보았다.

1930년대의 조선학 운동은 일본의 민족문화 말살에 대한 대응책으로 조선인의 주체성을 강조한 학술 활동이었다. 조선학 운동은 조선심朝鮮心을 규명해서 역사적으로, 문화적으로 동일한 정신적 존재라는 민족적 주체성을 재정립하는 데 목적이 있었다. 이에 대해 과거에 매몰된 감상적 복고주의라는 비판이 있었지만, 조선학 연구자는 약소민족의 민족주의는 강대국의 그것과 달리 제국주의적이지 않으며, 반침략적이라고 강조했다. 나아가 조선학을 잘 연구해서 세계 문화에 기여해야 한다고 주장했다.

식민 사학과 반식민 사학의 등장

일본은 식민지 조선을 지배하기 위해 군사력과 경제력의 우위뿐만 아니라 문화적으로도 조선인보다 낫다고 주장했다. 문화 수준이 높은 조선인의 반일 의식을 약화시키기 위해서였다. 동시에 내부적으로는 역사적으로 중국과 한반도에 대해 문화적 열등의식을 지닌 일본인의 자긍심을 높여야만 했다. 메이지유신 이후 일본은 한반도 침략을 본격화하면서 일선동조론日鮮同祖論이나, 일본에 비해 조선 사회가 정체되거나 후진적이라는 논리를 내세웠다. 강제 병합 이후 조선총독부는 발굴·고적 조사 등

| 불함 문화론

불함이란 붉, 광명, 하늘, 하늘 신을 뜻한다. 1920년대에 최남선은 단군신화에 주목해서, 신의 아들이 하늘에서 내려왔다는 신화를 공유하는 문화 계통이 일본, 오키나와, 몽골, 만주, 터키 등 유라시아 전역에 퍼져 있다는 문화권을 설정했다.

그는 백두산에 내려온 환웅이 낳은 단군이 세운 조선이 중국과 인도 문화권과 구별되는 '불함 문화권'의 중심이라고 주장했다. 하지만 1930년대 중반 이후 그는 불함 문화권의 중심을 일본으로 설정함으로써, 일본이 동북아시아의 맹주라는 침략 논리에 동조했다.

을 통해 조선의 각종 문화재를 약탈하고, 식민 통치 목적에 부합하도록 조선사를 왜곡해갔다. 특히 1925년에 조선총독부가 설립한 조선사편수회는 우리 역사를 왜곡해 식민주의 역사학을 만들어내는 온상이었다.

식민 사관은 크게 타율성론과 정체성론으로 나누어 볼 수 있다. 타율성론은 한반도의 역사가 자율적으로 이루어진 것이 아니라 외세의 간섭과 압력에 의해 타율적으로 이루어졌다는 논리이다. 고대 한일 관계에서 보면 한반도의 남쪽을 일본이 점령했다는 임나 일본부설과 '조선과 일본의 조상이 같다'는 일선동조론 등도 이러한 논리에서 나왔다. 정체성론은 한반도의 역사는 왕조의 교체는 되풀이되었지만, 사회·경제적으로 아무런 발전이 없었으며, 이러한 정체된 사회는 외부 즉 일본의 도움을 받아야만 발전할 수 있다는 논리였다. 조선의 지식인들은 일본의 학문적 공세에 대응하기 위해 대응 논리를 만들어야 했다.

조선인 역사가들은 일본의 역사 왜곡에 맞서 우리 역사를 주체적으로 이해하기 위한 체계적인 연구 활동을 전개했다. 한말 일제 초에 박은식, 신채호 등이 성립하고 발전시킨 민족주의 사학을 국내에서는 정인보·안재홍·문일평 등이 이어받았다. 이들은 이익·정약용 등 실학자들의 저술을 정리하면서 민족의 학문적 자산을 계승하는 한편 식민 사학에 대항해 조선 민족의 독자적인 역사학을 수립하고자 했다. 이들을 민족주

조선사편수회
일본은 식민 통치를 위해 조선 역사 연구에 착수했다. 1925년에 설립된 조선사편수회는 조선의 역사에 관련된 사료 수집과 함께 1932년부터 1938년까지 6년간 『조선사』 36권을 간행했다. 그리고 1930년대에는 편수회 소속 역사학자와 경성제국대학 연구자들을 중심으로 청구학회를 조직하고 『청구논총』을 발행해서 일본사의 연장선상에서 한국 역사를 연구했다. 사진은 조선사편수회 회원들이 기생들과 야유회를 즐기는 모습이다.

의 사학자 혹은 문화 사학자라고 한다.

한학자이며 연희전문 교수였던 정인보는 역사의 본질을 얼이란 민족정신을 찾는 것이라고 보았다. 그는 역사적 사실이란 민족정신의 반영이며, 역사를 연구하는 일은 민족정신의 줄기를 세우는 것이라고 했다. 언론인으로 신간회에 참여했던 안재홍은 민족정기를 찾는 것이 지고한 사명임을 자임하고 국사 연구에 전념했다. 또한 비슷한 실천 활동에 참가했던 문일평도 역사 발전의 주동력은 민중에 있으며, 한반도 중심의 문화권의 영향이 일본까지를 포함한다고 설정함으로써, 일본의 식민 사학에 대항했다. 이들은 이러한 역사 인식을 쉽고 체계적으로 서술한 역사서를 통해 대중에게 전하고자 했다.

한편, 식민 사학을 부정했던 역사 연구의 한 중심축은 흔히 사회경제 사학으로 부르는 유물사관에 입각한 조선의 역사·사회 연구였다. 백남운, 이청원 등 경제 사학자들은 유물사관에 입각해서 일본 학자의 논리를 극복하고자 했다. 식민 사학은 조선 사회가 일본에 비해 몇백 년 뒤졌다거나, 세계사의 발전 단계와 달리 중세 시대가 없었다고 주장했다. 이러한 조선 사회의 정체성·후진성 논리에 대항해 이들은 우리 역사도 분명히 세계사적 발전 과정과 동일한 역사적 경험을 했음을 논증함으로써, 식민 사학이 만들어놓은 중세 부정론 혹은 정체성론이 허구임을 밝혔다.

| 사회경제 사학의 대부, 백남운

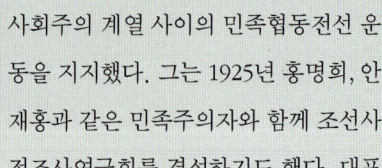

백남운은 일제 시기 한국 사회주의가 도달할 수 있는 가장 깊이 있는 인식 수준을 보여준 경제학자이다. 그는 수원 농림학교를 졸업한 후 1918년 일본 도쿄상과대학에 진학하면서 조선정체성론을 극복할 방안으로 사회주의사상을 수용했다. 연희전문학교 상과 교수를 역임하면서 조선 사람에 의한 조선 연구라는 주체성을 강조했고, 일제의 식민지 침략을 미화하는 논리를 비판, 민족주의 계열과 사회주의 계열 사이의 민족협동전선 운동을 지지했다. 그는 1925년 홍명희, 안재홍과 같은 민족주의자와 함께 조선사정조사연구회를 결성하기도 했다. 대표 저서인 『조선사회경제사』1933, 『조선봉건사회경제사(上)』1937 등을 통해, 조선의 사회와 역사를 대상으로 한 마르크스주의 정치경제사를 체계화했다.

조선어학회와 한글 보급 운동

식민지 상황 속에서는 우리말과 우리글을 지키는 것이 민족운동의 중요한 부분이었다. 한말에 언문이라고 불린 한글은 국문으로 그 지위가 격상되었고, 국문연구소가 설립되어 주시경을 중심으로 한글 연구가 활발히 진행되었다. 이후 일본이 조선을 지배하면서, 일본어가 '국어'가 되었고 우리말은 '조선어'로 이름이 바뀌었으며, 학교에서는 조선어보다 일본어 교육을 강화했다. 겨우 출발점에 섰던 조선어 연구는 크게 위축될 수밖에 없는 상황이었다. 하지만 주시경의 연구를 이어 1921년 조선어연구회가 조직되었고, 연구 발표회, 강습회, 강연회 등을 통해 한글 문법을 정리·통일하고 한글을 가르치는 운동을 전개해나갔다.

조선어연구회를 이어 1931년에 설립된 조선어학회는 「한글 맞춤법 통일안」을 제정·발표했고, 신문사와 협조해 광범위하게 한글 연구 및 보급 운동을 전개했다. 한글 맞춤법 제정은 민족운동의 큰 성과 가운데 하나였다. 인구의 대부분을 차지하는 농민을 대상으로 한글을 보급하자는 계몽운동이 일어났다. 조선일보사는 "아는 것이 힘이다. 배워야 산다"라는 구호 아래 1929년 여름부터 귀향 학생을 중심으로 문자 보급 운동을 시작했다.

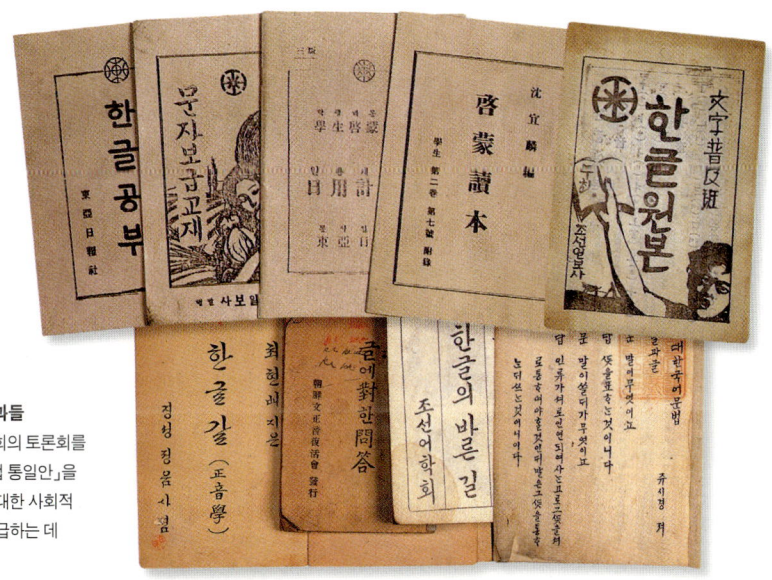

한글 연구 및 보급의 결과들
조선어학회는 3년간 125회의 토론회를 거쳐 1933년 「한글 맞춤법 통일안」을 완성했다. 아울러 한글에 대한 사회적 관심을 고조하고, 이를 보급하는 데 앞장섰다.

민중 계몽과 심훈의 『상록수』

심훈의 『상록수』는 브나로드운동이 끝난 1935년, 『동아일보』 창간 15주년 기념 연재소설 모집에서 1등으로 당선되었다. 『동아일보』는 첫째, 조선의 농·어·산촌을 배경으로 조선의 독자적 정조를 가미하며 둘째, 인물 중 한 사람은 조선 청년으로서 명랑하고 진취적인 성격을 설정하며, 셋째, 신문소설이니만치 사건을 흥미 있게 전개할 것 등을 공모 조건으로 내걸었다.

소설은 주인공 박동혁이 농촌운동가인 채영신에게 호감을 가지는 것으로 시작한다. 그녀는 강연회에서 민중 속으로 들어가 그들을 위해 노력하지 않으면 민족이 거듭나지 못한다는 신념을 피력했다. 두 사람 모두 농촌운동에 뜻을 두고, 박동혁은 고향에 내려와 농촌 환경 개선 활동을 하고, 채영신도 야학 선생으로 농촌 계몽에 헌신했다. 그러나 채영신은 마을 학교 건축으로 무리해 몸이 약해졌고, 이후 일본 기독교 학교에 유학해 공부하던 중 병을 얻어 마침내 귀국 후 마을 사람과 교회 교우가 지켜보는 가운데 숨을 거둔다. 장례식에 참여한 동혁이 조문객 앞에서 영신의 정신을 계승하자고 주장하며 소설은 마무리된다.

이러한 내용을 담은 『상록수』는 1935년 9월 19일부터 1936년 2월 15일까지 연재되어 독자의 사랑을 받았다. 심훈은 소설가, 시인, 영화인이자 독립운동가였다. 3·1운동에도 참가했으며, 중국에서 3년간 망명 생활을 했다. 1923년 귀국 후 프롤레타리아 문학 운동에도 참여했고, 이후 『동아일보』, 『조선일보』 기자 생활을 했다. 1925년에 영화 「장한몽」에서 이수일 역할을 맡아 배우로 활동하기도 했다.

『동아일보』에 실린 브나로드운동 선전 포스터

아울러 조선어학회는 1931년부터 대중에게 맞춤법을 보급하기 위해 『동아일보』 등의 신문사와 제휴해 전국적으로 조선어 강습회를 열었다. '브나로드운동'으로 불린 이 운동은 이후 3년간 계속되었다. 러시아 말 '브나로드'는 '민중 속으로'라는 뜻으로, 19세기 후반 러시아에서 전개된 청년·학생의 농촌 계몽운동이었다. "힘써 배우자! 아는 것이 힘이다"라는 기치 아래 4년 동안 5700여 학생들이 참가해 10여 만 명의 아동을 가르쳤다.

일본은 조선어 강습에 관한 대중의 호응도가 높아지자 이를 불온시하거나 간섭·통제하고자 했다. 조선인이 운영하는 언론 매체는 지속적으로 학생들이 방학을 이용해서 글을 모르는 농민들을 가르치기를 요청했다. 이들은 산업과 건강과 도덕이 중요하지만, 가장 긴급한 것은 지식의 보급이라고 주장했다. 아울러 이러한 합법적인 활동을 방해하고 억압하는 것은 민의를 존중하는 정치가 아니라고 비판했다. 이들은 조선총독부 당국의 반성을 촉구했지만, 문자 보급 운동은 1935년에 중단되었다.

강압적으로 보급된 일본어
일제는 일본어를 '국어'라고 불렀으며, 일상생활에서 일본어 사용을 강요했다. 일본어의 상용은 조선인을 징용이나 일본 군대에 보내 침략 전쟁에 동원하기 위한 첫 단추였다.

조선에 사는 일본인

● 재조 일본인, 또 하나의 식민지 경험 ●

개항 이후 새로운 기회를 찾아 조선으로 건너온 조부 덕분에 경성에서 태어나 자란 한 일본인 여성은, 일본의 패전으로 본국으로 귀국해 한참 세월이 흐른 뒤에도 "경성의 하늘은 이렇지 않았어. 더욱 높았고, 푸르렀지"라고 조선을 그리워했다.

일제 시기에는 적지 않은 일본인이 조선에 거주하면서 피지배 민족인 조선인과는 또 다른 식민지를 경험했다. 일본인의 관점에서 볼 때 당시의 조선은 일본인이 많이 이주해 거주하는 정착 식민지였다. 재조在朝 일본인들은 민족적으로는 식민 모국에서 건너온 지배 민족이지만, 법률·행정적으로는 조선에 거주하는 외지인이라는 점에서 이중적 성격을 지니고 있었다. 그들은 제국에서 건너온 식민자이자, 식민지에 거주하는 또 다른 주민으로서 폐쇄적이고 위계적인 재조 일본인 사회를 형성했다.

1910년대 이후 조선으로 건너온 일본인은 주로 식민지 지배에 필요한 관리와 군인, 교원, 상인 등이었다. 그 뒤로 농어민의 집단 이주, 조선 공업화 정책의 영향 등으로 일본인 수는 지속적으로 증가했다. 재조 일본인이 증가하면서 그들을 위한 경비 시설, 의료 기관, 학교 등이 설치되었다.

조선인과 일본인 교육은 철저히 차별되었다. 1937년 당시 한반도에는 일본인만을 위한 전용 소학교가 505개교, 중학교남자가 16개교, 고등여학교가 30개교나 있었다. 1938년 이후 총독부는 조선인 지원병 모집을 계기로 학교교육에서 조선어를 선택 과목으로 만들어 사실상 조선어 교육을 폐지하고, 더욱 철저하게 일본어 교육을 실시했다. 전시 동원에는 조선인과 일본인의 차별이 없었기에, 조선인에게 학교는 '일본어 특별 훈련소'인 셈이었다.

재조 일본인 중에는 관리 외에 회사원과 전문직, 서비스업 종사자가 많았으며 절대 다수가 대도시나 지방 도시에 거주했다. 일본인의 직업별 인구 1위는 공무·자유업으로 30~40퍼센트가 여기에 해당되었다. 그에 반해 조선인은 농업 종사자가 압도적으로 많아 일제 시기 내내 70퍼센트가량을 유지했다. 반면, 공무·자유업 종사자는 전체 인구의 5퍼센트에도 미치지 못했다.

재조 일본인 사회는 폐쇄적인 집단으로 조선인과의 접촉이 활발하지 않았다. 대다수 일본인 아이들은 조선인과 동떨어져 자랐기 때문에, 조선에서 나고 자란 아이들도 조선 사회를 거의 체험할 수 없었다. 일본인이 적은 농어촌에서는 간

혹 일본 아이들과 조선 아이들이 섞여서 놀기도 했지만, 도시에서는 사정이 달랐다. 일본인들은 모국 일본의 특수한 주변부인 외지 조선에서, 내지의 축소판인 작은 일본을 만들어 거기에 모여 살았다. 이곳에는 일본인을 위한 주택, 종교 시설, 상가, 관청가, 유흥가, 학교가 있었다. 시가지는 일본인이 거주하는 개발된 중심부와 빈곤한 조선인이 사는 황폐한 변두리로 분리되었다. 이러한 이원화는 지배와 피지배 관계의 공간적 표상이었지만, 내부에서는 제한된 범위 안에서나마 상호 접촉이 있었다.

재조 일본인들은 지배 민족이라는 특권적 지위 덕분에 월급에 가봉을 더해 경제적 혜택을 받았으며, 그것을 배경으로 조선인보다 더 높은 교육, 더 풍족한 생활을 누렸다. 그들이 일상생활에서 접하는 조선인은 '오모니어머니'라고 불리는 조선인 식모가 전부였다. 오모니는 가사를 돕는 인격 없는 도구일 뿐이었기에 그들의 관심사가 될 수 없었다. 재조 일본인에게는 대다수 조선인이 오모니와 마찬가지로 열등한 지배의 대상일 따름이었다.

당시 재조 일본인 미혼 여성들은 남자 가뭄에 시달렸다. 일본인 남성들이 조선 태생 일본인 여성을 아내로 맞이하는 것을 싫어했기 때문이었다. 그 이유를 외지 출신 일본인 여성들은 신식 교육을 받고 온갖 교양을 익혔지만 참새 눈물만큼의 임금으로 조선인 식모를 고용해 생활하는 환경에서 자랐기 때문에 자존심만 높고 실용적이지 못하기 때문이라고 생각했다.

패전 이후 일본으로 귀국한 재조 일본인들은 외지 출신으로서 적지 않은 어려움을 겪었다. 본국은 그들에게는 낯선 대지였으며, 외지에서 나고 자란 그들에 대한 본토 일본인의 차별 또한 귀국 후의 일본 생활을 힘겹게 했다. 그랬기에 식민지 조선에서의 경험을 아름답게 기억하고 그리워하는 것이 어찌 보면 당연한 일이기도 했다.

조선에 거주하는 일본인의 증가 추이

1876년 개항 당시 부산에 거주한 일본인은 54명에 불과했다. 당시 이 수는 공식적으로 한반도에 거주하는 일본인 전체를 의미했다. 그로부터 10년이 흐른 1885년에 일본인 수는 4500여 명으로 늘어났다. 그 뒤로도 일본인은 계속 늘어나 1910년에는 17만 명, 1920년에는 35만 명, 1930년에는 53만 명에 이르렀다. 1945년 패전 당시에는 일본인 수가 72만 명에 육박했다.

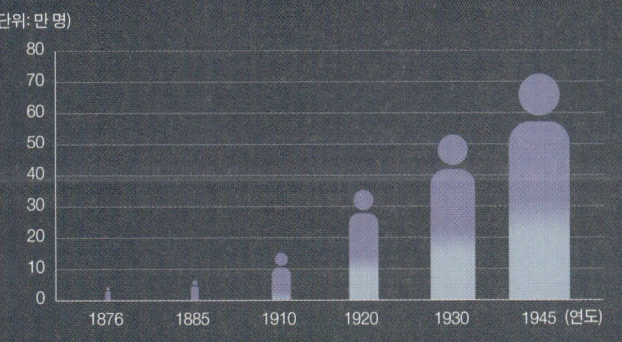

새로운 전위당과 만주벌의 무장투쟁

| 조선공산당 재건 운동과 항일 전선

조선공산당과 고려공산청년회가 사용했던 인장

  1928년 12월 10일 소비에트 러시아의 모스크바. 코민테른 집행위원회 정치서기국은 결정서를 하나 채택했다. 바로 한국 사회주의 운동사에서 가장 중요하고 커다란 영향을 미친 「조선 농민 및 노동자의 임무에 관한 결의」였다. 이른바 '12월 테제'라고 하는 이 결정서는 취추바이, 사노 마나부, 미프, 월터넨 등 코민테른 집행위원회 산하의 조선문제위원회 구성원들이 집필했는데, 조선공산당이 지식인과 학생들로 구성되어 있고 노동자와의 연대가 부족하다는 점을 가장 큰 문제로 지적했다.

  조선문제위원회는 조선공산당의 이러한 구성적 한계로 인해 분파 투쟁이 만연했다고 비판했다. 그들은 노동자와 농민을 기반으로 하는 새로운 전위당을 조직할 것을, 식민지 조선 내 사회주의자들의 임무로 제시했다. 국제 사회주의 운동을 지도하던 코민테른의 이러한 결정은 식민지 조선에서의 사회주의 운동이 이전까지와는 다른, 새로운 성격의 조선공산당 재건을 위한 운동으로 탈바꿈해야 함을 알리는 신호탄이었다.

조선공산당 재건을 위한 몸부림

1928년 12월 테제가 제시한, 사회주의 운동 계열 내부의 분파 투쟁을 극복하는 문제는 새로운 전위당의 성격을 규정하는 매우 중요한 문제였다. 그러나 이후 국내외에서 전개된 조선공산당 재건 운동은 이를 실현하지 못했다. 이 시기에 전개된 재건 운동의 기본 방침은 전국 단위의 조선공산당 재건 준비 조직을 중앙에 먼저 조직한 뒤, 산업 중심지나 농촌에 이의 지도를 받는 세포조직을 조직하는 방식이었다.

운동의 기본 방침이 동일했음에도 불구하고 조선공산당 재건 운동은 동일한 지도 아래 전개되지 못했다. ML파, 서·상파, 화요파 등 각 공산주의 그룹을 중심으로 이전의 운동 경험에 따라 각각 따로 전개되었다. 1929년 5월에 ML파가 조직한 조선공산당 재조직 중앙간부회나 1929년 3월에 서·상파가 조직한 조선공산당 재건설준비위원회, 1929년 11월에 화요파가 조직한 조선공산당 조직준비위원회 등은 이 시기에 각 공산주의 그룹이 전개한 당 재건 운동을 대표하는 조직이었다.

1931년을 기점으로 조선공산당 재건 운동의 기본 방침이 변화했다. 노동자와 농민을 기반으로 하는 전위당을 만들기 위해 도시와 농촌에서 혁명적 노동조합이나 혁명적 농민조합을 먼저 조직하고, 이들 조직을 기반으로 해서 지역별이나 산업별 협의회

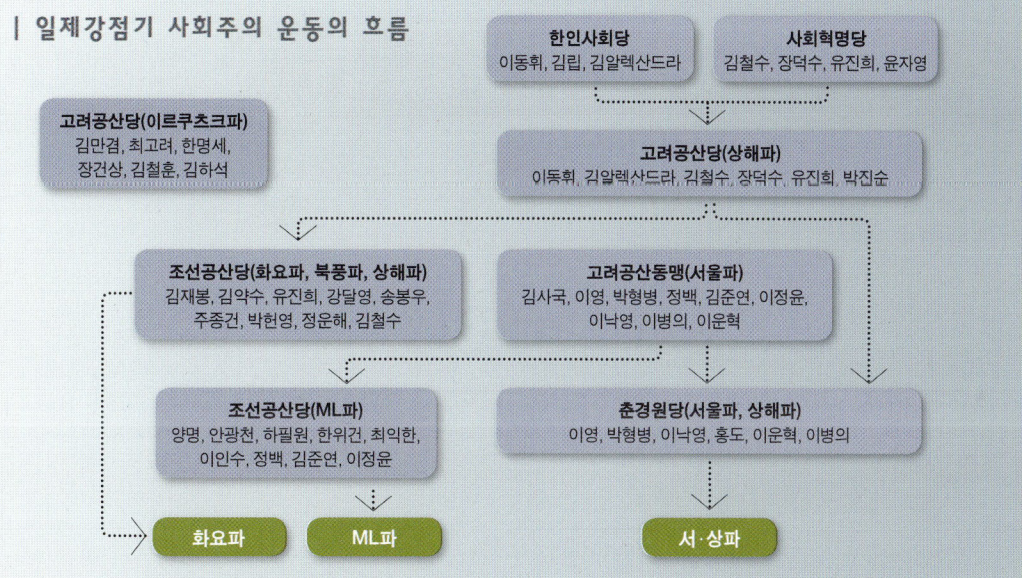

를 조직하고, 이어 전국적인 대중조직을 결성하고자 했다. 이런 과정을 통해 지역 단위의 공산주의 그룹을 조직하고, 각 조직의 대표자가 모여 조선공산당을 재건하는 방식이었다.

이러한 당 재건 운동에 대한 기본 방침의 변화는 혁명적 노동조합과 혁명적 농민조합에 기반을 두고 투쟁을 전개할 것을 촉구한 1930년 9월 프로핀테른혁명적 노동조합 인터내셔널 집행위원회의 9월 테제의 영향 때문이었다. 1931년 여름에 조직된 ML파의 조선공산주의자협의회나 1931년 3월에 조직된 서·상파의 조선좌익노동조합 전국평의회 조직준비위원회 등이 이러한 방침에 따라 활동을 전개한 대표적인 당 재건 조직이었다. 이러한 방침의 변화는 조선공산당 재건 운동의 대중적 기초를 확장했지만, 기존에 각각의 공산주의 그룹이 분산되어 전개하던 당 재건 운동의 한계는 지속될 수밖에 없었다.

이재유 그룹과 재건 운동의 전개

1937년 4월 30일, 조선총독부의 일본어 기관지 『경성일보』는 호외를 발행했다. 호외는 '집요흉악執拗凶惡한 조선공산당 마침내 괴멸하다'라는 제목 아래 이재유 그룹의

이재유 체포
1936년 12월 25일 창동에서 학생운동 담당자 최호극에게 기관지 『적기』를 전달하려던 조선공산당 경성 준비그룹의 지도자 이재유가 일제에 체포되었다. 일제는 이재유 그룹의 검거로 조선공산당 재건 운동이 완전히 궤멸되었다고 대대적으로 선전하였다. 형기 만료 후에도 전향하지 않았다는 이유로 석방되지 못한 이재유는 1944년 10월에 옥사하였다.

리더인 이재유의 체포 사실과 그가 주도한 조직의 조선공산당 재건 운동에 관한 내용으로 채워져 있었다. 그렇다면 일본은 왜 이재유의 체포를 조선공산당의 괴멸이라고 생각했을까? 이는 조선공산당 재건 운동에서 이재유 그룹이 차지하는 위상과 밀접하게 연관되어 있다.

이재유는 오지 중의 오지인 함경남도 삼수군 출신으로, 1920년대 중반 이후 일본에서 사회주의 운동을 전개하는 과정에서 70여 차례나 구속되었고, 1928년 조선공산당 탄압 사건으로 인해 또다시 구속되었다. 1932년 12월에 출옥한 그는 조선공산당 재건 운동에 본격적으로 뛰어들었다. 이재유는 1933년 7월에 경성트로이카를 조직한 이후 1934년 12월에는 경성 재건 그룹으로, 1936년 6월에는 경성 준비 그룹 등으로 이재유 그룹의 조직 위상을 변경해나갔다. 그 과정에서 몇 차례 탄압을 받았음에도 불구하고 조직원이 500여 명에 이르렀다.

조선공산당 재건 운동과 관련된 여러 공산주의 그룹 가운데 경성 지역을 중심으로 1933년부터 1936년까지 활동을 전개한 이재유 그룹은 두 가지 점에서 매우 독특한 위상을 갖는 조직이었다. 하나는 이전까지 조선공산당 재건 운동에 관계했던 공산주의 그룹들이 분파 투쟁에서 자유롭지 못했던 데 비해 이재유 그룹은 분파 투쟁을 극복하기 위해 기존의 계파적 틀과 무관하게 다양한 공산주의 그룹 출신의 활동가들을 흡수

이재유 그룹의 공판
1936년 12월 이재유의 체포에 뒤이어 이재유 그룹의 일원들도 체포되어 공판장에 들어섰다. 이를 보도한 1937년 5월 12일자 『조선일보』 지면.

재건 그룹 사건 판결문철
1934년 조선공산당 재건촉진위원회의 신동옥, 김성원 등은 치안유지법 및 출판법 위반으로 기소되었다. 사진은 제1심 소송 기록이다.

했다는 점이다. 그 과정에서 경성제국대학 교수인 미야케 시카노스케나 경성 지역에서 활동하던 권영태 그룹, 김형선 그룹 등의 다른 공산주의 그룹들과도 연대 활동을 전개했다.

또 하나는, 식민지 조선의 현실을 조선공산당 재건 운동의 가장 중요한 토대로 삼고자 했다는 점이다. 코민테른의 지도를 거부하는 자는 공산주의자일 수 없는 상황에서 이재유 그룹도 코민테른의 지도나 테제를 부정하지는 않았다. 그러나 코민테른의 지도가 식민지 조선의 구체적인 현실에 맞지 않을 경우 코민테른의 지도에 조선의 현실을 맞춘 것이 아니라 식민지 조선의 현실에 맞게 코민테른의 지도 원칙을 관철하려 했다.

본격화된 혁명적 노동조합운동과 혁명적 농민조합운동

1929년에 대공황이 발생하고 식민지 조선에서 원산 총파업이 발발하자, 사회주의자들은 세계 자본주의 체제가 위기를 맞게 된 것이며 식민지 조선에도 혁명적 정세가 도래했다고 판단했다. 1929년부터 1936년까지 식민지 조선에서는 매년 100건 넘는 파업 투쟁이 발생했다. 특히 1만 8972명이 파업 투쟁에 참여한 1930년과, 201건의 파업

원산 총파업
1928년 9월 일본인 감독이 조선인 노동자를 구타한 사건을 계기로, 1929년 1월 원산노동연합회의 주도로 시작되었다. 일제의 탄압에도 불구하고 8000여 명의 노동자가 4월까지 투쟁을 전개한 일제하 최대 규모의 파업이었다.

투쟁이 발생한 1931년은 식민지 시기 파업 투쟁이 최고점에 달한 시기였다. 1930년 함경남도 신흥 탄광에서 발생한 노동자 투쟁과 평양 고무 공장 노동자 파업은 이 시기를 대표하는 파업 투쟁이었다.

1930년대에 들어서면서 전국적으로 소작쟁의가 더욱 격화되었다. 1930년부터 1936년까지 매년 50건이 넘는 소작쟁의가 발생했는데, 92건의 소작쟁의에 1만 137명의 인원이 참여했던 1930년이 소작쟁의가 최고조에 달한 시기였다. 1931년 평안북도 용천군 불이흥업의 서선 농장에서 발생한 소작쟁의와 1932년 경상남도 김해군 박간 농장에서 일어난 소작쟁의는 이 시기 소작쟁의를 대표하는 것이다.

파업 투쟁과 소작쟁의가 폭발적으로 늘어나고 민중들의 혁명적인 진출에도 불구하고 식민지 조선의 노동운동과 농민운동을 지도해야 할 조선노동총동맹과 조선농민총동맹은 지도부의 개량화로 인해 노동자와 농민의 대중투쟁을 조직하지도 지도하지도 못했다. 이러한 상황에서 사회주의자들은 1930년 9월 프로핀테른 집행위원회와 1931년 10월 범태평양노동조합 비서부가 천명한 새로운 운동 방침에 따라 혁명적 노동조합운동과 혁명적 농민조합운동을 전개했다.

혁명적 노동조합운동은 주로 도시의 공장 지대와 제국주의 일본의 병참기지화 정책에 따라 새롭게 개발되던 함경도의 공업 도시를 중심으로 전개되었다. 혁명적 노동

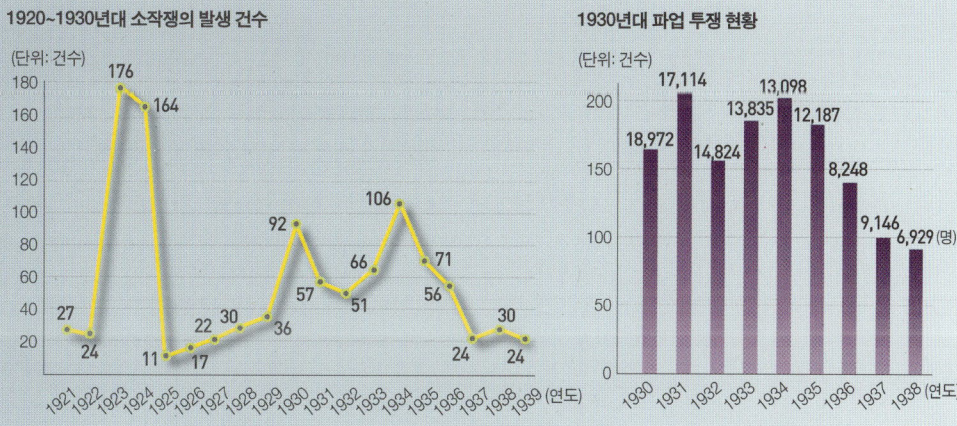

| 소작인이여, 궐기하라

1930년대 한인애국단의 의열 투쟁

한인애국단 김구와 윤봉길
대한민국 임시정부의 김구와 윤봉길(오른쪽)이 1932년 4월 29일 거사를 앞두고 찍은 사진이다.

폭탄을 든 윤봉길

1929년 10월, 미국에서 시작된 대공황으로 큰 타격을 받은 제국주의 일본은 대륙 침략을 통해 이를 돌파하고자 하였다. 1931년 만주를 점령한 일본은 1932년 1월 28일 상하이사변을 일으키고, 3월 1일 만주국 수립을 선포하였다. 이러한 일본의 급속한 팽창 속에서 의열 투쟁을 통해 일제와 투쟁할 목적으로 1931년 말 김구의 주도로 비밀 결사인 한인애국단이 조직되었다.

1932년 1월 8일 오전 11시 44분, 일본 도쿄의 경시청 앞. 요요기 연병장에서 관병식을 마치고 왕궁으로 돌아가던 일왕을 향해 환영 인파 속에서 한 사내가 폭탄을 투척하였다. 한인애국단원 이봉창이 제국의 심장에서 제국의 상징을 향해 거행한 의거였다. 이 사건으로 이봉창은 대역죄로 대심원에서 사형을 선고받고 그 해 10월 10일에 순국하였다.

같은 해 4월 29일, 중국 상하이의 홍커우공원은 일왕의 생일인 천장절과 상하이사변의 승전 기념식에 참석한 일본인들로 흥청거렸다. 일본 국가인 기미가요가 불리던 오전 11시 40분, 윤봉길이 던진 폭탄이 단상을 향해 날아갔다. 이로 인해 단상에 있던 상하이 파견 일본군 총사령관 시라카와 육군대장과 제3함대사령관 노무라 해군대장 등 7명이 죽거나 중상을 입었다. 이 사건으로 대한민국 임시정부는 상하이를 떠나 1940년 충칭에 정착할 때까지 항저우, 전장, 창사, 광저우, 류저우, 치장 등을 떠돌았다.

이봉창과 윤봉길의 의거를 계기로 대한민국 임시정부는 중국국민당 정부로부터 물적인 지원을 받게 되었다. 특히 1933년 12월 중국육군중앙군관학교 낙양분교에 한인특별반이 설치되면서, 만주에서 무장투쟁을 전개하던 한국독립군 총사령관 지청천 등이 초빙되었다. 이곳에서 배출된 졸업생들은 이후 조선의용대와 한국광복군의 주요 구성원으로 중국 관내에서 민족운동을 전개하였다.

❈ 웃고 있는 이봉창 사진의 비밀 ❈

오른쪽 이봉창의 사진은 여러 교과서에서 흔히 볼 수 있는 익숙한 사진이다. 많은 책들에서 이 사진을 이봉창이 일왕에게 폭탄을 투척하기로 결심하고 한인애국단에 입단하여 찍은 사진으로 설명해왔다. 그런데 최근 이 사진에 감추어진 놀라운 비밀이 밝혀졌다.

실제 이 사진을 자세히 보면, 이봉창의 환하게 웃고 있는 얼굴을 제외하고 모두 그려진 그림임을 알 수 있다. 목에 건 선서문도 이봉창의 선서문으로 알려진 것과 필체가 다른, 누군가가 새로 쓴 것이고 얼굴에 목

합성된 이봉창의 사진(왼쪽)과 그가 남긴 선서문(오른쪽)

선도 없는 것으로 보아 다른 사진에서 오려붙인 합성사진이 분명하다. 어떻게 이런 사진이 유포되었을까?

이 사진은 1946년 3월에 출간된 『도왜실기』 한글판에 처음 등장한다. 이봉창의 의거를 세상에 알린 사람은 김구이다. 김구는 이봉창의 동경 의거를 계획하면서 이봉창의 생애를 메모해 두었다가 이후 『도왜실기』 등의 저서에 자세히 실었다. 이 과정에서 이봉창은 삶을 초연한 듯한 밝은 미소를 띤 영웅으로 재탄생되었을지도 모른다.

조합운동을 통해 공장 안에 반이나 공장 그룹을 조직한 후 이를 기반으로 공장 분회를 만들고, 그 상위 조직으로 공장 위원회를 조직하고자 했다. 이러한 공장 위원회를 지역 단위의 산업별 노동조합과 전국 단위의 산업별 노동조합으로까지 확대하려고 했다. 이를 주도한 이들은 노동자들의 삶과 관련된 문제를 해결하면서 대중적인 기반을 확보하고, 그것을 토대로 반일 정치 투쟁을 전개하고자 했다.

1931년부터 1935년까지 혁명적 노동조합운동과 관련된 사건이 70여 건 발생했는데, 여기에 1759명이 관련되었다. 1930년대 전반기 김호반 등이 주도한 범태평양노동조합 계열의 활동과 1930년대 후반 이주하 등이 중심이 된 혁명적 노동조합 원산좌익위원회의 활동이 대표적이었다.

혁명적 농민조합운동은 조직의 대상이 농민이었기 때문에 식민지 조선에서 혁명적 노동조합운동보다 더욱 광범위한 지역에서 전개되었다. 1931년부터 1935년까지 103건의 혁명적 농민조합운동 관련 사건이 발생했는데, 관련자는 4121명에 달했다. 특히 계속되는 탄압 속에서도 지속적인 활동을 전개한 함경북도 명천 농민조합의 투쟁은 이 시기 혁명적 농민조합운동의 대표적인 사례였다.

혁명적 농민조합은 토지 혁명과 노농 소비에트의 건설을 표방했다. 혁명적 농민조합은 조직적으로 리 단위에 반을 조직한 후, 그것을 기반으로 면 단위에 지부를 조직

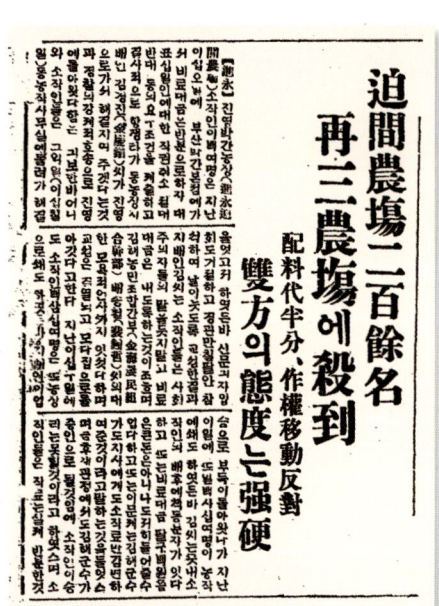

김해 박간 농장에서 벌어진 소작쟁의
경남 김해군 진영평야에 있던 박간(迫間) 농장의 일인 대지주 사코마(迫間)의 소작료 인상과 소작권 이동에 반대하여 김해농민조합이 주도한 소작쟁의로, 일본인 지주에 대한 투쟁을 넘어 일제에 대한 투쟁으로 확대되었다.

하고 군 단위에는 농민조합을 조직하는 방식으로 추진했다. 처음에는 빈농과 농업 노동자의 조직화에 힘썼지만, 점차 대중적 기반을 확대하기 위해 중농과 부농까지 구성원으로 포괄하고자 했다.

혁명적 노동조합운동과 혁명적 농민조합운동은 조선공산당 재건 운동의 일환으로, 재건 운동의 토대를 마련하려는 운동이었다. 식민지 조선에서 혁명적 노동조합운동이나 혁명적 농민조합운동이 전개되었던 지역과 해방 후 인민위원회가 설치된 지역이 상당수 겹친다는 점에서, 이 운동은 노동자와 농민을 자각시키고 지역의 대중운동 역량을 조직화했다는 데 역사적인 의미가 있다.

만주에서의 항일 무장투쟁

1920년대 말부터 만주에서는 민족주의자들과 사회주의자들이 모두 참여하는 항일 무장투쟁이 전개되었다. 정립의 형세를 갖던 정의부·참의부·신민부 등 3부는 1920년대 후반 단일한 대오를 형성해 좀 더 효율적으로 항일 무장투쟁을 전개할 목적으로 통합 운동을 전개했다. 이들은 통합체인 민족유일당의 조직 방법을 둘러싸고 단체본위론과 개인 본위론을 주장하는 전민족유일당조직 협의회와 전민족유일당조직 촉

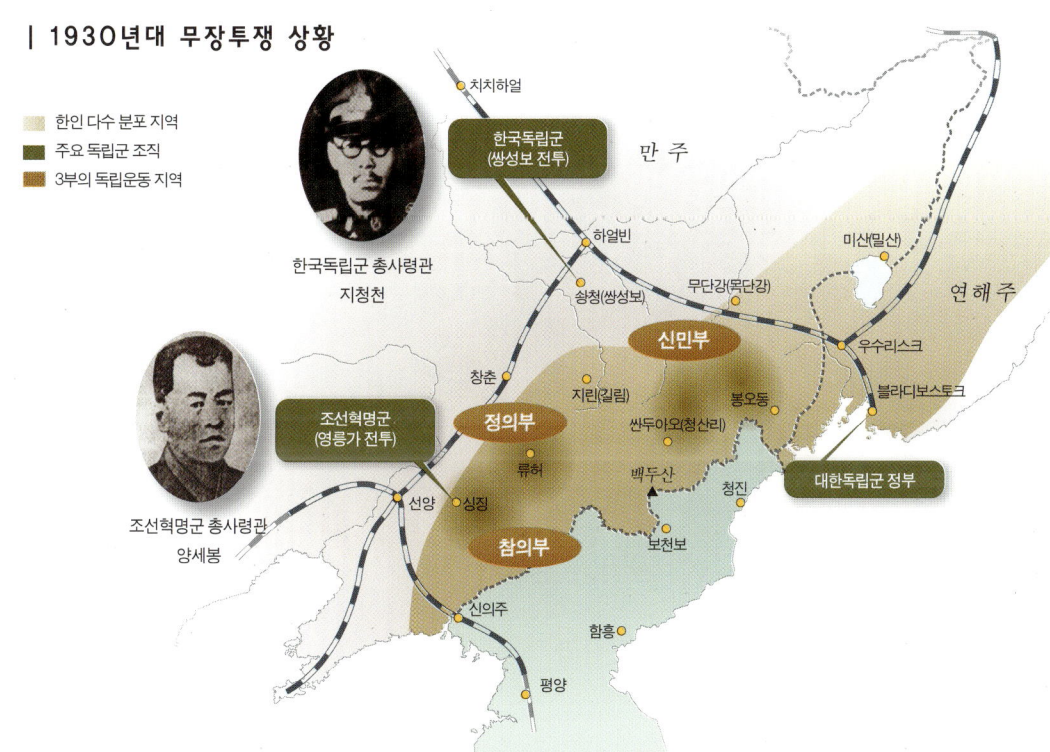

| 1930년대 무장투쟁 상황

성회로 분열되었다.

이후 두 계열의 노선을 지지하는 만주의 항일 무장 운동 단체들은 국민부와 혁신의회로 통합되었다. 1929년 9월, 국민부는 조선혁명당을 조직하고 그 산하에 무장 부대인 조선혁명군을 결성했다. 혁신의회도 한족총연합회로 조직을 변경한 후, 1930년 7월 한국독립당을 조직하고 산하에 무장 부대인 한국독립군을 배치했다.

1931년 일본이 만주사변을 일으켜 만주국을 건설하자, 조선혁명군 총사령관인 양세봉과 한국독립군 총사령관인 지청천은 각각 중국군과 한중 연합군을 편성해 항일전을 전개했다. 1933년 9월까지 만주에서 항일 무장투쟁을 전개하던 한국독립군은 이후 중국 관내로 이동해 대한민국 임시정부에 합류했고, 조선혁명군은 1938년 9월까지 만주에서 항일 무장투쟁을 전개했다.

만주에서 활동한 사회주의자들의 항일 유격대들은 중국공산당의 지원으로 조직되었지만, 그 구성원이나 지도자들은 대부분 조선인이었다. 1933년 1월, 항일 유격대들을 바탕으로 만주의 항일 무장 세력을 결집한 동북인민혁명군이 조직되었다. 이들은 해방구를 조직하고 토지개혁과 같은 사회 개혁을 시행했다. 1936년 2월, 동북인민혁명군은 반제 민족통일전선에 입각해 민족과 이념을 초월한 항일 연합군인 동북항일연군으로 확대 개편되었다. 동북항일연군은 3로路 11군軍으로 편성되었는데, 제1로군

동북항일연군
항일구국의 기치 아래 만주의 항일 무장 부대는 동북항일연군으로 재편되었다. 김일성은 제2군 3사의 사장으로 이 조직에 참여하였다. 사진은 1944년 동북항일연군 교도려 시기로, 앞줄 왼쪽에서 5번째가 김일성이다.

김일성

제2군 6사의 경우 그 구성원이 대부분 조선인이었기 때문에 '조선인민혁명군'으로 불렸다.

1936년 5월, 동북항일연군 제2군 내 조선인들을 주축으로 반일 민족통일전선체인 조국광복회가 조직되었다. 조국광복회는 창바이현과 함경남도 및 평안북도에 지부를 설치했다. 1937년 2월에는 국내의 사회주의자들과 제휴해 국내 조직인 조선민족해방동맹을 조직했다. 그해 6월, 조국광복회는 국내 진공 작전을 감행해 국내 조직원들과 함께 함경남도 갑산군 혜산진 보천보를 습격해 일제의 통치기관을 마비시켰다.

일제가 욱일승천하던 시기에 일어난 이 사건은 전투의 규모는 크지 않지만 국내 언론에 대대적으로 보도되었다. 그래서 보천보사건은 이를 주도한 김일성의 이름이 널리 알려지게 되는 계기가 되었다. 혜산사건을 통해 조국광복회의 국내 조직을 궤멸시킨 일제는 1939년부터 만주에서 항일 유격대에 대한 대대적인 토벌 작전을 전개했다.

혜산사건으로 체포된 박달과 관련자들
보천보사건의 여파로 일제는 1937년 10월과 1938년 9~10월 두 차례에 걸쳐 조국광복회 관련자에 대한 대대적인 검거를 단행한 '혜산사건'을 일으켰다. 박달, 박금철 등 관련자 739명이 체포되면서 조국광복회 국내 조직인 조선민족해방동맹은 궤멸적 타격을 입었다. 오른쪽 사진은 함께 체포된 조직원들의 모습이다.

MAY DAY

● 세계 노동자 연대와 근로자의 날 ●

메이데이의 유래가 된 미국 헤이마켓 사건

새 달력을 받으면 휴일이 많은 5월을 맨 먼저 펼쳐 보게 된다. 5월에는 기념일들이 몰려 있다. 그런데 그 가운데 1일 밑에는 '근로자의 날'이라고 표시되어 있다. 왜 이날을 근로자의 날로 기념하며 언제부터 기념일로 삼았을까?

1886년 5월 1일, 미국노동총연맹의 결의로 '8시간 노동제'를 내걸고 총파업이 일어났다. 평화적으로 진행되던 파업은 5월 3일 맥코믹 농기계 공장의 노동자 여섯 명이 경찰에 살해되면서 분위기가 급변했다. 이에 항의하던 5월 4일 헤이마켓 광장의 집회에 폭탄이 투척되면서 파업은 원래의 의도와는 다르게 전개되었다. 이 과정에서 스파이스 등 여덟 명의 노동운동 지도자가 검거되었고, 그 가운데 네 명이 교수형을 당했다.

그로부터 3년 후인 1889년 7월 14일, 파리에서 프랑스혁명 100주년을 기념해 세계 각국의 사회주의자들과 노동운동 지도자들이 제2인터내셔널을 결성했다. 대회에 참석한 대표들은 1886년 5월의 투쟁을 기념하기 위해 1890년 5월 1일, 8시간 노동제를 요구하는 국제적인 시위를 전개할 것을 결의했다. 세계 노동자들의 국제적인 연대를 확인하는 국제적인 기념일인 메이데이는 이렇게 탄생했다.

메이데이는 자본주의의 발달과 함께 점차 열악해지는 노동조건과 장시간 노동에 시달리면서도 저임금에 신음하던 노동자들이 생존권을 수호하기 위해 투쟁한 것을 기념하는 날이다. 동아시아에서 대중 집회의 형태로 열린 최초의 메이데이 행사는 1920년 5월 2일 우애회의 주최로 일본 도쿄의 우에노 공원에서 열린 제1회 메이데이 집회였다. 5000여 명이 참석한 대회에서는 8시간 노동제와 최저 임금제 실시 등을 제시했다.

1922년 3월에는 사회주의자인 야마카와 기쿠에山川菊榮가 「메이데이」라는 수요회 팸플릿을 통해 메이데이를 선전했고, 일본노동총동맹

1933년 메이데이 행사에 참가한 재일 조선인 여성들

제13회 메이데이 오사카 행사에 참석한 군중
오사카 나카노시마 공원에 모인 5000여 명의 노동자 중에는 수백 명의 조선인 노동자도 있었다.

의 주최로 열린 1922년 메이데이에는 조선인 유학생 백무 등이 참석해 식민지 조선과 일본 노동자 사이의 연대에 대해 연설했다. 일본의 메이데이는 당국의 탄압 속에서도 1935년 마지막 대회까지 노동자들의 연대를 굳건히 하는 행사로 자리매김했다.

1920년부터 『동아일보』 등을 통해 서구와 일본, 중국 등지의 메이데이 소식이 알려졌는데, 식민지 조선에서 노동제勞動祭라는 이름으로 메이데이가 시작된 것은 1923년이었다. 조선노농연맹회의 주도로 준비된 이날 행사는 일제가 금지해 열리지 못했다. 그 대신 경성 YMCA 회관에 모여 기념 강연회를 여는 것으로 대체했다. 일본의 지속적인 탄압에도 불구하고 식민지 조선의 노동자들은 1936년까지 5월 1일이 되면 전국 각지에서 기념 강연회나 시위 등을 통해 메이데이를 기념했다.

해방 후에도 메이데이는 중요한 행사로 자리 잡았다. 그러나 좌파와 우파의 대립 속에서 행사도 따로따로 개최했다. 1946년과 1947년의 행사는 조선노동조합전국평의회와 대한독립촉성노동총연맹이 주최한 기념식이 동시에 열렸다. 대한독립촉성노동총연맹이 주최하는 메이데이 기념식은 1957년까지 매년 5월 1일에 열렸다. 그러나 1958년부터 메이데이 기념일이 대한독립촉성노동총연맹 결성일인 3월 10일로 변경되었고, 1963년부터는 기념일의 이름마저 근로자의 날로 바뀌었다. 메이데이는 기념하는 날짜와 이름이 모두 변경되어 명맥만 유지되다 1994년에 5월 1일로 날짜는 제자리를 찾았지만, 아직도 이름은 메이데이나 노동절이 아닌 근로자의 날로 불리고 있다.

조선인, 정처 없는 바람꽃

재외 식민지 세대의 방황과 고난

"나는 귀추 없이 떠돌아다니는 바람꽃. 바람이 불어왔던 곳과 바람이 자는 그곳. 두 세계 중의 어느 한 곳에 머무르거나 또 어느 한 곳에 머무르지도 못한 채 두 곳을 끊임없이 우왕좌왕했다. 언제나 한 곳에 오래 머무르지 못하고 다른 한 곳에 대한 끊임없는 추억과 망각, 그리움과 원망의 갈등을 수없이 겪으며 이곳에서 저곳으로 수없이 날아갔었다. 언제나 두 세계에서 함께 공존했던 셈이고 두 세계에서 함께 탈출하기도 했었다. 그랬던 나는 누구일까?"

이 글은 조선족 여류 작가 허련순이 지은 장편소설 『바람꽃』의 일부이다. 그녀는 중화인민공화국에서 살아가는 조선족을 어느 한 곳에 머무르지 못하고 우왕좌왕하는 바람꽃에 비유한다. 두 세계란 중국 공민이라는 국민 정체성과 한민족이라는 민족 정체성을 가리킨다. 국민정체성과 민족정체성이 항상 균형 있게 공존하기는 어려웠고 때론 대립하기도 했다. 양자의 관계를 정립하는 문제는 만주국 당시의 조선인에게도 고통스러운 일이었다. 허련순이 겪는 이런 고통의 뿌리는 1930년대 만주국 시기로 거슬러 올라간다.

만주국의 조선인 이민자

일본은 만주국 건설 이후 중국 동북 지역을 대륙 침략의 병참기지와 식량 기지로 활용하고자 했다. 이에 따라 조선인의 만주 이주는 1910년대에 이어 두 번째 전기를 맞았다. 초기의 혼란기를 지나 어느 정도 치안을 확보한 1934년 이후부터 조선인 이주민이 급증했다. 1930년에 60만여 명이던 조선인 수는 1937년에 100만 명을 넘어섰고 1940년에는 145만 명으로 늘었다.

1920년대까지 일본은 만주로의 조선인 이민을 방관하거나 뒤에서 은근히 부추겼다. 조선인을 대륙 침략의 앞잡이로 활용하고자 했기 때문이다. 그러다 일본이 만주를 점령해 만주국을 세우자 사정이 달라졌다. 일본은 만주 개척 사업의 하나로 일본인의 만주 이민을 적극 추진했다. 그러면서 조선인 이민자를 일본인 이민자의 강력한 라이벌로 간주했다. 일본은 조선인 이민을 가급적 통제하려 했으며, 필요한 경우 '정책 이민'의 형식을 취했다. 이민은 선만척식주식회사에서 추진했는데, 조선인의 경우 원칙적으로 이주 증명서가 있어야 이주할 수 있었다.

1920년대 말 대공황의 여파로 조선의 농촌 경제는 극도로 피폐해졌다. 그 결과 조선 농민들은 만주로 내몰릴 수밖에 없었다. 당시의 만주 이주는 이미 알고 있는 사지死地

태극 무늬가 새겨진 명동촌의 기와

로부터 아직 알지 못하는 사지로의 흐름으로 묘사되었다.

대도시에서 활동하던 항일 독립운동가와 친일파의 양 극단을 제외한 조선인들은 대부분 이중, 삼중으로 불평등한 위치에 놓인 소수민족으로 살아갔다. 이들은 만주국에서도 식민지 조선에서도 자신들의 정체성을 설정할 수 없었다. 그렇다고 완전한 일본 신민이 될 수도 없었다. 이들의 집단적 정체성은 정착과 귀환 사이에서 끊임없이 동요했다.

이러한 동요를 겪으면서도 정체성의 혼란을 극복하고 자신의 공동체에 대한 귀속감을 가지려는 노력이 이루어졌다. 재만 조선인의 귀속감 형성에는 조선인민회가 큰 역할을 했다. 조선인민회는 1910년대에 조선인의 자발적 참여와 일본 영사관의 공작이 합쳐져 조직되고 운영되었다. 회원 수는 만주의 어떤 독립운동 단체나 친일 단체보다 많았다. 조선인민회의 활동 범위는 조선인 통제, 산업 교육, 위생 지도와 장려, 빈곤자 구제, 기타 회원의 복지 증진뿐만 아니라, 농무계農務契 지도, 산업 장려, 사상 선도, 학교 경영 등 광범위했다. 이러한 조직의 운영과 활동은 재만 조선인으로서 귀속감을 갖게 하는 데 크게 기여했다.

이러한 귀속감의 양상은 시인 윤동주에게서 잘 드러난다. 윤동주는 1917년 북간도 룽징에서 태어났다. 만주국 수립 이후 윤동주는 법적으로 만주국 국민인 동시에 일본

| 만주국의 이데올로기, 오족협화

일본이 만주국 통치를 위해 내건 지배 이데올로기 오족협화五族協和는 민족협화라고도 한다. 오족은 한漢, 만滿, 몽蒙, 일日, 조朝, 다섯 민족을 가리킨다. 이 용어는 1920년대에 고양되었던 중국 민족주의의 민족자결론에 맞서기 위해 고안한 것으로, 쑨원孫文의 오족공화五族共和에 대응하기 위한 것이다. 오족협화는 각 민족 간의 조화협화를 통해 유럽적 민족 모순을 배제하고 수평적 평등을 실현한다는 의미를 담고 있다. 만주국의 오족협화는 허구적인 표어에 지나지 않았지만, 이러한 표어 때문에 만주국은 아주 낮은 비율이나마 일본인 이외의 사람들에게도 관공서나 교육기관의 문호를 개방하기도 했다.

국민이라는 이중국적을 가졌다. 그러나 실질적으로 이민 3세인 윤동주에게 고향인 북간도는 불행과 결핍, 정체성 혼란을 가져다주는 공간이 아니라 자족적이며 자기 완결성을 갖추게 한 세계였다. 윤동주가 1935년 평양의 숭실중학교로 전학한 지 6개월 만에 일본의 신사참배 정책에 반발해 조기 퇴학하고 북간도로 돌아온 데에는 북간도에 대한 자족감, 일제 치하의 식민지 조선이 오족협화를 표방한 만주국보다 더 억압적이라는 인식 등이 복합적으로 작용한 것으로 보인다.

재일 조선인 마을

자기 정체성에 대한 갈등은 일본으로 건너간 조선인들도 마찬가지로 겪는 문제였다. 특히 재일 조선인 마을이 형성되면서 그러한 경향이 두드러졌다. 일본에서 재일 조선인 사회는 1920년대에서 1930년대에 걸쳐 본격적으로 형성되었다. 그 이전에는 주로 남성 노동자가 많았고 그들의 전문 숙박처였던 함바飯場, 나야納屋, 노동 하숙 등은 주로 일본인 거주지 안에 있었다. 1920년대 중반부터 가족 동반으로 건너와 정착하는 조선인들이 늘면서 조선인 부락 즉 집단 거주지가 등장하기 시작했다. 한 가족이 집을 빌리면 다른 조선인이 이주해 오거나 함께 거주하면서 소규모의 조선인 거주 지

재만 조선인의 거주 지역
윤동주와 같은 재만 조선인들은 북간도 룽징과 명동촌 일대에 다수 거주했다.

윤동주와 그의 작품 「서시」

역을 형성했다. 중소 영세 공장 지역이나 슬럼가를 중심으로, 규모는 수 호에서 수십 호에 200~300명 정도가 모여 살았다.

조선인 집단 거주지가 형성되자 하숙업, 음식점 등 조선인을 고객으로 하는 사업이 생겼다. 일본에 장기 체류하는 사람이 늘어나면서 직업도 다양해졌다. 주로 노동 하숙이나 토건 함바 경영, 고물상, 폐품 회수 및 처리, 신문 배달, 한약방, 음식점, 보험 대리, 미용·이용업, 식품 판매, 의류업, 제조업 등에 종사했다. 제조업 중에서는 특히 금속 기계류, 섬유 제품, 잡화 공장에서 일하는 조선인 노동자가 많아졌다.

한편 도쿄, 교토, 오사카, 효고, 가나가와, 야마구치, 후쿠오카 등 조선인이 많이 거주하는 지역에는 상호부조, 빈곤자 구제, 직업 소개, 인격 향상 등을 목적으로 한 조선인 단체가 만들어졌다. 1930년대에는 노동조합을 비롯해 학생 단체, 직능 단체, 예술 단체, 스포츠·취미 단체, 종교 단체 등 친목과 상호부조를 중심으로 하는 단체들도 만들어졌다. 이런 단체 활동을 통해 재일 조선인은 내부적으로 점차 결합을 강화해갔다.

재일 조선인이 생활 속에서 일본인과 부딪치는 문제 가운데 하나는 주택 임대에 따른 문제였다. 조선인 노동자가 주택을 험하게 사용하고 월세 체납, 이사 비용 요구 등의 불상사가 생긴다면서 일본인이 조선인에게 집을 빌려주지 않는 경향이 심해졌다. 주택을 임대하기가 어려워지자, 매립지, 물품 보관 구역 등 남의 땅에 무단으로 가건

| 함바의 유래

함바는 교통이 불편한 산간 오지의 토목공사장이나 광산 현장에서 급식과 휴게, 숙박 시설을 겸해 세워진 건물로, 일본 메이지 시기부터 광산·토목 사업장 등지에서 행해진 함바 제도의 산물이다. 일제의 식민지 지배를 받은 영향으로 오늘날에도 건설 현장 등지에서 '함바'라는 용어를 사용하는데, 이는 '현장 식당' 정도로 바꾸는 것이 좋겠다.

재일 조선인의 집단 거주지 우토로 마을의 함바

물을 지어 거주하는 조선인이 많아졌다. 전기나 수도를 설치하지 못했으므로 음료수를 구하기 위해 어려움을 겪었고, 전기를 몰래 끌어다 쓰는 경우도 많았다.

그래서 위생 문제로도 일본인과 종종 마찰을 빚었다. 일본인들 중 다수는 조선인이 불결하고 위생 관념이 없다고 생각했다. 그렇지만 전체적으로 보면 조선인 거주지가 일본인 거주지와 차단되어 있었기 때문에, 조선인과 일본인의 접촉이 빈번한 것은 아니었다.

혼혈 소년의 우울

재일 조선인 사회에서 태어난 아이들은 무엇을 경험하고 무엇을 느끼며 자랐을까? 만주의 윤동주와 마찬가지로 재일 조선인들의 경우에도 이민 2세, 3세로 내려가면 자신이 사는 지역이나 삶에 대한 감수성 면에서 부모 세대와는 차이가 나타났다. 일제 시기에 활동한 조선인 작가 장혁주의 글에 대표적인 사례가 잘 반영되어 있다.

1930년대 중반, 당시 도쿄 일대의 재일 조선인 거주지는 도심보다 외곽에 주로 분포했다. 조선인이 100명 이상 사는 밀집 지역이 수십 군

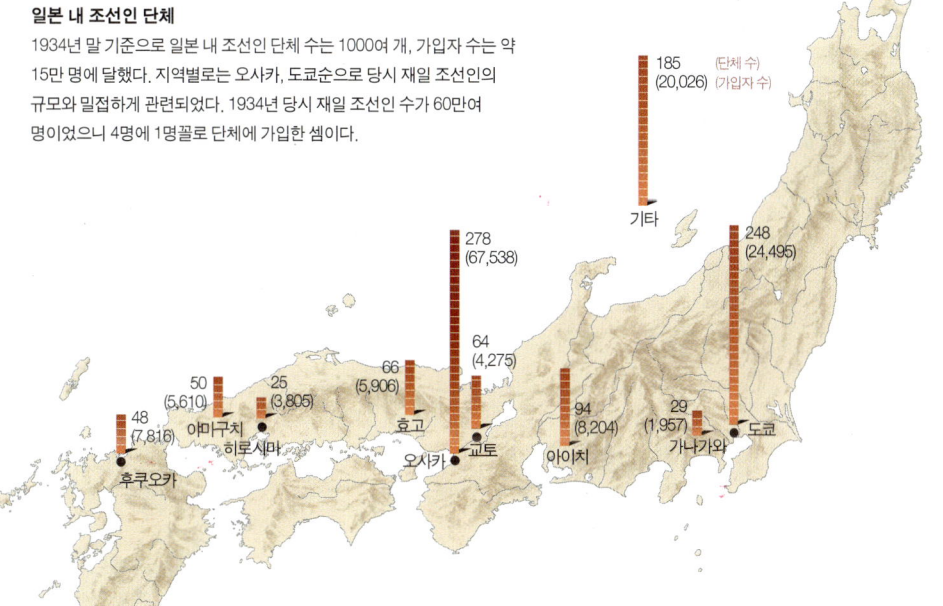

일본 내 조선인 단체
1934년 말 기준으로 일본 내 조선인 단체 수는 1000여 개, 가입자 수는 약 15만 명에 달했다. 지역별로는 오사카, 도쿄순으로 당시 재일 조선인의 규모와 밀접하게 관련되었다. 1934년 당시 재일 조선인 수가 60만여 명이었으니 4명에 1명꼴로 단체에 가입한 셈이다.

데였는데도 그곳에서 조선인의 비율이 전체 인구의 10퍼센트를 넘는 곳은 많지 않았다. 그때까지 잘 알려지지 않았던 재일 조선인 사회의 실상은 장혁주의 탐방과 취재를 계기로 기사화되었다.

1905년에 경상북도 대구에서 태어나 1930년대 초까지 조선에서 작품 활동을 한 장혁주는 본격적으로 일본 문단에서 활약하고자 1936년에 도쿄로 이주했는데, 그가 주목한 것이 재일 조선인 사회였다. 장혁주는 1937년 4월, 카메라맨과 함께 후카가와 등 도쿄 근처의 재일 조선인 마을을 한 곳씩 취재한 뒤, 『개조』 1937년 6월호에 「조선인 취락을 가다」라는 탐방 기사를 발표했다. 여기서 장혁주는 재일 조선인 취락의 열악한 환경과 시설, 비위생적 상태를 생생히 묘사했다.

그런데 이 기사에서 주목할 것은 동포에 대한 장혁주의 연민이나 안타까움보다, 재일 조선인의 혼성적인 문화와 귀속에 대한 그의 관심이다. 기사에는 조선인과 일본인이 섞여 살고 있던 어느 동네의 풍경이 묘사되어 있다. 조선인 어머니와 일본인 어머니들이 길에 서서 환담을 나누는데, 조선인 아이가 일본 아이와 똑같이 일본어로 사탕을 달라고 조르고, 아이 엄마는 일본어가 섞인 조선어로 대답한다. 부인들은 게다를 신었고, 저고리나 내의는 일본 천으로 만들었다.

복장에서 언어, 생활 감각까지 자연적으로 융화되어 있던 그곳의 모습은 장혁주에

| 소설 『우수인생』의 내용

소설 『우수인생』의 주인공은 조선인 아버지와 일본인 어머니 사이에서 태어난 혼혈 소년이다. 소년은 일본에서 태어나 자랐고 문화적으로는 다른 일본 아이들과 큰 차이가 없음에도 불구하고, 조선인의 아이로 차별받고 일본 사회에 편입되지 못한다. 소년에게 조선은 자신이 태어나고 자란 땅이 아니었기 때문에 귀속 의식을 가질 수 없는 곳이기도 했다.

소설의 결말에서 혼혈 소년은 부모님과 누이 동생과 사별하고, 예전에 유일하게 자신에게 잘 해주었던 일본인 선생님과도 만나지 못하게 된다. 혼혈 소년이 돌계단에 남아, 홀로 일어서는 마지막 장면은 순혈 사회의 주변부를 서성거려야 하는 혼혈의 숙명성과 그 존재를 형상화한다.

소설가 장혁주

게 깊은 인상을 주었다. 그는 이후 재일 조선인의 혼성적인 문화와 귀속 문제에 깊은 관심을 가지게 되었다. 이러한 경험을 토대로 그는 몇 달 뒤 『우수인생憂愁人生』을 발표했다. 이 소설에서는 당시 재일 조선인이 겪은 정체성의 혼란 문제를 생생하게 묘사했다.

『우수인생』은 현실적으로 조선에 귀속하지 못하고, 일상적인 차별에 의해 일본에 귀속될 수도 없는 재일 조선인의 곤란한 상황을 사실적으로 묘사한 작품이다. 또한 국권 상실기 이후 태어난 식민지 세대로서 조선어 작품이나 일본어 작품 모두에서 표현상의 불충분함을 지적받은 장혁주 자신의 고민이 투영된 작품이기도 하다.

세 얼굴의 만주국

● 만주국을 둘러싼 상반된 시선 ●

만주국은 1932년 3월 1일 중국 동북 지방에 수립되어 1945년 8월 18일 황제 푸이의 퇴위 선언과 함께 사라졌다. 수명이 13년 5개월에 지나지 않지만 만주국을 보는 시각은 다양하다.

한편에서는 만주국이 일본 혹은 관동군이 세운 괴뢰 국가이며, 푸이를 명목상의 통치자로 삼았으나 모든 실권은 일본의 군인·관리 등이 독점했다고 본다. 다른 한편에서는 만주국이 단순한 괴뢰 국가나 식민지 국가가 아니며, 만주국 건설은 서구의 제국주의 지배를 배제하고 아시아에 이상 국가를 건설하려는 시도였다고 본다. 제3의 시각은 기존의 두 입장이 만주국의 어느 한 측면만 강조했다고 비판하고 만주국을 전체적으로 파악하고자 한다. 이 견해에 따르면, 만주국의 초상을 그리스 신화에 나오는 괴물 키메라, 즉 머리는 사자, 몸뚱이는 양, 꼬리는 용인 괴물에 비유하는데, 여기서 사자는 관동군, 양은 일본의 천황제 국가, 용은 중국 황제 및 근대 중국을 상징한다.

만주국은 총면적이 대략 130만 제곱킬로미터로, 조선의 22만 제곱킬로미터, 타이완의 3만 6000제곱킬로미터를 포함한 당시 일본 제국의 총면적 68만 제곱킬로미터의 약 2배에 해당하는 광대한 지역이다. 이곳에는 한족, 만주족, 러시아인, 조선인, 일본인, 몽골인 들이 함께 거주했다. 국제도시 하얼빈에는 이들 말고도 유대인, 프랑스인, 독일인, 폴란드인, 우크라이나인, 타타르인 등 50여 민족, 45가지 언어가 혼재했다. 만주국의 국가 이념인 오족협화는 이러한 현실을 감안한 것이다. 1940년 만주국 센서스에 따르면 일본인은 82만 명이, 조선인은 145만 명이 거주했다.

일본인은 만주에 대해 두 가지 상반된 이미지를 가졌다. 1920년대 말 이후 농업공황으로 피폐한 일본 농촌에서 이민, 개척단 등으로 온 사람들은 관동군 사령부의 의도에 따라 만주국 북부나 동부에 정착했다. 소련 침공에 대처한 인간 방패 역할을 한 셈이었다. 정착지는 철도 연선에서 멀리 떨어진 곳이었고 마을 전체에 라디오가 한 대도 없는 등 문화생활과도 단절되었다.

반면, 다롄·신징·하얼빈 등 주요 도시에는 수입품, 일본 제품이 범람했다. 이곳에 사는 일본인에게 만주는 서양 문명을 흡수하는 창구이자, 일본 본토에서 실현할 수 없었던 정치·사회적 이상을 추구할 수 있는 광대하고 자유로운 공간이었다.

중국인은 만주국이 성립되면서 대부분 토지를 싼값에 매수당해 생활 기반을 빼앗겼다. 그 결과 이들은 소작인이 되거나 쿨리가 되어 생계를 이어가거나, 중국 본토로 이주해야 했다.

조선인에게도 만주국은 복잡한 의미를 가졌다. 개척 이민으로 많은 일본인이 오자 이전부터 논농사를 짓던 조선인은 농지를 팔고 소작인으로 전락하는 경우가 많았다. 조선총독부의 반강제적 정책 이민으로 많은 농민이 만주로 이주해야 했다. 이런 사람들에게 만주국은 억압적인 모습으로 다가왔다. 반면, 소수의 기업인, 관료, 군인, 학자, 문화인에게 만주는 기회의 땅이었다. 조선인은 일본인 다음으로 만주국의 중요 구성 분자가 되어 국방의 책무를 담당했으며, 황국신민으로서 전선에 동원되었다. 만주는 일제 앞잡이의 활동 무대이며 마약과 매춘의 온상으로 인식되기도 했다.

이러한 만주국의 존재는 제2차 세계대전 종전 후 동북아 3국에서 망각되어왔다. 그러나 만주국은 동아시아 현대사와 관계가 깊다. 일본에서는 기시 노부스케를 비롯해 태평양전쟁에서 활약한 일본 정부 내 막강한 인맥을 배출했는데, 이 집단이 1950년대 일본 보수 정치의 기둥이 되었다. 이들은 1960년대 한일 국교 정상화와 그 이후 양국의 유착에 커다란 영향력을 발휘했다.

중국에서 만주는 오랫동안 지속되어온 국민당·공산당 간의 내전에 종지부를 찍은 곳이며, 일본 패전 후에는 양측의 전투가 재개되어 중국 공산당이 승리한 곳이다.

만주국의 여러 경험은 해방 후 남북한에도 커다란 영향을 끼쳤다. 만주국은 박정희의 만주국 육군군관학교 재학 경험 등과 관련해, 국가 주도의 경제개발·경제 발전 모델의 바탕을 이룬 것으로 파악되기도 한다.

만주국 지도
1932년 중국 동북부 지역에 수립된 만주국은 총면적이 약 130만 제곱킬로미터로 광대한 공간에 자리 잡고 있었다

▲ 히로시마 원폭투하 장면　▶ 임시정부 주석 김구의 친필 서명 태극기

민족말살과
벼랑 끝의
일본

1937 • 1945

해방의 아침이 오기까지 어둠은 너무 짙었다. 일제의 무력 도발은 아시아를 넘어 미국으로 확대되었다. 조선은 전쟁 수행을 떠받치는 후방 기지로 수단화되었고, 말살 위기에 처한 것은 민족정신뿐 아니라 민족 그 자체로 확대되었다. 조선의 이름과 정신을 일본식으로 바꿔야 했고, 물자와 돈, 피와 정조를 전쟁터에 바쳐야 했다. 세계대전의 종결과 함께 해방은 도둑처럼 왔다. 암흑기를 살아낸 지도자와 인민들은 국가 건설의 과제와 마주하게 되었다.

대동아공영이라는 원대한 허상

| 전쟁의 광기와 민족말살정책

　러일전쟁과 중일전쟁에 이어 전쟁의 시대가 오고야 말았다. 몰락을 향해 치닫던 일본의 무력 도발은 아시아를 넘어 미국까지 확대되었다. 조선은 일본의 병참기지가 되어 유례없는 강탈과 억압의 시기를 보내야 했다.

　제8대 조선총독으로 내정된 미나미 지로는 조선 통치의 두 가지 목표를 정했다. 하나는 일본 천황이 조선을 방문할 수 있도록 하는 것이며, 다른 하나는 조선에서 징병제를 실시하는 것이었다. 두 가지 모두 조선인을 완전히 일본인으로 만들지 않고는 실현 불가능한 것이었다. 미나미 총독은 조선인과 일본인은 몸도 마음도 일체가 되어야 한다는 내선일체를 통치 방침으로 내세웠다. 자신들의 제국주의 침략 전쟁터에서 조선의 젊은이들이 '천황 폐하 만세'를 부르며 초개와 같이 죽어가기를 원하는 망상이 민족말살을 강요했다.

중국 침략과 전선의 확대

1937년 7월 7일 밤, 중국 베이징 교외 루거우차오盧溝橋 근처에서 훈련 중이던 일본군이 총격을 받았고, 병사 한 명이 행방불명되었다. 밤 11시께 병사는 돌아왔다. 그러나 다음 날 아침 일본군은 중국군을 공격했다. 일본은 루거우차오에서의 총격을 핑계로 중국과 전면전에 돌입했다. 중일전쟁의 시작이었다. 일본군은 베이징과 난징을 점령했고, 난징에서 대학살을 자행했다.

일본 정부는 중국 국민당 내부의 분열을 이용해 친일파 정부를 수립하려고 했다. 그리고 동아시아 신질서라는 명분을 내세우며 전쟁을 정당화했다. 일본이 동아시아 신질서를 강조하자, 국제사회에서 협조 관계를 유지하던 영국과 미국이 반발했다. 이에 일본은 영·미 중심의 국제 질서에 대항 세력으로 등장한 독일, 이탈리아와의 동맹을 추진했다.

1939년 9월, 독일의 폴란드 침공과 영국과 프랑스의 대독 선전포고로 제2차 세계대전이 시작되었다. 1940년에 등장한 2차 고노에 내각은 대동아공영권大東亞共榮圈을 주창했다. 대동아공영권이란 일본을 중심으로 만주국, 중국을 강고하게 결합해 대동아의 신질서를 건설한다는 것을 뜻한다. 유럽 전선에서는 독일이 우세를 보였고, 일본은

난징대학살
중일전쟁을 도발한 일본군은 난징을 포위하고 1937년 12월부터 1938년 1월까지 중국인 포로와 민간인 약 30만 명을 무차별 사격, 생매장, 강간, 약탈, 방화 등의 방법으로 학살했다. 중국인에게 공포심을 심어주려는 의도로 저지른 일본군의 만행은 중국인의 항일 투쟁을 강화하는 계기가 되었다.

독일, 이탈리아와 동맹을 체결하고 전쟁 지역을 동남아시아로 확대했다. 같은 시기, 일본 국내에서는 모든 정당이 해산되었고, 그 대신 대정익찬회라는 단체가 결성되었다. 대정익찬회 결성은 나치와 같은 일국일당을 목표로 한 신당 운동의 성격이 짙었지만, 실제로는 국민 동원을 위한 행정 보조기관이었다. 또한 산업보국회와 상업보국회 같은 관제 국민운동 단체도 국민 동원의 일부를 담당했다.

  1941년 7월, 일본군은 프랑스 식민지였던 베트남의 수도를 점령했다. 이어 네덜란드가 지배하던 동인도제도를 공격했다. 정보를 입수한 미국은 엄중히 경고했지만, 일본은 듣지 않았다. 그러자 미국은 미국 내의 모든 일본 자산을 동결하고, 일본에 대한 석유 수출을 금지했다. 일본 정부가 미국과 협상하려는 자세를 취하자, 일본 내 강경파가 들고일어났다. 강경파는 온건파를 축출하고 대미 강경론자인 도조 히데키를 총리로 내세웠다. 미국과 전쟁도 불사하겠다는 뜻이었다.

무모한 침략 전쟁, 태평양전쟁의 발발

1941년 12월 7일 일요일 아침, 일본은 하와이의 진주만을 기습 공격했다. 일본 해군의 항공모함 6척에서 발진한 비행기 350대가 진주만을 기습 공격해, 미군은 큰 타격

태평양전쟁

을 입었다. 그보다 약 1시간 전에 일본군은 말레이반도 코타바루에서 상륙작전을 개시했다. 이 두 기습 작전이 이루어진 날 정오에 일본 천황의 선전포고문이 방송되었다. 태평양전쟁이 시작된 것이다.

태평양전쟁의 발발과 함께 대동아공영권이라는 용어가 등장했다. 일본의 속셈은 유럽이 전쟁에 휩싸이면서 영국, 프랑스, 네덜란드 등의 식민지인 동남아시아에 힘의 공백 지대가 생기자 이곳을 점령해 자원을 확보하려는 것이었다. 대동아공영권의 범위는 몽골, 필리핀, 인도차이나, 태국, 미얀마, 싱가포르, 인도, 오스트레일리아, 뉴질랜드, 남태평양으로까지 확장되었다.

태평양전쟁 초기, 일본은 대동아공영권이라는 환상에 도취될 만큼 한동안 승승장구했다. 하와이 진주만 공습 4시간 뒤에 일본군은 필리핀을 비롯해 곳곳에서 공습을 시작했다. 개전 후 보름도 못 되어 괌, 웨이크, 홍콩 등이 일본군의 수중에 떨어졌다. 개전 2개월여 후인 1942년 2월, 일본군이 싱가포르를 점령함으로써 환상은 최고조에 다다랐다. 일본은 싱가포르 함락 기념으로 조선의 국민학교 학생들에게 고무지우개와 운동화를 배급하기도 했다.

그러나 일본군은 1942년 6월, 2박 3일간 벌어진 미드웨이해전에서 대패했다. 일본 해군은 이 해전에서 정규 항공모함 6척 중 4척, 비행기 322대를 잃었다. 반면, 미국의

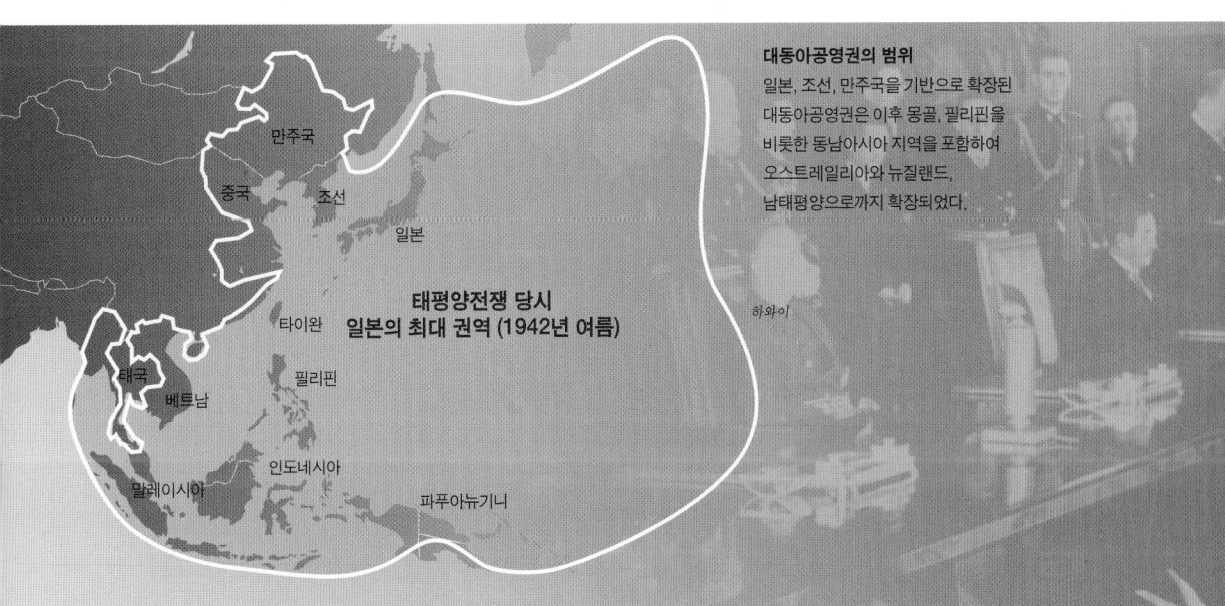

대동아공영권의 범위
일본, 조선, 만주국을 기반으로 확장된 대동아공영권은 이후 몽골, 필리핀을 비롯한 동남아시아 지역을 포함하여 오스트레일리아와 뉴질랜드, 남태평양으로까지 확장되었다.

비행기 손실은 150대에 그쳤다. 1942년 8월, 미국 해병대의 과달카날 섬 상륙을 시작으로 미국의 대반격이 시작되었다. 과달카날은 오스트레일리아의 동북쪽 솔로몬제도의 최남단에 있는 섬이다. 대동아공영권의 환상에 사로잡혔던 일본의 꿈이 깨지고 몰락이 시작되었다. 1944년, 마리아나만 해전의 패배로 일본 본토에 대한 공습이 가능하게 되면서 전쟁은 막바지에 이르렀다. 일본은 조선과 대만에서 징병제를 실시해 식민지 청년들을 전쟁에 동원했다. 또한 노동자, 군속, 일본군위안부 등의 형태로 조선, 대만, 중국, 나아가 동아시아의 여러 지역 사람들을 전쟁에 동원했다.

마침내 미국은 1945년 8월 6일에 히로시마, 8월 9일에 나가사키에 원자폭탄을 투하했다. 8월 9일에는 소련이 일본에 선전포고를 한 후 공격을 개시했다. 8월 15일, 천황이 연합국에 항복을 선언함으로써 전쟁은 끝이 났다. 일본 천황은 항복 방송에서 자신들이 일으킨 침략 전쟁 때문에 발생한 아시아 여러 나라의 피해와 희생자에 대해서 언급하지 않았다. 이러한 태도는 아시아에서 행한 일본의 가해 사실에 대한 망각과 은폐로 이어졌다. 그 대신 서구 열강으로부터 아시아를 해방시키려 했다는 대의명분과 전쟁 때문에 벌어진 생활난, 공습, 오키나와 전투의 피해, 원폭 투하 등에 수반된 피해만 강조했다. 일본은 자신들이 저지른 가학 행위는 망각하고 자신들이 당한 피해만 강조하느라 침략 전쟁의 역사를 청산하지 못하고 있다.

폭격당한 히로시마의 참상

조선인의 민족의식을 없애기 시작하다

한편 중일전쟁 이후 일본은 조선인을 일본인으로 만들기 위해 소위 황국신민화 정책에 광분했다. 황국신민화는 갑자기 등장한 정책은 아니었다. 동화주의가, 식민지민의 전쟁 동원이라는 필요에 맞춰 조선인과 일본인은 하나라는 내선일체의 논리로 변형되어 나타난 것이다.

황국신민화 정책의 직접적인 배경은 조선인을 전장으로 내몰았을 경우 조선인이 무기를 어느 쪽으로 향할 것인가라는 우려 때문이었다. 1938년, 일본은 조선육군특별지원병령을 공포하고 조선 청년들을 군인으로 동원하기 시작했다. 그러나 지원병 응모자의 대다수는 일본어를 하지 못했고, 일본을 위해 전장에 나가 죽겠다는 마음이 전혀 없었다. 훈련을 통해 조선 청년들을 군인으로 만들 수는 있었지만, 그들이 총구를 일본으로 돌릴지도 모르는 불상사까지 막을 수는 없었다. 상황이 이렇다 보니 일본은 조선인을 언어, 풍속, 관념 심지어 식생활의 기호까지도 일본인처럼 만들어야 한다는 강박에 빠져들었다. 조선인을 천황을 위해 전장에서 싸우다 죽을 수 있게 만들기 위해서는 무엇보다도 조선인의 고유한 민족성을 없애야 한다고 판단한 일본은 유례 없는 민족말살정책을 강행했다.

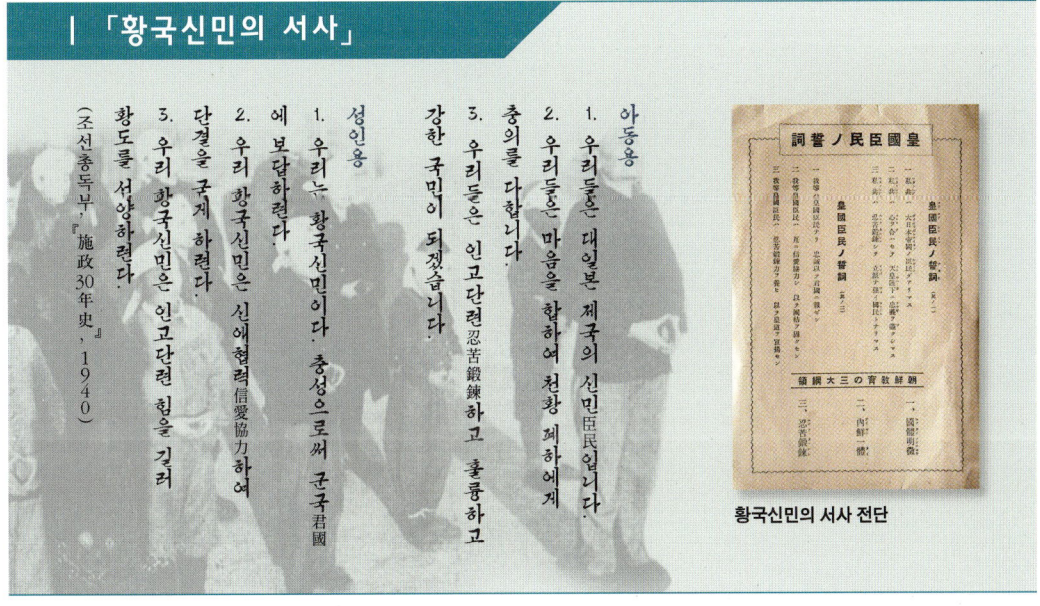

| 「황국신민의 서사」

아동용
1. 우리들은 대일본 제국의 신민(臣民)입니다.
2. 우리들은 마음을 합하여 천황 폐하에게 충의를 다합니다.
3. 우리들은 인고단련(忍苦鍛鍊)하고 훌륭하고 강한 국민이 되겠습니다.

성인용
1. 우리는 황국신민이다. 충성으로써 군국(君國)에 보답하련다.
2. 우리 황국신민은 신애협력(信愛協力)하여 단결을 굳게 하련다.
3. 우리 황국신민은 인고단련 힘을 길러 황도를 선양하련다.

(조선총독부, 『施政30年史』, 1940)

황국신민의 서사 전단

1937년 10월에 「황국신민의 서사」가 제정되었다. 이 충성 맹세는 성인용과 아동용, 두 가지로 만들어졌는데, 모든 학교에서 수업 시작 전에 암송하면서 천황이 살고 있는 동쪽을 향해 참배토록 했다. 이 서사는 학교를 비롯해 각 관공서, 은행, 회사, 공장, 상점 등 모든 직장에서 조례 시간 때뿐만 아니라 모든 회합 때 반드시 제창하도록 했다. 또한 조선의 모든 중학교에서 조선어 교육을 폐지한 데 이어 소학교에서도 조선어 교육을 중지하고, 일본어 사용을 의무화했다. 일본 말을 잘하는 학생에게는 벚꽃 문양의 휘장까지 달아주고 꿈도 일본 말로 꿔야 한다고 가르쳤다.

1939년에는 창씨개명령이 공포되었다. 조선식 이름을 버리고 새로 일본식 이름을 가지라는 강제 조치였다. 창씨개명 이전, 일본은 조선인들이 일본인으로 혼동하기 쉬운 이름으로 바꾸는 것을 금지했다. 식민지 지배 질서를 유지하기 편하게 지배자와 피지배자를 구별하기 위해서였다. 그랬던 일본이 조선인에게 일본인과 같은 이름을 갖도록 강요한 것이다. 창씨를 한 호수는 약 330만 호로 전체의 80.3퍼센트로 조사되었다. 그러나 새로운 씨를 제출하지 않을 때에는 호주의 성을 씨로 한다는 조항에 따라 원래의 성을 씨로 삼았기 때문에 결과적으로 100퍼센트 창씨가 완료된 셈이었다.

창씨를 자발적으로 하지 않은 사람에게는 불이익을 주었다. 자녀의 입학과 진학을 막는 건 물론이고, 총독부 관계 기관에서는 직원 채용 자격을 박탈했다. 또한 식량과

| 궁성요배

궁성요배는 아침 일찍 일어나 몸을 깨끗이 한 다음 다 같이 천황의 궁성을 향해 절하며 감사하는 마음을 바치도록 강요한 의식이다. 요배는 해가 떠오르는 시각에 하도록 권장했는데, 아침 일찍 일어나는 것은 태양이 비치는 동안 힘써 일하라는 신의 뜻을 지키기 위해서였다. 궁성요배나 신사참배는 모두 살아 있는 신인 현재의 천황의 은혜에 보답하고, 감사하는 마음을 일상적으로 가지기 위한 것이었다. 또 천황에게 감사하고 천황의 뜻에 따라 살아가겠다는 다짐을 표현하는 것이었다.

궁성요배 전단

물자 보급 대상에서 제외하는가 하면, 멀쩡하게 일하는 사람을 파면하고 비국민으로 몰아 사찰과 미행을 하고, 노무 징용 우선 대상자로 분류했다. 학교에서는 창씨하지 않은 학생의 머리에 먹으로 'X자'를 표시해서 돌려보냈다.

황국신민화 정책은 국민총력조선연맹과 같은 조직을 동원해 실행했다. 국민총력조선연맹은 행정 단위마다 계통적으로 설치된 관제 조직이었다. 친일 인사들은 우리가 살 길은 완전한 일본인이 되는 길뿐이며, 그렇게 해야만 일본인들로부터 차별받지 않을 것이라고 선전했다. 그러나 그들 자신은 차별받지 않았을지 모르지만, 조선인에 대한 차별과 학대는 결코 줄어들지 않았다.

조선의 모든 것을 전쟁터로 내몰다

전선이 확대되고 전쟁이 장기화되면서 식민지 조선은 대륙 침략 전쟁의 후방 기지 역할을 했다. 조선 북부 지역은 군수공장에서 군수품을 생산해 전선에 공급하는 보급 기지로 이용되었다. 조선의 사람, 돈, 자원이 모두 일제 침략 전쟁에 동원되었다.

조선총독부는 부족한 식량을 확보하기 위해 중단되었던 산미 증식 계획을 다시 추진했다. 또한 식량 소비를 줄이기 위해 하루 한 끼 죽을 먹는 이른바 죽 먹기 운동 같은

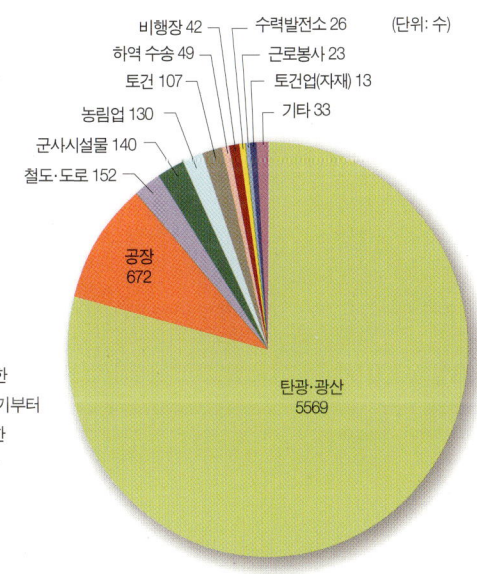

한반도 내 업종별 일본 기업 작업장
1937년 중일전쟁을 도발한 일본은 식민지 조선을 전쟁에 필요한 군수물자와 식량을 공급하는 전쟁 후방 기지로 만들었다. 이 시기부터 해방 전까지 일본 기업의 작업장도 원료인 지하자원을 캐기 위한 탄광·광산, 군수공장, 물자를 수송하기 위한 철도·도로, 식량을 생산하기 위한 농림업에 집중되었다.

전쟁과 광고

전쟁이 일상화되면서 전시 총동원 체제를 소재로 하는 광고가 늘어났다. 군인, 전투 장면, 전투기와 탱크 등 전쟁 이미지가 광고에 등장했다. 또한 전시체제하에서 전쟁 상황은 광고의 문구에도 반영되었다. "식욕, 소화, 변통便痛 중 어느 하나가 무너져도 건강은 총퇴각할 수밖에 없으니, 내일로 미루지 말고 오늘부터 에비오스정으로 위장의 보강 공작을 시작하라"는 위장약 광고나, "장기적인 건설에 나서는 국민 체위 개선에 가장 효과적이고 산업 전사의 피로 회복과 영양 보강에 적합한 국책 영양의 필수 항목인 메가네 간유"라는 영양제 광고에서 보듯이, 일상생활에서도 과학적인 상품인 의약품이 전쟁과 연결되어 유포되었다.

학생복 광고
일본호 비행기를 배경으로 국방 학생복을 선전한, 군국주의적 시대상을 보여주는 광고이다.

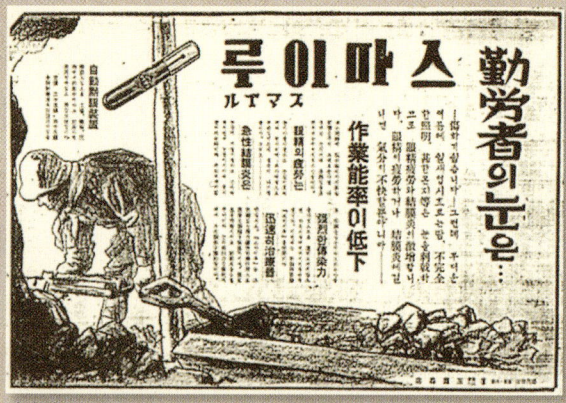

안약 광고
노동자의 눈은 '스마이루(스마일)' 안약이 지킨다는 선전 문구로, 작업 능률을 향상시키려는 광고이다.

아지노모도 광고

모리나가 캐러멜 광고

관제 운동을 대대적으로 펼쳤다. 농민들에게는 식량을 자유롭게 판매하지 못하도록 했으며, 학생들에게는 쌀 대용식으로 감자와 고구마를 보급했다.

1940년부터 쌀 공출제도가 실시되었다. 공출은 농가에서 생산한 농산물을 일제가 지정한 가격으로 사들이는 것이었다. 공출 대상은 대부분의 농산물로 확대되었고, 농가의 식량 문제를 고려하지 않은 채 공출 수량을 강제로 할당했다. 1942년부터 3년 동안 지독한 흉년이 지속되었다. 그러나 일제는 1942년에는 쌀 생산량의 약 55퍼센트를, 1943년에는 쌀 생산량의 약 68퍼센트인 1264만 섬을 공출했다. 1944년에는 약 75퍼센트의 쌀을 공출해 갔다.

전쟁 비용 조달을 위해 농민의 공판 대금은 물론 봉급과 같이 정기성을 띤 모든 소득을 강제로 저축하게 했다. 그 결과 1944년 당시 조선 전체의 저축액은 중일전쟁이 일어난 1937년에 비해 100배 이상 늘어났다. 강제로 저축시킨 돈은 군수 업체의 유가증권 매입이나 전쟁 물자 구입에 사용되었다. 농민이나 노동자에게 할당된 강제저축액은 이들의 소득수준에 비하면 엄청난 부담이었다. 이를 감당하기 위해 영농 지출비와 생활비를 최소화할 수밖에 없었기 때문에 생활수준은 급격히 떨어졌다.

식량과 돈만 공출한 것이 아니었다. 각종 쇠붙이도 공출 대상이었다. 1941년부터 금속류 회수령이 발동되었다. 이때부터 각 가정의 놋그릇, 사찰의 종과 불구佛具, 동상,

금속류 회수령과 공출식
일제는 전쟁 무기를 만들기 위해 각 가정의 놋그릇까지 공출해 갔다. 그 대신 나누어준 사기그릇에도 칼을 거머쥔 일본군의 모습이 그려져 있다.

교량의 난간, 철도 레일을 걷어갔다.

가장 악독한 건 노동력 동원이었다. 노동력 동원은 모집-알선-징용이라는 3단계로 전개되었다. 처음에는 월급도 많고 기술도 배울 수 있는 좋은 일자리가 있다는 말로 노동자를 끌어모았다. 모집을 통한 노동력 동원이었다. 1938년부터는 일본은 조선인 노동자를 연해주 앞바다에 있는 사할린 섬에 투입하기 시작했다. 알선이라는 이름의 노동력 동원은 1939년에 시작되었으며, 행정기관의 체계적인 개입을 통해 진행되었다. 마지막 단계가 강제징용이었다. 노동력 동원에서 가장 악랄했던 것은 젊은 여성들을 군대의 성노리개로 전락시킨 군위안부였다.

동원할 인원을 정하고, 각 지방에 명령을 내려 대상을 선정하고, 이들을 수송하는 일 모두를 조선총독부와 조선군 사령부가 담당했다. 동원된 조선인들은 한반도는 물론 사할린을 포함한 일본과 남양군도, 중국, 동남아시아의 광산, 수력발전소 건설 공사장, 교량 건설 사업장, 비행장 건설 공사장에서 일했다. 이들은 사실상 임금을 받지 못했다. 우편 저축, 은행 적금, 채권 매입 등 각종 명분으로 임금을 차압당한 채 노동력을 착취당했다.

태평양전쟁을 일으킨 직후 일본은 1944년부터 조선에서 징병제를 실시한다고 발표했다. 전선이 확대되자 그만큼 군인이 많이 필요해졌고, 조선 청년들의 동원이 절실해

황국의 아들은 전선에 나서라
일본은 중일전쟁 이후 조선 청년들을 제국주의 전쟁터로 끌고 가기 시작했다. 1944년 조선에도 징병제가 실시되면서 조선 청년은 모두 법적으로 일본 군인이 되어야 했다. 당시 상황을 보여주는 잡지 『아동연감』(왼쪽)과 육군소년병 모집 포스터(오른쪽)이다.

졌기 때문이었다. 친일 인사들은 징병제가 식민지민의 차별을 없앨 수 있는 좋은 기회이며, 조선인도 이제 일본인과 똑같은 권리와 의무를 가진 황국신민이 되었다고 선전했다. 그러나 조선인은 언제나 권리는 유보된 채 의무만을 수행하는 이등 신민일 뿐이었다. 1944년에 징병제가 실시된 후 약 20만 명의 조선 청년이 일본의 육해군 현역병으로 징집되어 꽃다운 청춘을 희생당했다.

가문을 지켜라
● 창씨개명과 조선인의 궁여지책 ●

총독 미나미 지로는 다음과 같이 말했다.
"조선인에게는 혈족 단체의 명칭으로 이李나 박朴과 같은 성은 있지만, 일본에서 사용되는 이에家의 칭호인 씨라는 것이 없다. 그리해 일가 안에서 남편과 아내가 각각 다른 성을 사용하는 등 우리 나라일본의 풍습과 일치하지 않는 바가 있다. 그래서 반도인으로 하여금 이러한 혈통 중심주의에서 탈각해 국가 중심의 관념을 배양하고 천황을 중심으로 하는 국체國體의 본의本義에 철저하도록 하기 위해서 금년 황기皇紀 2600년1940의 기원절을 계기로 씨를 짓는 것을 허용하게 됐다."

창씨개명은 씨를 새로 만드는 것創氏과 이름을 바꾸는 것改名을 합친 말이다. 중요한 것은 종래 조선의 관습에 없었던 씨家의 칭호를 새로 만드는 것이었다. 한국인의 이름은 본관本貫 성姓 명名 세 요소로 구성되어 있다. 본관이란 어떤 종족집단씨족의 시조의 출신지로 알려진 지명을 가리킨다. 창씨는 씨의 신고 여부와 관계가 없는 법적 강제였다. 신고를 하지 않을 경우에는 당사자의 의사와는 무관하게 호주의 성을 씨로 했다. 그래서 지금까지 호주와 다른 성으로 등록되어 있던 아내와 어머니도 같은 씨를 갖게 되었다.

일본은 남성 혈통에 기초한 종족 집단을 식민지 지배에 어울리지 않는 것으로 생각했

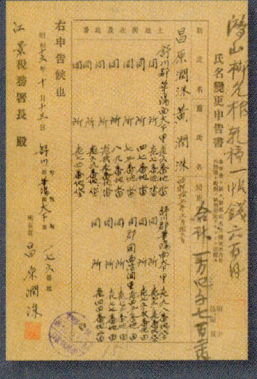

씨명(氏名) 변경 신고서
황윤수(黃潤洙)가 창원윤수(昌原潤洙)로 변경되었다.

다. 왜냐하면 천황을 종가宗家로 해 그 아래에 신민들의 각 가家가 분가分家로 존재한다는 관념을 갖고 있던 일본의 국가 사회체제와 달리, 조선 사회에 강고한 종족 집단이 존재한다는 것은 천황의 이름에 의한 식민지 지배 체제를 불안정하게 할 수도 있다고 인식했기 때문이다.

그런데 조선인의 이름을 일본인과 같게 한다면 조선인과 일본인을 구별할 수 없게 되어 곤란했다. 그래서 일본에 있는 씨를 그대로 사용하는 것을 억제하고 새로운 씨를 짓도록 유도했다. 연고가 있는 지명을 따서 씨를 짓는 방법과 성 또는 본관을 따서 씨를 짓는 방법을 장려했다. 그러다 점차 성·본관에서 유래하는 씨를 짓도록 장려했다. 이에 따라 가네모토金本, 가네다金田, 료야마梁山, 히라야마平山 등 성 또는 본관 등에서 연유하는 조선적인 씨가 만들어졌다.

많은 조선인이 "아무리 당국의 정책이라 해

 윤치호(尹致昊) 이토 치코(伊東致昊)
 김활란(金活蘭) 아마기 가쓰란(天城活蘭)
 주요한(朱曜翰) 마쓰무라 고이치(松村紘一)
 이광수(李光洙) 가야마 미쓰로(香山光郎)

도, 우리 반도민半島民이 선조로부터 물려받은 성을 바꾸어 쉽게 창씨를 할 수 있는 것이 아니다. 이에 반대하면 비국민 취급을 받을까 우려해 본의 아니게 찬의를 표하는 것이다"라는 입장이었다. 대개의 경우 문중 회의에서 결정한 씨를 자기 집의 씨로 삼았다. 문중 회의의 결정은 거의 성에 한 자를 더해 씨를 짓거나, 본관에서 유래하는 씨를 짓거나 둘 중의 하나였다. 이는 종족 집단이 집단으로서 통합성을 유지하기 위해 선택한 생존 전략이었다.

강원도 평창平昌 이씨 집안에서는 본관에서 평平 자를 따고 중시조가 입향한 이래 수백 년간 살아온 평안북도 초산군 강면江面에서 강江 자를 따서 평강平江으로 창씨를 했다. '히라에平江'씨가 되었지만 그 안에는 그들이 지키고자 하는 가문의 근본이 담겨 있었다. 어떤 경우에는 단순히 성의 한자를 풀어서 사용하기도 했다. 이李를 기노코木子라고 바꾸는 식이었다. 일본이 창씨개명을 강요하자 조선인들은 어떻게 해서든 자신의 뿌리를 지키기 위해 묘안을 짜냈다.

1946년 10월, 조선성명복구령이 공포되었다. 일본식 씨명으로 변경된 조선식 성명을 회복하기 위한 법이었다. 이로서 창씨와 개명은 법적으로 모두 무효가 되었고 한국인은 원래의 이름을 되찾았다.

창씨개명을 하기 위해 줄을 선 경성 주민
일제는 창씨개명을 하지 않으면 배급도 주지 않았고, 기차표도 팔지 않았다.

2 일상에 스며든 황민화의 압력

| 내선일체 정책과 총후의 삶

일본군 부대장이 학급의 담임교사로 주둔하던 그 시절, 학생들에게 명찰 10장을 주고 조선말을 할 때마다 한 장씩 빼앗아가는 제도를 시행했다. 학생들은 10장을 다 뺏기면 학부형을 모셔 와야 했고, 두 번 불려 가면 정학을 당했다. 어린 학생이 집으로 돌아가 어머니께 조선말 썼다고 학교에 같이 가야 한다고 하면 어머니는 "야, 그놈의 학교 다니지 마라"라고 호통을 쳤다. 제3차 교육령 개정으로 학교에서 조선어 교육이 폐지된 까닭에 벌어진 일이었다.

1942년에는 일상생활에서 국어상용 즉 전면적인 일본어 쓰기 운동을 본격적으로 전개했다. 관공서를 비롯한 공공기관에서 일본어만을 사용하도록 했다. 조선어로는 서류를 접수할 수 없기 때문에 일본어를 모르는 사람은 일본어를 하는 사람과 함께 가야 일을 볼 수 있었다. 이로써 일본은 단순한 복종을 넘어, 황국신민으로서의 일상생활을 강요했다.

황국신민으로 거듭나다

전시체제하에서 민중의 일상생활은 '총후銃後', 다시 말해 전쟁을 지원하는 후방의 삶으로 정의되었으며 그것을 위해 재편되었다. 일본은 총독부로부터 일개 마을까지를 전부 포괄하는 전시 총동원 기구를 만들어 전쟁 수행을 위한 인적·물적 자원의 동원에 활용했고, 황민화 이데올로기의 강제와 식량 배급 등을 실시했다. 국민정신총동원 조선연맹1940년 이후에는 국민총력조선연맹은 조선 전체를 도-부군도-읍면-정동리부락-애국반이라는 일원적인 조직망으로 편성했다. 부락 연맹은 총독부의 주도 아래 행정 체계와 일원화된 민간 기구인 국민총력조선연맹의 최하부 조직이었고, 그 통제 아래 10개 호를 하나로 묶어 애국반을 조직했다.

애국반은 전쟁 시기에 조선 사회를 운영하는 말단 기초 조직이었다. 이러한 조직이 필요했던 이유는 행정기관이나 학교, 사회단체 등 공식적인 조직의 영향력 밖에 있는 가정주부와 일반 주민들도 모두 설득과 동원의 대상에 포함시켜야 했기 때문이었다. 일본은 애국반을 매개로 모든 조선인에게 황국신민 의식을 주입했고, 천황에 대한 멸사봉공과 진충보국 의식으로 무장된 국민의 자세를 강요했다. 그것을 위해 애국반의 활동을 중심으로 개별 가정의 생활을 조직하고 규율해, 생활 속의 실천 운동을 강요

국민정신총동원 포스터
일제는 전시 총동원 기구를 만들어 전쟁 수행을 위한 인적·물적 자원의 동원에 활용했다. 오른쪽은 일본 효고현에서 발행한 포스터로, 식민지의 조선인도 예외 없이 국민정신총동원의 대상이 되었다.

했다.

총력전 체제를 구축하려 했지만 총독부의 의도대로 모든 것이 일거에 조직화되지는 않았다. 당국의 권고에도 불구하고 도시 여성들은 여전히 파마를 하고 예전과 다름없이 소비생활을 했으며, 요리점과 술집의 흥청거림도 여전했다. 적어도 1940년대 초까지는 애국반 활동에 대한 참여 동기가 미약했다. 정기적으로 개최하는 애국반상회나 애국반의 날 행사에서 매번 실행하는 국기 게양, 기미가요 합창, 궁성요배, 조서詔書 봉독과 같은 낯선 의례, 반강제적인 부역과 동원에 대한 불만, 여성들이 중심을 이루는 모임에 대한 남성들의 거부감 등이 쉽게 해소되지 않았기 때문이다.

전선이 확대되자 징병제 실시를 앞둔 일본은 장차 황군이 될 청소년층의 훈육과 더불어 그들의 어머니인 주부와 일반 주민에 대한 사상 교육을 중시했다. 그 결과 모든 조선인에 대한 황국신민 만들기가 본격화되었다. 직접적인 교육과 교화를 지속하는 한편으로 조선인의 일상생활에 천황을 전면에 내세운 상징적 의례를 체계적으로 침투시켰다.

1937년 11월부터는 매달 1일을 애국일로 정해, 정해진 의례에 맞추어 일제히 행사를 진행하도록 했다. 1942년 이후에는 천황이 대미 선전포고를 한 날을 기념해 결전 의지를 더욱 강화하기 위해 매월 8일을 대조봉대일大詔奉戴日로 정하고, 이날 애국일

조선신궁 참배
일제가 남산에 20만 평 부지를 확보해 짓기 시작한 조선신궁은 1925년에 완공되었다. 조선인은 남대문에서 조선신궁까지 이어지는 참도를 걸어 들어가, 일본 천황가의 조상신이자 일본 개국 신화의 시조인 아마테라스 오미카미와 메이지 천황을 참배했다. 정신적·종교적 지배의 터전이었던 이 자리에 지금은 안중근 의사 기념관 등이 들어서 있다.

행사를 진행하도록 바꾸었다. 애국일 행사는 모든 지역에서 라디오 방송을 이용해 동시에 진행할 수 있도록 분 단위까지 세밀하게 표준화했다. 도시에서는 정회별로 산하의 애국반이 한 장소에 모여 행사를 개최했다. 애국반원들은 반별로 깃발을 앞세우고 집결했고, 행사 시작 전에 체조를 한 후 질서 정연하게 대기했다. 30분가량의 행사가 끝난 뒤에 보통 2시간 정도 근로봉사가 이어졌다.

애국일 행사와 더불어 매월 7일1942년부터 10일로 변경에 열리는 애국반상회에도 모든 주민이 참가해야 했다. 반상회가 열리기 직전에는 정동 차원에서 상급 회의를 개최해 미리 준비를 했다. 반상회에서도 궁성요배, 묵도, 「황국신민의 서사」 암송 같은 의례를 정해진 순서에 따라 행했으며, 회의는 대략 2시간에 걸쳐 진행했다. 반상회에는 반드시 세대주가 출석해야 했기 때문에 일과를 마친 저녁 시간에 시작했다.

이러한 애국반 활동은 주민들에게 적지 않은 부담을 주었다. 그래서 참석을 기피하는 현상이 많아, 애국반장의 출석 독촉 또한 끊이지 않았다. 그러나 1940년대에 접어들어 애국반이 생활필수품 배급을 담당하면서 애국반장들은 반원들을 통제할 수 있는 권력을 갖게 되었다. 생필품을 구매하기 위해서는 반장의 도장을 꼭 받아야만 했기 때문에, 반장은 이것을 애국일 행사와 반상회 참여를 종용하는 수단으로 활용했다. 도시의 주민들은 애국반 활동에 참가하지 않고서는 일상생활을 영위하기 어려운 상황

정오의 묵도

정오 묵도는 원래 1940년 8월 17일 경성의 정동연맹이 '오전 6시에 기상, 정오의 묵도, 파마 금지, 상점가의 9시 폐점'을 결의한 것에서 비롯했는데, 같은 해 11월 27일부터 전국적으로 실시했다. 정오 사이렌이 울리면 모든 보행자나 자전거가 정지해 사이렌 소리가 끝날 때까지 1분1942년 7월부터는 30초로 단축 동안 출정 황군의 무운장구와 전몰장병의 영령에 감사하는 마음을 바쳤다. 도심에서 한낮에 모든 사람이 함께 묵도를 한다는 것은 황국신민으로서의 자각을 내면화하는 한편 그것을 공공연하게 증명하는 행위이기도 했다.

거리에서 묵도하는 사람들

에 놓였으며, 그것은 애국반에 대한 높은 출석률로 나타났다.

각종 의례를 강제하는 것과 동시에 전시 국민으로서 따라야 할 비상시 국민 생활개선안도 발표했다. 사회 풍조 개선, 신체 단련, 의식주의 개선이 주요 항목이었다. 소비 절약과 의례의 간소화, 황국신민으로서의 정체성 강화가 주된 목표였다. 구체적으로 살펴보면, 사회 풍조 개선에는 국가적 의례에 적극 참여, 장발이나 파마머리 금지, 화려한 화장과 사치품 금지, 관혼상제의 간소화, 유흥가의 자숙과 상점 영업시간 단축, 금연 금주, 일본어 사용 철저 등이 포함되었다. 또 신체 단련을 위한 일에는 일찍 자고 일찍 일어나기, 라디오 체조 보급 등이 있었다. 생활개선과 관련해서는 저축 장려, 개량 한복이나 표준화된 국민복, 몸뻬 착용, 색의色衣 착용, 연회와 접대 간소화, 집안 청결과 가구별 방공호 마련 등이 포함되었다.

전쟁이 막바지로 치달으면서 일상에 대한 통제 역시 최고조에 이르렀다. 1943년 4월부터 경성부에서는 남자장발세, 여자파마세 부과를 결정했다. 생활 물자뿐 아니라 복장, 생활 습속 등 모든 것이 통제 대상이었다. 공출에 협조적이지 않거나 부족한 생필품을 암거래하는 사람, 전쟁이나 통제 생활에 대한 불만을 말하는 사람이 처벌 대상이었다. 노동복인 몸뻬를 입지 않거나 파마를 한 여성은 시국에 협조하지 않는 비국민 취급을 받았다. 몸뻬를 입지 않으면 관공서를 출입할 수 없고 전차나 버스 승차를 거

전시체제하의 일상
몸뻬를 장려하는 그림과 전시 상황을 담은 1938년의 달력이 당시 조선인의 일상을 대변한다.

부당했기 때문에 거리에는 몸뻬 차림의 여성이 넘쳐났다. 남성들도 삭발에 동원복을 입는 경우가 많아졌다.

이처럼 전쟁 시기 도시에서는 소비 절약과 생활 간소화 등이 강조된 반면, 농촌에서는 생활 특성상 조직적 통제가 상대적으로 약한 대신에 직접적으로 생산력을 증대하기 위한 생활개선과 근로 동원 등이 집중적으로 실시되었다. 물자와 인력의 공출, 그것을 감수하도록 만들기 위한 정신교육 등 당시의 일상생활은 전쟁 수행에 필요한 고통과 희생으로 점철되었다. 만일 궁성요배 등 정신 동원을 소홀히 하면 석유 같은 생필품을 배급해주지 않았기 때문에, 전시체제하의 생활은 총독부가 짜놓은 통제의 틀을 벗어나기가 어려웠다.

그뿐만 아니라 시국에 대한 생각도 통제 대상에서 벗어날 수 없었다. 어떤 지방 경찰서에서는 시국 상황에 대한 민심을 파악하기 위해 국민학교 아동을 대상으로, 마을 사람들이 주고받는 이야기를 작문으로 써내라는 과제를 냈다. 아동들의 작문을 분석해 정보 보고서에 수록했으며, 그것을 토대로 불철저한 시국 인식, 문란한 전시 통제 등을 계몽 지도하기 위한 방안을 수립했다.

| 일본인의 생활도 통제하라

끝이 보이지 않는 전쟁으로 국가재정이 어려워지자, 일본 정부와 군부는 일본 내에서도 물자 통제, 배급제 등으로 국민 생활의 희생을 강요하기 시작했다. 그 통제를 상징하는 대표적인 표어가 "사치는 적이다贅沢は敵だ"였다. 사진은 1940년 10월 6일 오사카 전 지역의 부녀회로부터 선발된 여성 청년 단원 약 2000명이 "사치는 적이다"라고 외치면서 행진하는 모습이다. 그러나 개중에는 표어 중간에 한 글자素를 삽입해서 "사치는 멋지다贅沢は素敵だ"로 울분을 푸는 사람들도 있었다.

행진 중인 여성 청년 단원

침략 전쟁과 미스 조선 선발 대회

1940년 『모던일본』은 조선판 간행을 기념해 미스 조선을 선발했다. 당시 조선과 일본에서 응모가 폭주했다고 한다. 남성들로만 이루어진 심사 위원들의 엄선으로 '영예로운 미스 조선'이 결정되었다. 잡지사 측에서는 '선정된 미녀는 그야말로 전 조선을 대표하는 여성'이라고 평했다.

신무 천황이 즉위한 해로부터 2600년 되는 해인 1940년, 중일전쟁이 한창인 가운데 미나미 총독은 내선일체라는 명목으로 조선인에 대한 일본화 운동을 전면적으로 펼쳤다. 전시체제를 연상시키는 강압성과 피폐함이 횡행하는 상황하에서 미녀 선발 대회를 연다는 것은 굉장히 뜬금없는 일이었다. 하기는 일본에 본사를 둔 일개 잡지사가 여성의 사진을 받아 시행한 행사에 불과했다. 미녀 선발 대회는 과연 시국과 무관한, 돌출된 상업주의 이벤트에 불과했던 것일까?

"일본인과 조선인은 같은 배를 탔다. 항구에 도착하는 것도 함께! 조난할지라도 함께! 이것이 운명이다"라는 신념을 조선인의 마음에, 몸에 뿌리내리도록 만드는 것, 그것이 황기 2600년에 조선총독부가 내세운 목표였다. 그들은 내선일체를 위해 시행된 지원병제도와 창씨개명 정책으로 2000만 전 조선인이 흥분의 도가니 속에 약진하고 있다고 주장했다. 미스 조선 선발 대회는 그것을 축하하기 위한 행사였다.

지배는 하되 어떤 의미에서는 무관심했던 조선에 대해, 일본인의 관심을 촉구하는 동시에 그들의 호의를 드러내기 위해 일본의 대중문화계에서 이러한 미녀 선발 대회를 기획한 것으로 보인다. 그러나 그들의 시선은 여전히 제국의 시선이었다. 미스 조선 심사평에는, 식민지 조선을 상징하는 연약하고 어여쁜 여성과 그들의 미모를 소비하는 일본(남성)의 관계가 담겨 있다. 그들은 미스 조선으로 뽑힌 박온실에 대해 "조선의 고전미라고 할 수 있는 청초한 아름다움", "조선의 옛 도자기와 같은 아름다움"을 가지고 있다고 평했다. 함께 수상한 준 미스 조선 여성들에 비해서는 현대적인 매력과 생동감 등이 부족했지만, '전통적인

준 미스 조선 정온녀(왼쪽)와 이순진 양(오른쪽)

미'에서 높은 점수를 받았다. 조선인을 동화시키고 그들의 충성을 이끌어내기 위해 많은 미사여구와 논리를 동원했지만, 그들은 여전히 조선에서 보호 대상이자 지배 대상인 청초한 여성의 이미지를 보았다.

미스 조선 박온실의 주소로 되어 있는 평양 모란대의 오마키차야는 조선을 방문한 일본 문화계의 명사들이 찾는 일종의 요릿집이다. 원래 오마키라는 여자가 운영하는 작은 찻집이었는데, 다카하마 교시라는 작가가 쓴 『조선』이라는 소설에 등장하면서 일본인들 사이에서 유명해진 곳이다.

빛나는 미스 조선 박온실 양
평양 출신의 박온실은 당시 19세로, 음악과 무용을 취미로 내세웠다.

❦ 미스 조선 심사평 ❦

당시 미스 조선 심사위원들의 심사평을 보면, 식민지 조선에 대한 일제의 폭력적 시선이 적나라하게 드러난다.

기쿠치 간 菊池寬
저는 박온실 양을 미스 조선에 추천합니다. 조선의 고전미라고 할 수 있는 청초한 아름다움이 좋습니다. 정온녀 양도 내지 여성에 비교하여 전혀 손색이 없는 미인이라고 생각합니다.

모리 이와오 森岩雄
박온실 양에게서는 조선의 옛 도자기와 같은 아름다움을, 정온녀 양에게서는 조선의 신식 정원에 피는 새로운 꽃처럼 매우 신선하고 생동감이 넘치는 느낌을 받았습니다. 미스 조선으로는 조선의 전통적인 아름다움을 고현하고 있는 박온실 양이 적합하다고 생각합니다.

야마카와 슈호 山川秀峰
저는 이순진 씨를 추천합니다. 밝고 청순한 아름다움이 있는 분이라고 생각합니다. 보고 있노라면 조선의 산과 하늘이 떠오르는 듯한 느낌이 듭니다. 근대 문명이 발전해가는 조선의 모습이 확실히 이순진 씨의 아름다운 모습에 상징적으로 나타나 있습니다.

황국신민화 교육의 강화

1920년대 이후 조선총독부가 추구했던 교육정책의 최종 목표는 내선일체의 정책 기조에 부합하는 황국신민의 양성이었다. 학생들은 황실과 국가에 대한 관념을 익혀 충량한 신민으로 다시 태어나도록 교육받았다.

황민화 교육은 일제 말기로 갈수록 강화되었다. 중일전쟁을 일으킨 후 전쟁 수행을 뒷받침하기 위해 1938년에 개정한 제3차 교육령은 국체 명징, 내선일체, 인고 단련을 조선의 3대 교육강령으로 내세웠다. 보통교육에서 조선인과 일본인을 차별하지 않겠다는 것을 명분으로 내세웠으나 사실상의 목표는 조선인에 대한 황민화 교육을 더욱 강화해 조선 학생에게 천황의 백성이라는 의식을 주입하려는 것이었다. 궁성요배와 「황국신민의 서사」 암송을 강요했으며, 조선어와 조선 역사는 완전히 제외했다.

중일전쟁이 발발한 이후 작은 히노마루일장기 깃발을 들고 전장으로 떠나가는 병사들을 환송하는 일이 기차역 근처에 있는 학교 학생들의 중요한 일과가 되었다. 1940년 11월에는 교사가 머리를 깎고 양복을 국민복으로 바꿔 입었다. 1941년 4월에는 전쟁터에서 천황을 위해 목숨을 내놓을 수 있는 충성스러운 신민을 양성하기 위해, 일본과 조선에 동시에 국민학교 제도를 실시했다.

전시체제기의 중학생

1940년대 교복을 입은 형제

1940년대에는 중학생 교복도 사계절 모두 국방색으로 바뀌었다. 그 전해까지는 군사교련 시간에만 차던 각반을 등하교 시에도 차도록 제도화했다. 학과 시간 중에만 각반을 풀 수 있었다. 전시의 학생 복장이었다. 일제 식민지하에서나마 중학생의 낭만의 외적 표시였던 평화적 복장이 군대화한 것이다. 그뿐만이 아니었다. 평화 시에는 중학생에게 그렇게도 어울려 보였던 모자마저 일본 군대식 전투모로 바뀌었다. 중학생 이상은 준군인이 된 것이다.

이영희, 『역정』 56쪽에서 인용

근로보국대의 하루

AM 3:50	기상(식사 당번은 2시 30분)
4:20	세면 및 청소
4:40	점호 및 조회(궁성요배, 이세신궁 요배, 황국신민 서사 제송, 합동 체조)
5:20	조식
6:20	점호 및 출발(이동 중에 합창)
	작업(4회 10분씩 휴식)
11:00	
PM 12:00	점심 및 휴식
1:30	작업지 출발(이동 중에 합창)
2:30	숙소 귀가
3:00	세탁 및 목욕
4:10	낮잠
4:30	훈시와 명상
5:30	저녁 식사
6:00	
6:30	자습 및 정돈(학과 자습, 일기, 실내 정돈, 통신)
8:00	점호 및 취침
8:20	

몸뻬를 입은 근로보국대 소녀

경상북도 경북중학교 학생들은 여름방학을 맞이해서 1938년 7월 23일부터 8월 1일까지 식량 증산을 위한 근로보국대에 참여했다. 무더운 여름날 진행된 이들의 하루 일과는 병영 생활과 비슷했다.

기상시간은 새벽 3시 50분이었다. 만약에 식사 당번이라면 2시 30분에 일어나야 했다. 일어나서 30분간 세면과 청소를 했다. 이후 4시 20분부터 20분간 점호와 조회를 했는데, 이 시간에 천황의 궁성인 이세신궁을 향해서 허리 숙여 절을 하고 「황국신민의 서사」를 함께 외친 후에 체조를 했다. 5시 20분에 합창을 하면서 일터로 출발했다. 오전 작업은 6시 20부터 11시까지 중간에 휴식 시간을 빼고 5시간 동안 진행되었다. 점심시간 이후 숙소로 돌아와서 세탁 및 목욕을 하고 약 1시간 동안 낮잠을 잤다. 이후 1시간 동안 담당 교사의 훈시와 명상 시간을 가지고, 저녁 식사 30분 후에 자습 및 실내 정돈을 하고, 점호를 받은 후 오후 8시 20분에 잠자리에 들었다. 수면 시간은 7시간 30분이었다.

1930년대 말 성인을 대상으로 근로보국대를 조직해 도로, 철도, 비행장, 신사 등을 건설하는 데 동원하는 한편, 중학교 이상의 남녀 학생 전원을 대상으로 학생근로보국대를 조직했다. 학생근로보국대는 여름방학 중 일정 기간 동안 주로 식량 증산 관련 사업에 동원했다. 1940년대에 접어들어서는 학교생활도 전쟁 지원을 위한 근로 동원이 주가 되었다. 1941년의 조사에 따르면, 충청북도에서는 농촌의 노동력 부족 문제를 해결하기 위해 애국반과 더불어 국민학교 아동까지 노력 동원의 대상으로 삼았다. 그해 여름까지 총 120개 학교에서 5만 4000명의 아동이 521회에 걸쳐 노동을 했으며, 그 대가로 받은 보수 1190원은 다시 전쟁 수행을 위한 저축과 헌금으로 충당했다.

전쟁이 종반부로 접어들면서 학생들은 거의 매일 근로봉사에 동원되었다. 교정은 군수용 기름 원료가 되는 아마, 피마자, 해바라기를 가꾸는 밭으로 바뀌었고, 학생들은 메뚜기 잡이, 송진 채취 등 각종 노역에 동원되었으며, 할당된 책임량을 채워야 했다. 여학생들도 전장의 병사에게 보낼 위문 봉투 제작이나 군사 훈련 등에 동원되었다. 1943년 이후 학생들을 일정한 기한 없이 수시로 국방 시설이나 군수산업 등에 동원하느라 실질적인 학교 수업은 이루어지지 않았다. 교사들은 수업을 하는 대신 학생들에게 각종 노역을 강요해야 했다. 1944년에는 교사가 학교 외에 청년 훈련소, 청년 특별 연성소, 장정 훈련소 등에서 일본어를 가르치고 군사 훈련까지 맡았다.

잘 가거라, 조선의 아들아
전쟁터로 동원되는 학도병의 출정식이 거리 곳곳에서 벌어졌다(왼쪽). 아들을 떠나보내는 어머니의 심정은 참담하기 그지없었다(아래).

군수산업의 성장과 배급제 시행

일제는 침략 전쟁을 수행하기 위해 물자, 인력, 자금을 군수산업에 우선적으로 배치하고 종래의 평화산업을 군수산업으로 전환했다. 또 군수 생산력 확충에 필요한 자금과 군비를 조달하기 위해 막대한 예산을 지출했다. 그 결과 군수산업은 성장했지만 일반 상공업자는 몰락했고, 민중은 물가 폭등과 물자 부족으로 생활고에 시달려야 했다.

물자와 식량이 부족해지자 생활필수품을 엄격하게 통제했다. 총독부는 물가 폭등을 억제하기 위해 가격을 통제하고, 식량을 비롯한 각종 생필품에 대해 배급제를 실시했다. 우선 주요 생필품에 대해서 공정가격을 정했고, 경제경찰을 두어 위반 사범에 대한 단속과 처벌을 강화했다. 가격통제 위주의 생필품 정책이 안정되자, 1940년 중반 이후에는 생필품의 배급 통제를 실시했다.

소비자에 대한 공급을 제한하는 소비 전표제를 실시한 대표적인 품목은 광목과 고무신이었다. 이러한 배급제는 각 지방 사정에 따라 개별적·임의적으로 이루어졌기 때문에 지방마다 소비 전표제 도입 시기는 조금씩 달랐다. 그러나 전쟁이 확대됨에 따라 물자 부족 사태는 점점 심각해져, 1942년 중반 이후 배급제는 전면적 통제로 바뀌어갔다.

여학생의 군사 훈련
군사 훈련은 여학생들도 예외가 아니었다. 사진은 여고보생들에게 목검술 훈련을 시키는 모습이다.

소비 통제의 생활상

일제는 모든 인적·물적 자원을 전쟁에 우선 동원하기 위해 각종 캠페인을 벌였다. 금을 비롯한 귀금속은 물론이고 심지어는 각 가정을 일일이 뒤져 제사용 놋그릇, 수저 하나까지 깡그리 공출해 갔다. 전쟁으로 인해 물자와 식량이 극도로 부족해졌으며 주민들은 소비 통제 아래에서 배급받은 한정된 물품에 의지해 전시체제하의 고달픈 삶을 견디어야 했다. 매일매일이 전시 생활에 대한 구호와 캠페인으로 채워졌는데, '아무거나 먹을 수 있는 것을 만드는 것이 요리의 고수'라거나 '오래된 물건을 다시 쓰거나 직접 만들어서 사용하자'는 것이 주된 내용이었다.

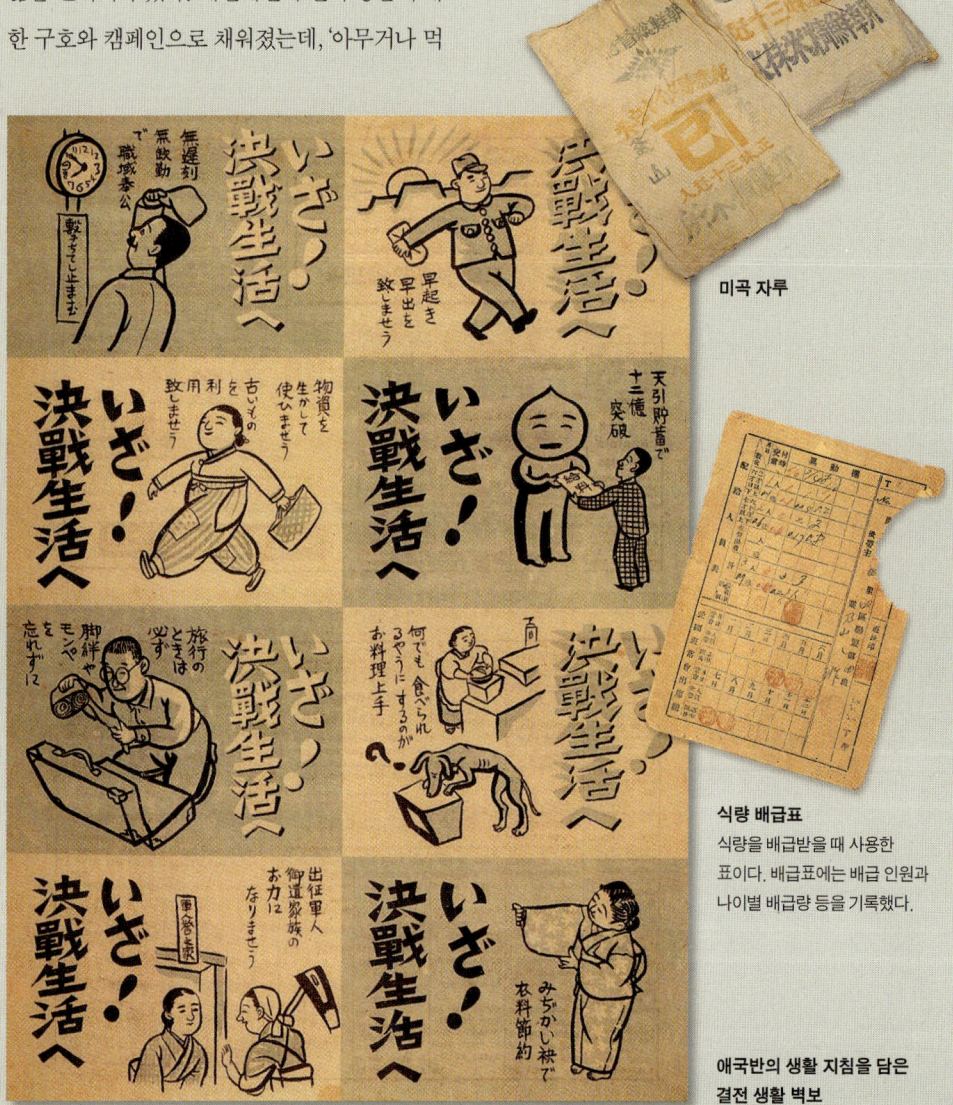

미곡 자루

식량 배급표
식량을 배급받을 때 사용한 표이다. 배급표에는 배급 인원과 나이별 배급량 등을 기록했다.

애국반의 생활 지침을 담은 결전 생활 벽보

물자 통제가 본격화되기 시작한 1941년 봄, 전라남도 나주군 남평의 어느 국민학교에서 116명의 아동에게 당시의 물자 수급 상황에 대한 조사를 실시했다. 조사 결과 70퍼센트가 넘는 82명이 고무신, 면직물, 비료가 없어서 곤란하다고 답했으며, 나머지 아동들은 가마니를 짤 짚, 석유, 설탕, 수건, 연초가 부족해서 곤란하다고 대답했다. 전쟁으로 인한 물자 부족은 국민학교 아동들까지 느낄 정도로 심각한 상태였다.

생필품을 전적으로 배급에 의존해서 공급받아야 하는 도시 지역의 물자난은 더욱 심각했다. 통제 대상이 되는 물품은 애국반 단위로 배급했는데, 생필품 배급 과정에서 정회나 애국반에서 정체되거나 정실 관계로 흐르는 폐단이 비일비재했고 직권을 남용하는 경우도 적지 않아 주민 생활은 날로 어려워졌다. 이렇게 물자부족과 생활고에 시달리던 민중들 사이에서는 경제경찰의 감시에도 불구하고 생필품을 얻기 위해 암거래와 물물교환 등이 횡행했다.

빵 배급 선전 플래카드
"이 빵을 먹고 체위를 향상하고 동아시아를 굳게 지켜라", "영양을 향상시켜 총후에 복무하라"는 등의 표어가 적혀 있다.

위대한 황국 청년의 죽음

● 지원병 최초의 전사자 이인석 상등병 ●

이인석 상등병의 전사 소식을 전한 『조선일보』 1940년 2월 10일자 지면

나는 간다. 만세를 부르고
만세를 목껏 부르고 천황폐하
대륙의 풀밭에 피를 뿌리고 너보다
앞서서 나는 간다.
피는 뿜어서 누런 흙 우에 검게
엉기인다.
형아―! 아우야―!
이 피는 너들의 피다
너들의 뜨거운 피가,
2천 5백만 너들의 피가.
내 몸을 통해서 흐르는 것이다.
처음으로 뿌려지는 피다.
반도의 무리가 님께 바친
역사가 생긴 이래
처음의 피다. (…)

(주요한, 「첫 피」)

아래 제시된 시는 1938년에 지원병제도가 실시된 뒤에 최초로 전사한 조선인 지원병을 찬양한 「첫 피」의 일부이다. 이 시를 쓴 주요한은 '천황 폐하 만세'를 외치며, 그의 뒤를 이어 목숨을 내놓을 2300만 조선인에 한발 앞서, 영광스럽게 첫 피를 뿌린 이 조선인 영웅을 비장하게 노래했다.

주인공은 충청북도 옥천군 출신의 지원병 제1기생 1938년 12월 수료 이인석이다. 그는 소학교를 마친 뒤에 옥천농업실수학교를 졸업하고 이 학교에서 조수로 2년간 근무하다가 지원병으로 입영했으며, 1939년 6월 22일 중국 산시 전선에서 전사했다. 7월 7일, 부모와 동생들, 젊은 처와 세 살 된 딸이 기다리는 고향 집으로 그의 사망 소식이 전해졌다.

조선총독부는 지원병 최초의 전사자인 그를 애국의 화신으로 만들었다. 더 많은 조선 청년들을 전선으로 보내기 위해서였다. 1940년 2월에 이인석에게 조선인으로는 처음으로 1급 무공훈장에 해당하는 금치훈장을 수여했다. 그는 내선일체의 상징이요 충군애국의 모범이자 조선에서 배출한 진정한 영웅으로 추앙되었다.

이인석의 이야기는 '장렬 이인석 상등병'이라는 제목으로 1942년에 유성기 음반으로 녹음되어 보급되었다. 이인석의 일대기를 영웅적으로 묘사한 일본 전통음악 나니와부시(浪花節: 일본 전통악기인 샤미센에 맞추어 서사적인 내용을 노래하는 것으로 판소리와 유사. 일본에서는 대중적으로 큰 인기를 누렸음)였다. 박완서의 자전적 소설 『그 많던 싱아는 누가 다 먹었을까』에 이 음반에 대한 이야기가 나온다.

당시 조선에서 제일 먼저 지원병으로 나가 전사한 이인석이라는 상등병을 영웅 취급해 그의 일대기

를 일본의 창극 비슷한 나니와부시로 엮은 게 있었는데, 조선 청년들을 전쟁터로 내보내는 일에 혈안이 되고부터는 그게 매일같이 방송이 되었다. 오빠는 그 소리만 나오면 질색을 하고 꺼버리라고 신경질적인 소리를 내곤 했다.

-박완서, 『그 많던 싱아는 누가 다 먹었을까』에서 인용

조선총독부는 청년들에게 또 한 명의 이인석이 되라고 끊임없이 부추겼으며, 자의반 타의반으로 조선인 지원병의 수는 늘었다. 그러나 모든 일이 순조롭지만은 않았다. 전선은 감당할 수 없을 정도로 확대되었고 일본은 점점 더 많은 젊은 피를 원했다. 급기야 이인석은 신이 되었다. 이인석은 천황을 위해 전사한 군인들을 기리는 도쿄의 야스쿠니(靖國) 신사에 합사되었다가, 1943년 경성에 건립된 경성 호국 신사의 제신으로 옮겨졌다. 1944년에는 이인석의 이야기가 「너와 나」라는 영화로까지 제작되었다. 천황의 나라 일본 제국은 미개한 조선인에게 참전의 '영광'을 주고, 천황을 위해 목숨을 바친 첫 사망자를 영웅으로 만들어 또 다른 조선 청년을 사지로 내모는 데 이용했다.

이인석은 왜 지원병이 되었을까? 중등학교까지 졸업한 이인석은 충청북도 옥천의 산골을 벗어나 새로운 기회를 잡고 싶었는지도 모른다. 어쩌면 소학교 시절부터 귀가 닳도록 들어온 애국의 충정으로 가득한 황국 청년이었을지도 모른다. 그의 내면을 알 길은 없지만, 그의 죽음이 총독부에 의해 어떻게 '소비'되었는지를 말해주는 흔적은 무수히 많다. 그런 점에서 이인석 역시 일본이 벌인 전쟁의 수많은 희생자 가운데 한 명이었던 것만은 틀림이 없다.

친일과 항일, 우울한 공존

| 전시체제기의 사상과 문화

1939년 전국의 모든 국민학교 운동장 한쪽에 봉안전이란 조그만 건물이 있었다. 이곳에는 천황의 사진과 교육 칙어가 비치되어 있었다. 학생들은 이 건물을 향해 부동자세를 취하고 가장 정중하게 몸을 굽혀 절하며 손뼉을 두 번 친 후 "대일본 제국과 황국신민이 되기 위해 열심히 공부하겠다"라고 맹세했다. 조회 시간에도 천황의 궁성이 있는 동쪽을 향해 허리 굽혀 절을 했고, 교실에 걸린 천황의 사진에도 경례를 해야 했다.

중일전쟁을 거치며 파시즘으로 무장한 일본은 모든 조선인을 일본인으로 만들어 전쟁에 동원하려 했고, 친일파가 이 일에 앞장섰다. 그러나 이러한 암울한 전시체제하에서도 조선말과 조선 문화를 지키고자 하는 조선어학회의 활동과 항일의 기치를 드높인 문화와 예술이 존재했다.

파시즘과 전향의 강요

1920년대 말부터 대두된 파시즘은 대공황을 계기로 현실 정치에서 힘을 얻었다. 파쇼는 원래 결합과 단결을 의미하는 고대 로마 군대의 상징물로, 파시즘은 이탈리아의 무솔리니가 이끈 정치 운동에서 유래했다. 파시즘은 개인주의·민주주의·물질주의·합리주의로 대표되는 서구적 가치관과 러시아 볼셰비즘으로 대표되는 사회주의를 타락·분열·쇠퇴의 원인으로 간주했다. 파시즘은 공황 속에서 파편화되고 가난해진 개인에게 강력한 소속감과 안정감을 부여한다고 주장했다. 이러한 효율성의 강조는 히틀러와 무솔리니와 같은 절대 권력자의 지배를 용인했다. 하지만 민족의 통합을 우선시할수록 개인은 민족 혹은 국가에 복속되었고, 자기 민족의 우월성을 주장하기 위해 다른 민족을 희생시킬 수밖에 없었다.

1930년에 히틀러가 지은 『나의 투쟁』이 조선에 번역되었는데, 이즈음 식민지 지식인 가운데 일부가 파시즘에 매료되기 시작했다. 식민지 조선 사회도 경제 위기를 극복하기 위한 방안으로 이탈리아의 무솔리니 정권과 독일의 히틀러 정권에 관해 관심을 보였다. 언론은 파시즘의 전체주의적 모습은 비판하면서도, 파시즘 국가가 보여준 공황 타개와 질서의 원리 등에 관해서는 긍정적으로 평가했다. 심지어 일부 지식인은 파

1933년 뉘른베르크, 나치당의 전당대회에 입장하는 히틀러

시즘에서 민족을 강조하는 것이 조선 민족에게도 유용한 부분이라고 생각했다. 이러한 입장은 일본이 주창하는 국가주의로 휩쓸렸다. 그들은 개인주의·자유주의를 부정하고 공동 운명체란 입장 아래 국가주의·전체주의를 따르자고 했다.

당시 일본은 체제에 비판적인 지식인을 대상으로 일본인이라는 공동체 의식을 공고히 하고자 했다. 이를 위해 겉으로는 사상 범죄 예방과 재범 방지를 내세워, 일본 내에 사상 선도와 취직 알선을 목적으로 사상범보호관찰법을 제정했다. 그리고 만주사변 이후 일본이 준전시체제를 조성하면서 식민지 조선에도 이 법을 적용했다.

조선총독부는 일본에 반대했던 정치 운동가·사상가에 대한 전향 공작을 적극적으로 벌였다. 전향은 일본의 사법 당국이 만든 용어로, 당국이 바르다고 생각하는 방향으로 개인의 사상이 향하도록 사상을 바꾸는 것을 의미한다. 주로 검거된 사회주의자들이 전향 의사를 밝히면 검사가 기소를 유예하는 방식으로 이루어졌다. 그 결과 1939년 10월 현재 전국의 요시찰 요주의 인물 7600명 가운데 약 44퍼센트에 달하는 3076명이 전향했다. 일제는 비전향자에 대해서는 육체적인 고통을 가했을 뿐만 아니라 가족마저 괴롭혀서 전향을 강요했다. 일제의 지배 정책 속에서 생각의 자유마저 통제받거나 바꿀 것을 강요받는 세상이 된 것이다.

한편 제2차 세계대전에서는 전쟁 당사국들이 전쟁터와 후방의 구분이 무의미할 정

| 전향과 요시찰 인물

일제는 사회주의자들에게 전향을 강제하고 그 성과를 선전하여, 그것을 식민지 지배의 질서를 확보하는 데 이용했다. 그러면서도 다른 한편으로는 사회주의자가 전향을 이용해서 활동의 자유를 확보할 수 있다고 생각해 전향자를 더욱 경계하는 이중성을 보였다. 실제로 위장 전향자가 전체의 10퍼센트에 달했다. 중일전쟁을 계기로 사회주의자들의 전향이 확산되었는데, 일본의 대륙 침략 전쟁을 계기로 민족 독립과 혁명의 전망이 어두워졌기 때문이었다. 전향한 사회주의자인 최판옥은 중일전쟁을 일본이 지리적·정치적·경제적으로 확대 강화된 것으로 판단했고, 김두정은 조선 독립은 헛된 꿈에 불과하다고 했으며, 강문수는

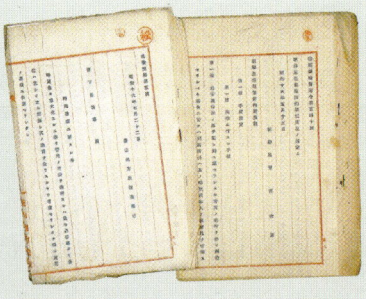

사상범 구금 규칙

도로 총력전을 펼쳤다. 전쟁에서 승리하기 위해서는 군인을 비롯해 모든 국민이 함께 싸우는 총력전 체제를 수립해야만 했다. 파쇼 체제의 강화는 경찰력과 군사력의 증강에서 시작되었다. 1931년 일본은 기존의 2개 사단이던 병력을 3개 사단으로 증파했다. 나아가 태평양전쟁을 전후로 3만 5000여 명, 전쟁 말기에는 약 23만 명의 군대를 한반도에 주둔시켰다. 또한 1923년에 2만여 명이던 경찰관이 1941년에는 3만 5000여 명으로 늘었다. 이 외에 비밀경찰, 헌병, 첩보원 그리고 경찰 보조기관인 경방단 등을 두어 물샐틈없이 조선인을 감시했다.

1938년에는 사상 전향자들의 단체인 시국대응전선 사상보국연맹을 조직해 일본의 전쟁 수행에 협력하게 만들고자 했다. 1941년 1월에는 사상범을 보호 관찰하고 조선인을 황국신민으로 만들기 위해 전국에 교화 단체인 대화숙을 설치하고, 이른바 사상범으로 지목된 조선인들에게 전향을 강요했다. 이들의 정신마저 일본인으로 만들기 위해서는 다양한 훈육의 내면화 과정이 필요했기 때문이다.

친일파의 협력

일제는 조선인을 침략 전쟁에 동원하기 위해 '일본과 조선은 하나'라는 내선일체를

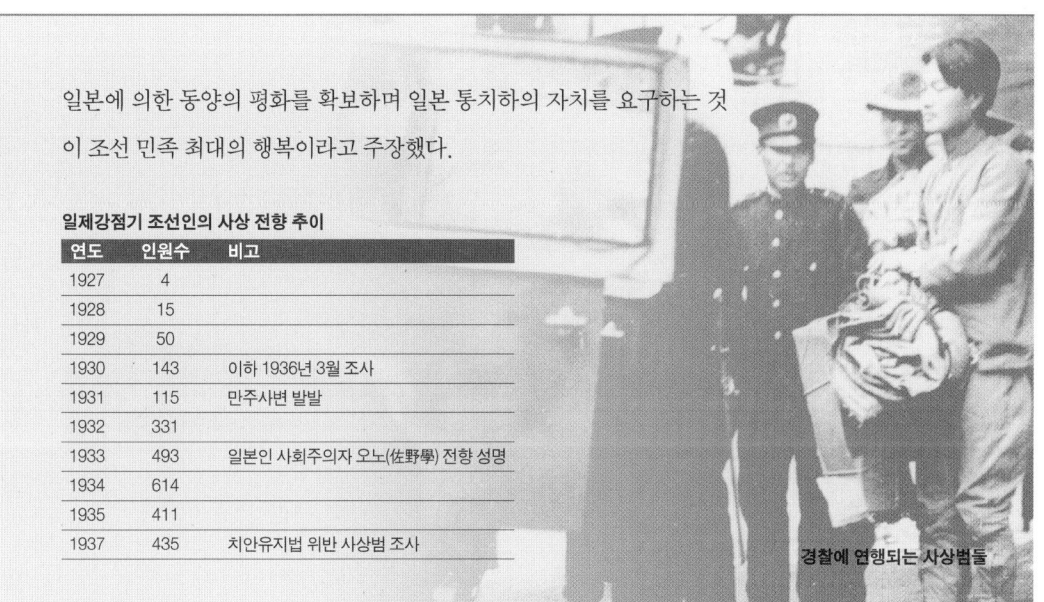

일본에 의한 동양의 평화를 확보하며 일본 통치하의 자치를 요구하는 것이 조선 민족 최대의 행복이라고 주장했다.

일제강점기 조선인의 사상 전향 추이

연도	인원수	비고
1927	4	
1928	15	
1929	50	
1930	143	이하 1936년 3월 조사
1931	115	만주사변 발발
1932	331	
1933	493	일본인 사회주의자 오노(佐野學) 전향 성명
1934	614	
1935	411	
1937	435	치안유지법 위반 사상범 조사

경찰에 연행되는 사상범들

조선 통치의 모토로 삼았다. 일본인의 입장에서 보면 내선일체를 주장하더라도 조선인을 완전히 일본인으로 동화시킬 것인지, 아니면 일본인과 조선인 사이에 차이를 남겨두어야 할 것인지가 숙제였다. 아울러 이를 지지하는 조선인 사이에서도 완전 동화를 주장하는 쪽과 조선인의 고유성을 남겨둔 채 일본 제국의 일부가 되어야 한다는 주장이 대립했다.

점차 차별로부터 탈출하기 위해 일제의 황민화 정책에 적극 동참해야 한다는 지식인이 생겨났다. 물론 일제의 압력을 이기지 못해 형식적으로 동참한 사람도 있었지만, 일찍부터 일신의 영달을 위해 일본 관리나 군인이 되거나 자발적으로 친일 활동을 한 사람도 적지 않았다. 이들은 친일 단체를 조직하거나 그곳에 가담하고, 시국 강연과 좌담회에 참여하며, 언론 매체에 친일적인 내용을 기고했다. 진정한 일본의 국민이 되기 위해 노력해야 하며, 일본이 실시한 지원병제, 징용령, 징병제, 학병제에 적극 참여하는 것이 조선인의 의무라고 주장했다. 심지어 일본인과의 결혼을 적극 추진하거나 조선어를 완전히 없애자는 이들도 있었다.

일본에 협력했던 지식인들은 자신의 행위에 대한 변명의 논리를 전개했다. 최남선은 민족 구성원은 자신에게 지사가 되길 바랐으나, 자신은 정치적 활동을 배제한 학자의 길을 걷고자 했다고 했다. 이광수는 문인에 대한 일본의 강요 속에서 자신이 아니

전쟁 협력과 자발적 헌납

친일파는 태평양전쟁에서 일본의 승리를 의심하지 않았다. 이들은 중일전쟁 후 일본의 힘에 압도되어 독립보다는 일본에 편승하는 것이 조선의 장래를 위해서도 바람직하다고 생각했다. 심지어 조선의 독립은 불가능하며 조선과 일본은 공동 운명체라고 여겼다. 따라서 이들은 일본의 침략 전쟁에 적극 협력했다. 화신백화점을 경영하던 박흥식, 대지주였던 문명기 등은 재산을 털어 비행기를 헌납했고, 전쟁 헌금을 내기도 했다.

특히 1910~1920년대 민족운동의 중심에 서 있던 최남선과 이광수의 변절은 충격적이었다.

헌납 비행기
전쟁 협력의 방식은 비행기 헌납뿐만 아니라, 금비녀를 바치게 하거나 전쟁 채권 구입을 독려하는 방식으로도 이루어졌다.

학도여, 성전聖戰에 나서라!

태평양전쟁에서 수세에 몰린 일본은 조선인을 전쟁에 동원했다. 1943년에 조선인 학도병 특별 지원병제를 실시했는데, 일제에 협력하던 조선 지식인들은 조선 청년들에게 일본의 침략 전쟁에 적극 참여하라고 독려했다. 일본에서 유학 중인 학생들을 지원시키기 위해 같은 해 11월 일본 유학생 격려단을 조직해 일본에 파견했다. 이들은 도쿄, 교토, 오사카 등지에서 가정 방문과 간담회, 강연회를 가졌다. 이광수와 최남선도 이 격려단에 포함되었다. 얼떨결에 동원되었다는 최남선의 주장과는 달리, 메이지대학 강당에서 한 강연에서 그는 태평양전쟁은 일본이 영국과 미국 같은 백인종에 대항해서 벌인 아시아 민족의 해방전쟁이라고 열변을 토했다. 또한 이광수는 조선인이 전쟁 협력이란 의무를 다해야만 일본인과 동등한 권리를 획득할 수 있다면서 일장기가 날리는 곳이 내 자손의 일터라고 강변했다.

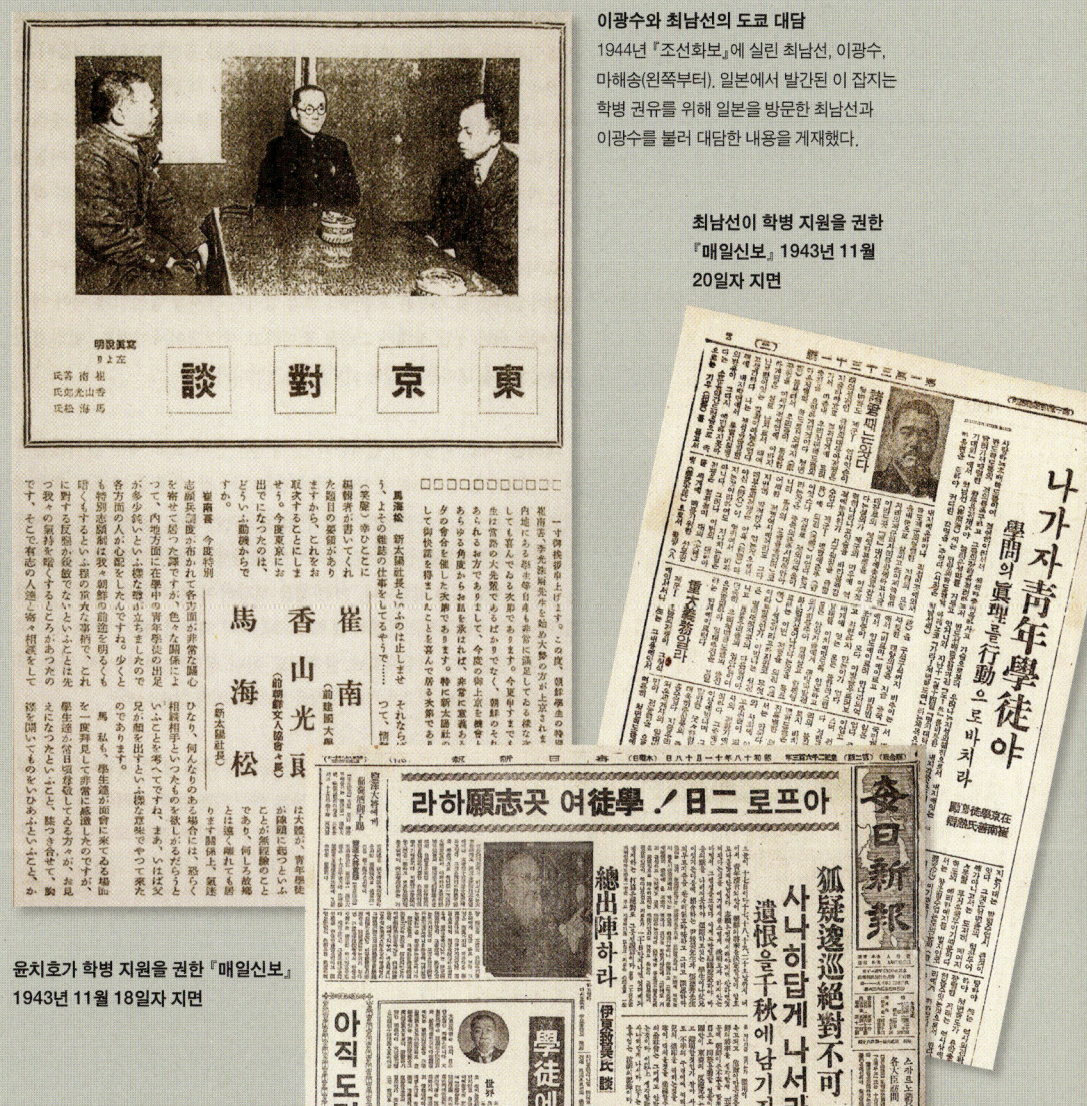

이광수와 최남선의 도쿄 대담
1944년 『조선화보』에 실린 최남선, 이광수, 마해송(왼쪽부터). 일본에서 발간된 이 잡지는 학병 권유를 위해 일본을 방문한 최남선과 이광수를 불러 대담한 내용을 게재했다.

최남선이 학병 지원을 권한 『매일신보』1943년 11월 20일자 지면

윤치호가 학병 지원을 권한 『매일신보』 1943년 11월 18일자 지면

라도 누군가는 나서야 했다고 전제하고, 자신의 전쟁 협력에 관한 강연·연설 활동은 조선 민족을 위함이라고 강변했다. 시대적 상황 때문에 어쩔 수 없었다는 변명과는 달리 이들은 일제의 침략 전쟁에 적극적으로 협력했다.

전시체제하 종교계 역시 그러했다. 일제에 협력한 유림 세력들은 지방조직까지 갖추고 식민 통치에 협력했으며, 조선총독에게 주지 임명권이 있던 불교계 역시 일제의 종교정책에 협력했고, 총독에 대한 신년하례를 하기도 했다. 기독교와 천주교도 신사 참배 요구를 대부분 순순히 받아들였다.

조선어학회사건과 항일 문학

전시체제하에서 일본은 민족주의적 색채를 지닌 단체와 언론기관을 탄압하고자 해산했다. 1942년 봄부터 식민지 조선 내의 역사와 물산장려 단체를 해산하고, 그해 10월 이른바 조선어학회사건을 일으켰다. 조선어학회사건은 1942년, 여름방학을 맞아 고향에 내려가던 여학생이 일본어를 사용하지 않았다는 이유로 경찰의 취조를 받으면서 시작되었다. 경찰은 한 학생의 집에서 발견한 일기장에서 '조선어 대신 일본어를 사용했다가 꾸지람을 들었다'라는 내용을 발견하고는, 조선어학회 사전 편찬에 참여

님의 부르심을 받들고
『매일신보』 1943년 8월 5일에 실린 「님의 부르심을 받들고」라는 친일 연작 시화. 노천명(왼쪽)이 지은 시에 김중현이 운룡도를 그렸다. 노천명은 이 시를 통해 조선 청년들에게 전쟁터로 나갈 것을 요구했다.

남아라면 군복에 총을 메고
나라를 위해 전장에 나감이 소원
이러니
이 영광의 날
나도 사나이였다면 나도 사나이였다면
키 한 부르심을 입었을 것을
(노천명, 「님의 부르심을 받들고」)

한 교사를 체포하고, 조선어학회가 민족주의 단체이며 민족운동을 목적으로 조선어 사전을 편찬하고 있다는 억지 자백을 받아냈다. 1942년 10월, 조선어학회 회원과 그 사업에 협조한 32명이 검거되었고, 그 가운데 12명은 2년에서 6년까지의 징역형을 선고받았다.

조선어학회사건은 일제 말의 대표적인 민족운동 탄압 사건이었다. 조선어학회는 1929년에 108명이 발기해 조선어사전편찬회를 조직하고, 국어사전 편찬 운동을 전개했다. 「외래어 표기법 통일안」1940도 이러한 작업의 일환이었다. 일본은 조선어학회의 문화적 민족운동조차 용납하지 않았고, 고문과 조작을 통해 이를 중대 시국사건으로 만들어버렸다.

검거된 조선어학회 회원 가운데 한징, 이윤재는 감옥에서 사망했고, 준비 중인 사전 원고와 회계장부 같은 문서를 모두 압수당했다. 그나마 다행인 것은 해방 직후인 1945년 9월에 철도청 창고에서 압수당한 사전 원고를 발견한 일이었다. 이를 재정리해서 1947~1957년에 걸쳐 총 6책에 수록 어휘 수 16만 4125개에 달하는 우리나라 최초의 국어대사전인 『한글학회 지은 큰 사전』을 발간했다. 조선어학회가 한글 큰 사전 편찬을 본격적으로 추진한 것은 식민지 시기 민족문화 운동의 큰 성과였다.

한편 문학인들은 문학을 통해 식민지 지배에서 벗어나고자 했다. 한용운·심훈 등과

조선어학회
1935년 조선 표준어 사정 위원회에 참여했던 조선어학회 학자들이다.

신경향파 문인들은 저항주의 노선이 선명한 작품들을 내놓았다. 1920년대 민족운동에 투신한 불교 지도자이며 시인인 한용운은 「님의 침묵」1926에서 "그러나 나의 길은 이 세상에 둘밖에 없습니다. / 하나는 님의 품에 안기는 길입니다. / 그렇지 아니하면 죽음의 품에 안기는 길입니다. / 그것은 만일 님의 품에 안기지 못하면 다른 길은 죽음의 길보다 험하고 괴로운 까닭입니다"라고 해 죽음으로써 사랑하고 싶은 조국을 노래했다. 심훈은 「그날이 오면」1930에서 "드는 칼로 이 몸의 가죽이라도 벗겨서 / 커다란 북을 만들어 들쳐메이는 / 여러분의 행렬에 앞장을 서오리다"라고 하며 민족 해방의 날을 고대했다.

전시체제하에서도 시인의 활동은 두드러졌다. 의열단 혁명간부학교를 나와 민족운동에 투신함으로써 여러 번 투옥된 이육사는 결국 중국에서 일본 경찰에 체포되어 옥사했다. 이육사는 시집 『청포도』에 실린 시 「광야」에서 "지금 눈 나리고 / 매화 향기 홀로 아득하나 / 내 여기 가난한 노래의 씨를 뿌려라 / 다시 천고의 뒤에 / 백마 타고 오는 초인超人이 있어 / 이 광야에서 목 놓아 부르게 하리라"라고 노래했다. 시인 윤동주도 "죽는 날까지 한 점 부끄럼 없기를" 바라며 "등불을 밝혀 어둠을 조금 내몰고 / 시대처럼 올 아침"을 기다렸다. 그러나 그 아침을 보지 못한 채 그는 사상범으로 몰려 옥사했다.

친일파 청산과 『친일인명사전』 편찬

반민족행위특별조사위원회약칭 반민특위가 와해된 후 수십 년간 우리 역사에서 친일파 청산에 대한 논의가 지속되어 왔다. 역사 윤리와 정의 실현의 측면에서 정부 차원에서는 2004년 친일반민족행위진상규명위원회가 설립되어 약 1000여 명의 친일반민족행위자의 행적과 논리에 관한 조사보고서를 발간했다. 이후 민간 차원에서는 민족문제연구소가 2009년 3권으로 이루어진 『친일인명사전』을 발간했다.

『친일인명사전』의 수록 대상자는 "을사조약 전후부터 1945년 8월 15일 해방에 이르기까지 일본 제국주의의 국권 침탈·식민 통치·침략 전쟁에 적극 협력함으로써 우리 민족 또는 타민족에게 신체적·물리적·정신적으로 직·간접적 피해를 끼친 자"를 대상으로 삼았고, 모두 4389명이 사전에 수록되었다. 수록 인물에 관한 논란이 있고 세부 내용에 대한 보완도 필요하지만, 이러한 친일파 청산 문제는 우리 역사를 좀 더 객관적으

또한 대다수 종교계 단체와 인물들이 일제의 침략 전쟁을 적극 지지했던 암흑기에도 평양의 숭실학교, 숭의학교 등은 신사참배를 거부하고 자진 폐교를 했으며, 기독교 장로교회 목사인 주기철은 이에 적극 반대하다가 투옥되어 순교하기도 했다. 이렇듯 가늘고 미약하지만 일제의 식민 통치에 저항하는 민족적 문화·예술 활동은 해방될 때까지 계속되었다.

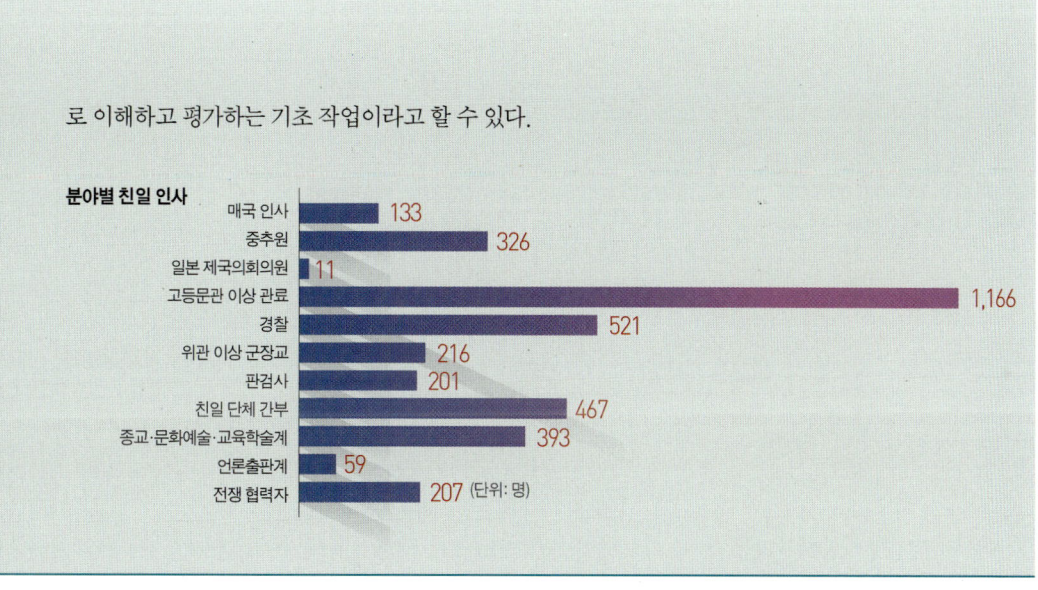

로 이해하고 평가하는 기초 작업이라고 할 수 있다.

분야별 친일 인사

분야	인원 (명)
매국 인사	133
중추원	326
일본 제국의회의원	11
고등문관 이상 관료	1,166
경찰	521
위관 이상 군장교	216
판검사	201
친일 단체 간부	467
종교·문화예술·교육학술계	393
언론출판계	59
전쟁 협력자	207

침략 전쟁을 관람하다

● 일제 말의 친일 영화 ●

영화 「동양의 개가」
홍보 리플릿(위)과
영화 「개전의 전야」
홍보 리플릿
뒷면(왼쪽)

프랑스 뤼미에르 형제가 발명한 영화는 근대가 만든 최고의 발명품 중 하나다. '활동사진'이라고도 하는 이 신기한 장치는 곧 관람객을 동원하는 흥행 상품이자 공동체 구성원을 계몽하는 교육의 도구로 활용되었다. 조선 영화가 작품 수가 압도적인 할리우드 영화와 경쟁하기 위해서는 유성영화를 만들어야 했다. 조선의 첫 번째 토키 영화는 1935년에 나온 「춘향전」이었다. 그런데 토키 영화는 무성영화에 비해 제작비가 네댓 배 더 들었다. 경쟁에서 살아남기 위해 적극적으로 일본과 합작을 모색했고, 그 결과 조선 영화는 일본 영화 시장에 종속되었다.

중일전쟁 이후 태평양전쟁 시기까지 일본은 영화를 전쟁 협력의 도구로 활용하고자 했다. 영화는 많은 관람객을 대상으로 짧은 시간 안에 메시지를 전달할 수 있다. 그래서 조선인으로 하여금 침략 전쟁에 협력하게 하는 좋은 매체였다. 친일 영화의 효시는 「군용열차」1938로, 군수품 수송 열차를 탈취하고자 한 간첩 일당을 체포하고, 열차는 임무를 수행한다는 내용이었다. 「집 없는 천사」1941는 총독상과 함께 일본 문무대신상을 받았다. 목사가 부랑아 소년들을 황국신민으로 이끄는 내용으로, 목사가 올린 일장기 아래에서 모두가 「황국신민의 서사」를 외우는 것으로 영화가 끝난다. 영화 속의 인물을 통해 관람객인 조선인이 충량한 '황국신민'이 되게 하려는 의도가 담겨 있었다. 「젊은 모습」1943, 「병정님」1944은 일본의 침략 전쟁에 강제로 끌려가서 병사가 될 조선 소년들에게 '위대한' 일본 병사가 되라고 선전한 노골적인 친일 군국 영화였다. 즉 1930년대 말부터 1945년까지 조선 영화는 일본의 침략 전쟁에 조선인이 협력해야 함을 교육하는 선전 도구였다.

1930년대 영사기

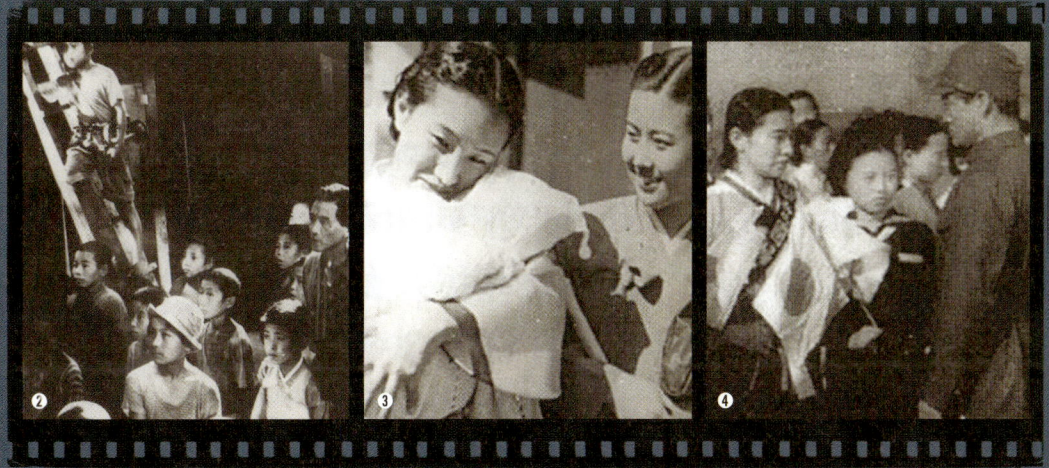

일제를 선전한 한국 영화
❶과 ❷는 「집 없는 천사」(최인규 감독, 1941), ❸과 ❹는 「조선해협」(박기채 감독, 1943)이며, ❺는 「어화」(안철영 감독, 1939)의 한 장면이다.
특히 인기를 끌었던 「조선해협」은 멜로드라마 형식으로 징병제를 선전한 영화였다.

망국의 설움을 면하려거든

1940년대의 민족해방운동

태평양전쟁이 막바지로 치닫고 있던 1944년 11월 27일 경성역 플랫폼. 위조한 경성제국대학 병원 조수의 신분증과 출장 명령서를 지참한 30대 후반의 한 남자가 신의주행 기차에 올랐다. 그는 곧바로 신의주역으로 가지 않고 몇 정거장 전인 비현역에 내려 그를 기다리고 있던 30대 초반의 한 여인과 반갑게 조우했다. 이 만남이 이들 한 쌍의 남녀가 함께한 기나긴 여정의 시작이었다.

일제의 삼엄한 국경 검문을 피한 이들의 여정은 신의주를 거쳐 만주국의 펑톈을 가로질러 산하이관으로 이어졌다. 산하이관을 넘어 베이징을 거쳐 팔로군八路軍의 세력권인 이지아주앙李家莊에 도착해도 멈추지 않던 이들의 발걸음이 멈춰선 곳은 경성을 떠난 지 무려 130일이 지난 1945년 4월 중국공산당의 근거지인 해방구 옌안延安이었다.

옌안으로 가던 그들은 김태준과 박진홍이었다. 부부였던 이들이 수만 리 떨어진 옌안행을 마다하지 않은 것은 민족 해방을 우리의 손으로 이뤄야 한다는 신념과 그를 위해 무엇보다 해외의 항일 무장투쟁 세력과의 연계가 필요하다는 판단 때문이었다.

옌안행, 그리고 비밀결사 경성콤그룹

1937년 중일전쟁 이후 일본의 대륙 침략은 한층 노골화되었고, 그에 비례하여 식민지 조선에 대한 통제도 더욱 극심해졌지만, 국내외의 민족해방운동은 멈추지 않고 진행되었다. 식민지 조선에서는 소규모의 비밀결사 형태로 민족해방운동을 전개했는데, 이들은 결정적인 시기가 도래하면 무장봉기를 일으키고 해외의 항일 무장투쟁 세력과도 연계해 일본을 축출하고자 했다.

해외의 항일 무장투쟁 세력들은 유격전이나 정규전을 통해 일제에 대항하면서 국내의 조직들과 반일 민족통일전선을 만들려고 했다. 해방 공간에서 한반도 전역을 휩쓴 신국가 건설의 역동적 에너지는 식민지 시기 일제에 대항하여 간단없는 투쟁을 전개했던 국내외 민족해방운동 단체들의 이러한 활동의 연장선상에 있었다.

옌안으로 향하던 김태준과 박진홍 부부 역시 그러한 해방운동 세력의 한 축이었다. 김태준은 경성제국대학 법문학부 출신으로 『조선한문학사』 등의 저술을 통해 장안의 지가를 드높인 저명한 학자였다. 명륜전문학교 교수 신분으로 박헌영이 지도했던 경성콤그룹에 참여해 활동한 그는 검거되었다가 1943년에 출옥한 후에도 공산주의자협의회의 일원으로 민족해방운동을 전개하고 있었다. 그와 함께 간 박진홍은 이재유 그

김태준과 박진홍
「연안행」은 1944년 11월부터 1945년 4월까지, 김태준과 박진홍이 경성에서 옌안의 화북조선독립동맹을 찾아가는 여정을 서술한 글이다. 김태준이 집필했고, 조선문학가동맹의 기관지인 『문학』에 1946년 6월부터 3회에 걸쳐 연재되었다

룹과 경성콤그룹의 일원으로 조선공산당 재건 운동에 참가했다가 검거되었다. 출옥한 후에는 김태준과 같은 조직에서 활동하던 여성 혁명가였다. 이들이 행선지를 옌안으로 정한 것은 해외의 항일 무장투쟁 세력 가운데 하나인 화북조선독립동맹의 조선의용군과 연계를 논의하기 위해서였다.

김태준이 민족해방운동에 첫발을 내디딘 것은 1940년 경성콤그룹에 가입하면서부터였다. 이 시기는 민족해방운동에 종사하던 이들 가운데 상당수가 자의반 타의반으로 심각한 사상적 흔들림의 경험을 통해 이른바 사상 전향이 급속하게 증가하던 때였다. 동시에 미일전쟁이나 소일전쟁이 발발하면 결정적 시기가 도래할 것이라는 믿음을 가진 사회주의자들에 의해 비밀결사 형태의 조직이 결성되던 시기이기도 했다. 후자의 경향을 대표하는 조직이 바로 경성콤그룹이었다.

경성콤그룹은 1930년대 조선공산당 재건 운동을 대표했던 이재유 그룹에서 활동하였던 이관술과 이순금·김삼룡·이현상 등 전향하지 않은 사회주의자들이 1939년에 출옥한 박헌영을 조직의 지도자로 옹립하면서 본격적으로 활동을 전개했다. 경성콤그룹의 중앙 조직은 노조부, 학생부, 기관지 출판부, 가두부, 인민전선부 등으로 구성되었다. 인민전선부를 별도로 설치한 것은 코민테른의 인민전선 전술을 실현하고자 한 것으로, 이를 담당한 이가 바로 김태준과 이현상 등이었다. 이들은 결정적인 시기에

여운형과 논의 중인 박헌영(왼쪽)
박헌영은 1920년 사회주의 운동에 참여한 이래, 조선공산당과 경성콤그룹 등의 지도자로 활동하였다. 여러 차례 투옥되었지만 전향하지 않았고, 해방 후 국내파 사회주의 운동의 최고 지도자로 활동하였다. 월북 후 조선민주주의인민공화국의 부수상 겸 외무상을 지냈지만, 한국전쟁 후 '미제의 간첩'이란 죄목으로 숙청되었다.

일제에 대항하기 위한 일환으로 유격전과 도시에서의 무장봉기에 대해서도 관심을 가지고 연구했다.

이들은 경성의 섬유·금속·출판·전기 등 각 산업별 조직을 기반으로 노동운동을 전개하는 한편, 연희전문학교·보성전문학교·경성공업고등학교 등에는 독서회를 조직하여 학생운동을 지도했다. 경상도와 함경도 등지에 지역적 기반을 갖는 조직을 적극적으로 건설했는데, 경상남도 창원군 상남면에 조직한 혁명적 농민조합 분회나 함경북도의 청진좌익노동조합준비위원회가 대표적인 조직이었다.

1940년 12월부터 세 차례에 걸친 일본의 탄압으로 경성콤그룹은 와해되었다. 그러나 경성콤그룹의 와해가 식민지 조선에서 전개된 공산주의 그룹들의 활동이 마감되었음을 의미하는 것은 아니었다. 해방 전까지 규모가 작기는 했어도 다수의 공산주의 그룹들이 지속적으로 활동을 전개했기 때문이다. 1943년 이승엽 등이 함경도에서 조직한 자유와 독립그룹이나 1944년 11월 서중석의 지도로 경성에서 조직된 공산주의자협의회 등이 바로 그것인데, 이 두 조직은 투쟁을 위해 상호 연계를 시도하기도 했다. 특히 공산주의자협의회에는 출옥한 경성콤그룹의 일부가 적극적으로 참여했는데, 해외의 항일 무장투쟁 세력과의 연계를 도모할 목적으로 옌안행을 감행한 김태준과 박진홍이 바로 그러한 이들이었다.

경성콤그룹의 주요 멤버들

이관술
1902년 경남 울산에서 태어났다. 일본의 히로시마 고등사범학교를 졸업하고, 동덕여자고등보통학교에서 교사로 재직하면서 동맹휴학을 지도했다. 이재유 그룹에 가담하여 조선공산당 재건 운동을 전개했고, 1939년에는 경성콤그룹을 조직했다. 해방 후 조선공산당 총무부장 겸 재정부장을 지냈으나, 한국전쟁이 일어난 직후 처형됐다.

이순금
1912년 경남 울산에서 조선공산당 총무부장을 지낸 이관술의 여동생으로 태어났다. 1933년 서울에서 이재유 등과 함께 혁명적 노동조합을 조직하다가 검거되어 징역 2년을 선고받았고, 1939년 경성콤그룹에 참여했다. 1946년 11월 남조선노동당 중앙위원이 되었으며, 남조선민주여성동맹에 가입하여 여성운동에 매진하다가 월북했다.

이현상
1905년 충남 금산에서 태어났다. 고려공산청년회에 가입하여 동맹휴학을 주도하다 두 차례 복역했다. 출옥 후 박헌영 등과 함께 경성콤그룹을 결성했다. 한국전쟁 때 빨치산 투쟁을 전개하였고, 남한 빨치산의 조직인 남부군(南部軍) 총사령관으로 임명되었다. 1953년 휴전 이후 지리산 공비 토벌 작전 때 사살당했다.

김삼룡
1908년 충북 충주에서 태어났다. 이재유 그룹에 가담하여 조선공산당 재건 운동을 전개했고, 1939년 이관술 등과 경성콤그룹을 조직하여 조직부장 겸 노동부장으로 활동했다. 해방 후 박헌영과 함께 조선공산당과 남조선노동당의 중심 인물로 활동하다 한국전쟁 직후 이주하와 함께 처형됐다.

경성콤그룹이 와해되자, 조선공산당은 식민지 시기에 끝내 재건되지 못했다. 그 결실은 해방 후 경성콤그룹의 지도자인 박헌영과 그 조직원들이 중심이 되어 조직한 재건파 조선공산당의 몫이었다. 이후 이들은 남한 사회주의 운동의 주류로서 활동을 전개했다.

화북조선독립동맹과 조선의용군

1940년대 해외에서 활동을 전개하던 항일 무장투쟁 세력은 옌안에 있던 화북조선독립동맹의 조선의용군과 충칭에 있던 대한민국 임시정부의 한국광복군, 소비에트 러시아의 영내로 근거지를 옮긴 동북항일연군 교도려의 소부대 등이 대표적이었다. 공산주의자협의회의 김태준과 박진홍이 연계를 위해 목숨을 걸고 찾아간 곳은 바로 화북조선독립동맹이었다.

 1942년 8월, 화북조선독립동맹은 1941년 1월에 타이항산에서 조직되었던 화북조선청년연합회의 발전적 해체를 통해 조직되었다. 그 구성원들은 중국공산당과 대장정을 함께하며 중국 혁명에 참여했던 팔로군 포병 장교인 무정과 식민지 조선에서 조선공산당 활동을 전개하다 중국으로 건너와 중국국민당 정부의 지역에서 활동한 최창

| 해방 직전 항일 단체 분포

익·한빈 등 다양한 경험을 가진 사회주의자들이 중심이 되었다. 여기에 이들의 영향을 받아 화북으로 북상한 조선의용대의 무장 세력들이 결합했다.

화북조선독립동맹은 전 국민이 참여하는 보통선거에 기반한 민주 정권인 조선민주공화국의 수립을 지향했다. 이들은 자신들을 화베이 지방을 중심으로 하는 하나의 지방 단체로 규정하고 팔로군이 장악한 지역에 분맹을 설치했다. 또한 대한민국 임시정부와 조선건국동맹 등 국내외 민족해방운동 단체들과의 연계에 적극적이었다. 이는 이들이 반일 민족통일전선의 구축을 중시했기 때문이다.

1938년 10월, 중국 관내에서 활동하던 좌파와 중간파 정당들의 통합 조직인 조선민족전선연맹의 무장 부대로 조선의용대가 창설되었다. 조선의용대는 김원봉을 총대장으로 3개 지대로 구성되었는데, 항일북상抗日北上을 주장한 일부 대원들은 옌안으로 이동했다. 화북조선독립동맹은 북상한 조선의용대의 화베이 지대를 기반으로 1942년 7월에 조선의용군을 조직했다. 조선의용군은 팔로군·신사군新四軍 등 중국공산당의 주력부대와 함께 타이항산 일대에서 항일전을 전개했다.

소련이 제2차 세계대전에 참전하면서 중국공산당의 지도 아래 조선의용군도 만주로 진격하였다. 1945년 11월 선양에 집결한 1000여 명의 조선의용군은 전투부대로 재편되었고, 만주의 조선인을 보호하면서 국공내전에 참여하였다. 1945년 말 압록강을

조선의용대 창설
훙커우(漢口)에서 조선민족전선연맹의 무장 부대로 창설된 조선의용대. 사진의 조선의용대 깃발 가운데에 서 있는 이가 조선의용대 총대장 김원봉이다.

건너 평양으로 간 화북조선독립동맹의 지도그룹들은 조선신민당을 결성하였다. 이들은 '연안파'로 불렸는데, 다른 공산주의 그룹들과 협력 및 견제를 통해 조선민주주의인민공화국을 만들어갔다.

대한민국 임시정부와 한국광복군

한편 침체에 빠져 있던 대한민국 임시정부가 다시 세인의 주목을 받게 된 것은 1932년 김구의 지도 아래 한인애국단의 이봉창과 윤봉길이 의열 투쟁을 전개하면서부터였다. 윤봉길의 의거를 계기로 중국국민당의 지원을 받게 되었지만 일본의 대대적인 탄압으로 대한민국 임시정부는 근거지인 상하이를 떠날 수밖에 없었다. 창사와 광저우 등 중국 각지를 거쳐 1940년에 충칭에 정착한 대한민국 임시정부는 대대적으로 전열을 정비했다.

그해 5월, 우파 정당들의 협동전선이었던 한국광복운동단체연합회는 김구를 중심으로 한국독립당으로 통합되었다. 한국독립당은 대한민국 임시정부의 여당임을 자임하면서 중국 관내 민족해방운동의 또 다른 축이었던 김원봉의 민족혁명당과 민족통일전선을 형성했다. 이후 대한민국 임시정부의 임시의정원과 정부는 모두 좌우합작

한국광복군
1940년 대한민국 임시정부 산하 한국광복군사령부가 성립전례를 연 뒤 국군 창설을 내외에 선포했다. 사진은 광복군 결성식 후 한중 양국 인사들이 기념촬영을 하고 있는 모습이다. 앞줄 가운데에 앉은 이가 김구 주석이고, 왼쪽이 지청천 광복군 총사령관이다.

에 의한 통일전선정부로 구성되었다. 대한민국 임시정부는 1941년 11월에 「대한민국 건국 강령」을 발표했다. 조소앙의 삼균주의에 입각한 건국 강령은 민주공화국의 건설과 토지개혁 및 주요 산업 국유화 등의 주장을 담고 있었다.

1940년 9월, 대한민국 임시정부의 군대로 3개 지대로 구성된 한국광복군이 창설되었다. 한국광복군은 1942년에 화베이로 북상하지 않은 조선의용대를 흡수했고, 김원봉과 이범석을 책임자로 삼아 한국광복군 1, 2지대를 조직했다. 한국광복군은 연합군과의 합동작전에 주력했다. 영국군과 함께 미얀마 전선에서 합동작전을 수행한 것이나 미국의 전략정보국OSS과 함께 한반도 진입을 위한 합동작전을 전개한 것이 대표적인 사례이다.

3·1운동 이후 민족운동의 지도기관임을 자임하면서 조직된 대한민국 임시정부는 커다란 굴곡과 부침에도 불구하고 중국 관내 민족운동의 중심체로 해방을 맞았다. 그러나 해방과 분단이라는 현실 속에서 미 군정은 귀국한 대한민국 임시정부를 인정하지 않았다. 이후 김구 중심의 한국독립당으로 결집한 이들은 단정노선에 반대하면서 통일민족국가 건설을 위한 활동을 전개하였다.

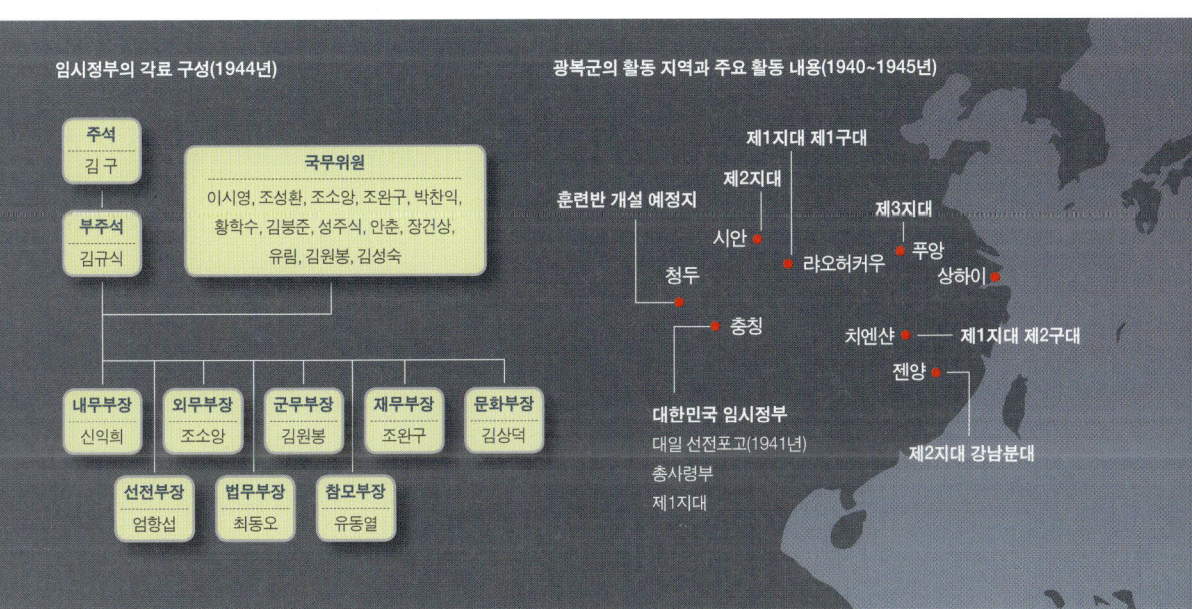

조선건국동맹

해외에 항일 무장투쟁 세력이 존재했다면 국내에서 해방 전까지 민족해방운동을 전개한 대표적인 비밀결사는 여운형이 중심이 되어 1944년 8월에 조직한 조선건국동맹이었다. 조선건국동맹은 그 명칭에서 알 수 있는 것처럼 민족 해방뿐만 아니라 새롭게 건설할 국가의 문제에 대해서도 사고한 조직이었다.

조선건국동맹은 중앙 조직으로 내무부와 재무부 외에 해외의 항일 무장투쟁 세력과의 연계를 담당하기 위해 외무부를 설치했다. 그 구성원들은 조동호·황운·현우현 등과 같이 대체로 1920~1930년대에 민족해방운동에 참여한 경험이 있는 이들로, 이념적으로는 민족주의자부터 사회주의자까지 모두 포괄했다. 지방 조직으로 10개의 도 조직을 만들었다. 그 구성원들은 대체로 조선공산당이나 신간회 등에서 활동했던 이들로, 중앙 조직에 비해 상대적으로 사회주의자들이 다수를 차지했다.

조선건국동맹은 1년 정도 존재했지만 매우 다양한 활동을 전개했다. 산하에 노동자, 농민, 청년뿐만 아니라 학병이나 징용 거부자 등 각계각층을 대상으로 하는 다양한 조직을 만들어 운영했다. 공산주의 그룹인 공산주의자협의회와는 긴밀하게 연계하여 군사위원회를 조직하고 일본의 후방 교란과 무장 봉기를 위한 준비를 전개했다. 또한

| 조선건국동맹 강령

1. 각인 각파를 대동단결하여 거국일치로 일본제국주의 제 세력을 구축하고 조선 민족의 자유와 독립을 회복할 일.
2. 반추축反樞軸 제국과 협력하여 대일 연합전선을 형성하고 조선의 완전한 독립을 저해하는 일체의 반동세력을 박멸할 일.
3. 건국방면에 있어서 일체 시위施爲를 민주주의적 원칙에 의거하고 특히 노농대중의 해방에 치중할 일.

해외의 항일 무장투쟁 세력과의 연계에도 주력했다. 이를 위해 북만주와 베이징, 옌안 등지에 연락원을 파견했고, 가장 주된 연계의 대상이었던 화북조선독립동맹과는 여러 차례 접촉을 가지기도 했다.

중일전쟁 이후인 1940년대에는 파시즘의 발호와 관련해 국내외를 막론하고 민족주의 세력이나 사회주의 세력 모두 일본에 대항해 반일 민족통일전선을 결성하기 위해 상호 연계하려고 적극적으로 움직였다. 그 과정에서 무장력을 확보하여 일제에 직접 맞서려고 시도했다. 이러한 이들의 활동이 식민지 조선을 해방시키는 직접적인 요인은 아니었다. 그러나 일제의 극심한 탄압 속에서도 굴하지 않고 전개한 간단없는 투쟁은 민족 해방과 새로운 국가를 건설하는 데 주체적인 요인으로 작용했다는 점에서 역사적 의미를 갖는다.

귀환하는 지도자들

● 해방의 순간, 그들은 어디에 있었나 ●

1945년 8월 15일, 조선건국동맹의 여운형을 제외하면 민족해방운동의 지도자들 대부분이 경성에 없었다. 해외에서 항일투쟁을 전개하거나 지방에 은신해 조직을 유지하고 있었기 때문이다. 해방과 함께 38선을 경계로 한반도가 분할되자, 이들은 새로운 국가 건설을 위해 자신이 기반을 둔 조직의 성격에 따라 미·소 군정과의 관계 속에서 서울 또는 평양으로의 귀환을 선택할 수밖에 없었다. 남북 지도자들의 상이한 귀환은 이후 해방 공간에서 전개될 이들의 정치적 운명을 상징적으로 보여주었다.

이승만

미 군정의 지원하에 개최된 환영 대회의 이승만

1945년 10월 16일, 이승만이 돌아왔다. 1912년 '105인사건' 와중에 조국을 떠난 지 30여 년 만의 귀국이었다. 해방 전부터 귀국을 위해 미국과 접촉해온 이승만은 10월 4일 워싱턴을 떠나 하와이를 경유해 10월 10일 일본에 도착했다. 16일 오전까지 일본에 체류한 뒤 도쿄에서 맥아더, 하지 등과 비밀리에 회동한 후 귀국했다. 미 군정의 적극적인 지원 아래 10월 20일에 중앙청에서 개최된 환영 대회를 통해 이승만이 모습을 드러냈다.

박헌영

해방 후 박헌영의 모습

1945년 8월 18일 해 질 무렵, 남대문 근처의 그랜드 호텔 앞. 전라남도 광주에서 올라온 목탄 트럭에서 한 사내가 내렸다. 그는 곧바로 계동 홍증식의 집으로 가서 경성콤그룹 간부 회의를 주재했고, 20일에는 조선공산당 재건준비위원회를 결성해 남한 사회주의 운동의 주도권을 장악했다. 바로 박헌영이었다. 1942년 경성콤그룹 탄압 사건을 피해 광주로 피신해 끝까지 전향하지 않았고, 벽돌 공장 노동자로 해방을 맞았다.

김구

귀국 길에 상하이 비행장에 기착한 김구

1945년 11월 23일 늦은 오후 4시경, 김포 비행장에 C-47기 한 대가 착륙했다. 비행기에서 내린 한 노혁명가는 감격스러운 표정으로 조국의 흙을 한 줌 움켜쥐고 흙냄새를 맡으며 하늘을 우러렀다. 시안에서 미국의 전략정보국과 국내 진입 작전을 논의하던 중 해방을 맞은 김구가 김규식, 이시영 등 14명의 대한민국 임시정부 관계자들과 함께 1진으로 귀국한 것이었다. 미 군정은 대한민국 임시정부를 인정하지 않았기 때문에 김구는 아무도 없는 비행장에 대한민국 임시정부 '주석'의 신분이 아니라 개인 자격으로 돌아올 수밖에 없었다.

김일성

김일성 장군 환영 평양시민대회에 참석한 김일성

1945년 9월 19일 오전, 원산항에 소련 군함 푸가초프호가 입항했다. 그 배에는 김일성, 최용건, 김책 등 이후 조선민주주의인민공화국 건설을 주도한 조선인들이 소련군 군복을 입은 채 타고 있었다. 이들은 일본의 탄압을 피해 1940년에 소비에트 러시아의 영내로 이동해 재편된 동북항일연군 교도려에 소속되어 있었다. 소련군의 '제88특별여단'으로도 불린 교도려의 조선인 사회주의자들은 조선공작단을 조직하고 그곳에서 해방을 맞았다. 김일성은 소련 군정의 지원 아래 10월 14일 평양 공설 운동장에서 열린 '김일성 장군 환영 평양시민대회'를 통해 화려하게 등장했다.

전쟁이 남긴 상처를 딛고

강제 이주와 동원, 그리고 귀환의 순간

2008년 2월 28일, 일본의 강제 동원으로 희생된 유해 4위가 63년 만에 고국 땅을 밟았다. 이들의 유해는 그동안 일본 홋카이도 무로란 시 등에 안치되어 있다가, 마침내 천안 망향의 동산에 안치되었다. "유해를 찾았다는 소식을 들었을 때 마치 형이 살아 돌아온 것처럼 기뻤습니다……." 심경을 묻자, 고 정영득 씨의 동생 정상득 씨는 말을 맺지 못했다. 1944년에 큰형의 징집장이 나왔을 때 어머니가 장남을 보낼 수 없다며 둘째인 영득 씨를 보냈다. 어머니는 자식을 죽음으로 내몰았다는 죄책감 때문에 세상을 떠나는 순간까지 고통 속에서 살았다. 형의 시신도 수습하지 못한 정상득 씨 가족에게 중일전쟁은 70여 년간이나 계속되었다. 한국인에게 오랜 상흔을 남긴 중일전쟁은 발발 당시에도 그 파급력이 한반도에만 국한되지 않았다.

얼굴을 잃은 카레이스키

한반도와 맞닿은 소련의 연해주 지역에 거주하던 조선인들은 소련 정부에 의해 강제로 중앙아시아로 옮겨졌다. 연해주에는 1863년에 두만강 근처에 조선인 마을이 형성된 이후 조선인의 이주가 증가해, 1937년 무렵에는 전 연해주 지역에 걸쳐 조선인 마을이 분포했다. 소련 정부는 이 지역에 거주하던 조선인들 중 많은 수가 일본의 첩보 활동에 개입한다고 생각했다. 이것이 강제 이주의 가장 중요한 이유였다.

한편, 강제 이주는 1930년대 후반에 스탈린이 주도한 대탄압의 일환이기도 했다. 대탄압은 정부 내의 반혁명 분자를 색출, 숙청해 스탈린의 권위를 강화하기 위한 것으로, 그 대상은 지식인, 부농층뿐만 아니라 소련에 적대하는 나라와 긴밀한 관계에 있던 소수민족으로까지 확대되었다.

조선인 강제 이주는 1937년 9월에서 10월 동안 3차에 걸쳐 이루어졌다. 17만여 명이 1주일 내지 10일 전에 통보를 받았고, 124대의 수송 열차로 이송되었다. 소련 정부는 이주 소식이 다른 곳으로 유포되지 않도록 애썼고, 어떠한 항의나 거부 움직임도 용납하지 않았다. 소련 정부는 재산, 가재도구, 가축 등을 가져가게 했으나, 가져가지

못하는 동산과 부동산, 파종 지역의 농작물 등에 대해서는 보상하지 않았다.

조선인들은 한 달 남짓한 기간 동안 중앙아시아로 이송되었다. 열차 시설은 매우 열악했다. 좁은 열차에 많은 인원을 태워 내부는 복잡하고 비위생적이었으며, 난방시설도 부족했다. 도착 전에 죽는 자도 생겨났다. 열차를 타고 가는 내내 그들은 행선지를 몰랐고, 최종 순간에 행선지가 변경되는 경우도 있어, 가족 간에 생이별을 하는 일도 일어났다. 이들은 우즈베키스탄 지역과 카자흐스탄 지역으로 나뉘어 옮겨졌다. 그러나 두 지역은 이들 이주민을 받아들일 준비가 되어 있지 않았다. 1938년 봄, 조선인들은 다시 인근 지역으로 옮겨 가야 했다.

막장에 몰린 불량선인들

중일전쟁 이후 전개된 일제의 강제 동원 정책은 타민족에 가한 불법적이고 반인륜적인 강제 노동이었다. 강제 동원에는 노동력 강제 동원, 지원병·학도병·징병 등의 병력 동원, 군속·군부軍夫·일본군위안부 등의 군 관련 동원이 있었다. 지역도 조선 내부는 물론 일본, 사할린, 만주, 중국, 남양 등 일본권 전역에 미쳤다. 조선인 동원에는 기만성과 강제성이 두드러졌다. 형식은 모집이나 관 알선이었지만, 읍·면 단위로 인

노예에겐 얼굴이 없다

당시 아홉 살의 나이로 할머니를 따라 우즈베키스탄으로 간 신순남니콜라이 세르게비치 신은 화가가 되어 카레이스키의 한 많은 유민의 역사를 그림에 담았다. 대표작 「레퀴엠」에 이목구비가 없는 인물들이 다수 포함된 이유에 대해 신순남은 "우리는 노예였다. 노예에겐 이름도, 민족도 없다. 그래서 얼굴을 그려 넣지 않았다"라고 밝힌 바 있다.

고故 신순남 화백과 그의 대표작 「레퀴엠」

원을 할당하고 그 수를 채우기 위해 강제와 폭력을 사용했다. 조선인들을 납득시켜 응모하게 하는 방법으로는 도저히 목표 수치를 채울 수 없었기 때문이다. 일본 정부와 조선총독부, 식민지 관료, 지방 경찰, 회사 관계자 등이 강제 동원에 긴밀히 개입했다.

조선 내에서의 근로 동원은 1940년 무렵 강화되었다. 부족해진 노동력을 보충하고자 여성의 노동 참여를 특별히 강조했다. 여성만 동원된 것은 아니었다. 전선이 확대되고 병력이 부족해지자, 일본은 1938년부터 지원병이라는 이름으로, 1944년에는 징병제를 통해 조선 청년들을 전쟁터로 끌고 갔다. 징병제는 1940년대에 실시된 황민화 정책의 귀착점이었다.

조선 외부로의 강제 동원도 광범위하게 이루어졌다. 일본인 전시 산업 노동력이 병력으로 징집되었기 때문에 그 빈자리를 메우기 위해 조선인을 강제 동원했다. 일본에서는 노동력이 많이 필요한 업종, 특히 노동조건이 나쁜 탄광 부문에서 노동력 부족 사태가 심했다. 1939년 이후 불과 6년 사이에 가족을 포함해 100만 명이 넘는 조선인이 일본으로 건너갔다. 그 가운데 노동자 수는 70~80만 명에 달한 것으로 추산된다.

조선인들은 부산, 여수 등지의 항구를 출발해서 뱃길로 현지까지 갔으나, 미군 잠수함의 공격으로 뱃길 통행이 어려워지자 시모노세키까지 배로 간 뒤 하카다를 경유해

강제징용
전쟁이 장기화되고 전선이 확대되자 일제는 노동자를 모집한다는 명목 아래 조선인에 대한 인력 수탈을 시작했다. 징용된 노무자들은 탄광, 군수공장, 철도 등 후방 작업장에서 노임도 제대로 받지 못한 채 혹사당했다.

육로로 일본 전 지역으로 이송되었다. 이송 중에 공권력에 저항하거나 탈출하는 경우도 많았다. 1944년의 경우 한 달 보름 동안의 통계를 보면, 원래 할당된 인원 중 80퍼센트만 일본 가는 배에 탔고, 이송 도중에 도망자가 속출해서 목적지에는 할당 인원의 62퍼센트만 도착한 적도 있었다.

일본으로 강제 동원된 대상은 전 계층에 남녀노소 구별이 없었으나, 대체로 학력이 낮은 농업 종사자가 많았다. 한반도 남쪽 지방, 특히 경상·전라·충청 사람들이 4분의 3에 달했다. 일본으로 이송된 조선인 중 거의 반수는 탄광으로, 나머지는 광산·토목·건축·공장·항만 하역·농장 등으로 보내졌다. 모든 조선인 노동자는 협화회 같은 통제 조직의 지도와 감시를 받았다.

탄광 노동은 매우 위험했다. 탄광이 밀집한 홋카이도의 경우 다코베야タコ部屋, 광산 노동자나 공사 인력의 합숙소라 불리는 감옥과 같은 곳에서 자고, 새벽 3시 반부터 저녁 8시까지 15시간 넘게 일했다. 된장국은 진흙물 같았고 밥은 감옥밥보다 못했다. 구타도 잦았다. 이들은 일본인 광부들이 제일 싫어하는 가장 깊은 막장이나 가스 폭발 및 낙반 사고가 빈발하는 곳에 주로 배치되었다. 정해진 계약 기간이 끝날 때쯤 일본이 일방적으로 기간을 연장한 것도 불만을 가중시켰다. 임금은 처음 약속한 액수보다 적었고, 그나마 대부분 강제로 저축하거나 헌납해 일본의 전쟁 비용이나 회사 자금 회전에 이

| 협화회

협화회는 해방 이전에 재일 조선인 중심의 관제 단체로, 1939년에 전국적으로 조직되었다. 일본에 있는 모든 조선인을 가입시켰다. 협화회 사무소는 경찰서 내에 두었고, 서장이 지부장을 맡았다. 거주신고 이외의 행정 사무는 경찰서에서 담당했다. 협화회라는 이름 아래, 신사참배, 국방헌금 모금, 일본 요리 강습 같은 행사가 이루어졌다. 회원들은 '협화회 회원장수첩'을 항상 휴대해서 본인의 신분을 증명해야 했다. 이 수첩이 없으면 고향에 다녀올 수 없었고, 경찰서에 구류되기도 했다.

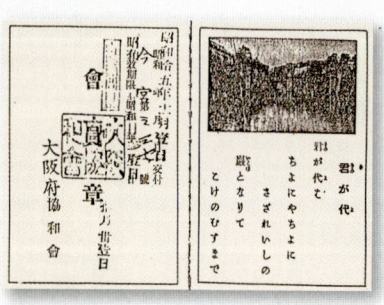

협화회 회원장

용했다.

이에 조선인 노동자는 태업과 파업 등을 통해 적극적으로 저항했다. 일본은 이런 자들을 불량선인不良鮮人이라고 부르며 별도로 특별 훈련소 등을 설치해서 몇 달간 재훈련시켰다. 이런 환경에서 벗어나려고 탈출을 시도하는 자들이 생겼으나, 탈출하다 붙잡히면 심한 구타를 당하거나 목숨을 잃기도 했다. 평균 10명 중 1명꼴로 탈출했으며 갈수록 그 인원이 늘어났다.

종전 직전 일본 내 조선인 노동자들 중 일부는 공습의 직접적인 희생자가 되었다. 1945년 3월, 미군의 도쿄 대공습으로 당시 군수공장 노동자로 일하던 조선인 120여 명이 후카가와의 숙소에서 사망했다. 일본 측은 이들의 죽음을 전사戰死로 처리했다. 홋카이도의 조선인 노동자들은 1945년 7월 중순, 미 군함의 무차별 함포 사격을 받고 사망하기도 했다. 강제 동원 후 일본에서 사망한 조선인의 유골은 대부분 오랫동안 방치되었는데, 최근 그중 일부가 수소문 끝에 가족의 품으로 돌아오고 있다.

일본군위안부의 고난

일본은 일본군의 성적 욕구를 충족시키기 위해 조선인 여성을 전쟁터로 끌고 갔다.

규슈 탄광에서 일하고 있는 조선인 노동자

1944년부터 제사·방직 등 일본의 군수공장에 동원된 여자근로정신대와 구별해서 이들을 일본군위안부 혹은 일본군 성 노예로 부른다. 일본은 점령 지역에서 일본군의 강간을 방지하고 성병을 예방하기 위해 1932년부터 위안소를 설치해 운영했다. 중일전쟁 이후 전쟁이 장기화되고 전선이 확대되면서 위안부가 부족해지자, 식민지 조선을 비롯해 중국, 동남아시아 각국, 네덜란드 등 여러 나라의 여성들로 충당했다. 일본의 군위안소 설치는 일본군의 분포 범위와 일치했다. 그 분포는 중일전쟁 기간에 일본, 조선, 타이완, 중국, 나아가 태평양의 섬 지역에 이르렀다. 태평양전쟁 기간에는 미국·영국·네덜란드·프랑스 등의 아시아 식민지 지역에까지 확대되었다.

전체 규모는 14만에서 20만 명 사이로 추산되며 이 중 80퍼센트가 조선 여성이었다. 일본인의 경우 거의 매매춘 시장을 통해 위안부를 충당한 반면, 식민지와 일본군 점령지 여성의 경우에는 매매춘 시장 이외에 일본의 군·관 기구를 동원해 물리적·행정적으로 강제했다. 조선에서는 18세에서 25세 사이의 미혼 여성을 대상으로 '정신대로 군수공장에 가면 돈을 많이 벌 수 있다'고 속이거나 폭력적 수단을 동원했다. 경우에 따라서는 연령대가 낮아지거나 아이가 딸린 기혼녀도 동원했다. 조선 곳곳에서는 이를 회피하기 위해 10대의 딸을 홀아비와 결혼시키는 등 조혼 바람이 불었고, 해방 직후 이들 중 다수가 이혼하는 소동이 벌어지기도 했다.

조선인 위안부와 위안소의 병사들
포로가 된 조선인 위안부들의 망연자실한 모습과 위안소 앞에서 대기 중인 일본군 병사들의 표정이 대비된다.

위안부는 하루에 평균 20~30명의 일본군을 상대해야 했다. 과로로 탈진해서 기절하면 팔에 마약을 주사하기도 했다. 외출의 자유는 거의 없었다. 일본군은 24시간 동안 위안소의 경비를 섰고 불을 끈 뒤에는 건물에 자물쇠를 채웠다. 성병 검진을 받으러 가는 길이 유일한 외출이었다. 좁은 주거 공간, 질 나쁘고 부족한 음식 등으로 항상 배고픔에 시달렸다. 군인들의 잦은 폭력과 고문은 더욱 참기 힘들었다. 이러한 억류 생활은 대개 2~4년 동안 지속되었다.

중국이나 동남아시아의 점령지에서 조선인 위안부는 위험한 일선에 투입되기도 했다. 현지의 위안부는 정보가 샐 수 있어서 안보상 내보낼 수 없었고, 일본인 위안부는 생명이 위험해서 내보낼 수 없었기 때문이다. 교전 중에도 조선인 위안부를 위한 방공호는 없는 경우가 많았다. 패전 후 일본군은 일본인 위안부만 데리고 도주했고, 조선인 위안부에게는 패전 사실조차 알리지 않고 방치한 경우도 있었다. 심지어 당시 일본군은 위안부 관련 문서를 불사르고 조선인 위안부를 여러 가지 방법으로 살해하기도 했다. 그들 가운데는 종전 후에 미군의 포로가 된 사람도 있었다.

일본군의 성 노예로 유린당했던 수많은 여성이 자신이 겪었던 끔찍한 일을 무덤까지 가져갔다. 살아남은 소수의 여성들은 수십 년의 침묵 끝에 1990년대가 되어서야 겨우 입을 열었다. 그러나 아직도 일본 정부는 이러한 사실을 부인하고 있으며, '위안부

일본 대사관 앞에서 시위 중인 위안부 할머니들

할머니들'의 진술이나 사과 요구에 대해 무성의한 태도로 일관하고 있다.

귀환과 잔류

해방이 되었을 때 한반도 바깥에는 400만 명이 넘는 조선인이 있었다. 이 수는 조선인 전체 인구의 6분의 1이나 되는 엄청난 규모였다. 만주 지역에 거주하던 조선인 160만 명은 대부분 조국으로 돌아가기를 원했으나, 실제로는 40퍼센트 정도만 귀국했다. 고향에 생활 기반이 없거나 만주에서 어느 정도 기반을 잡은 사람들이 현지에 남았기 때문이다.

이처럼 해방을 계기로 만주에 거주하던 조선인들의 삶은 많은 변화를 겪었다. 만주에 남은 사람들은 이후 중화인민공화국의 조선족이라는 법적 지위를 갖게 되었고, 남한 귀환자는 대한민국 국민이 되었으며, 북측 귀환자는 조선민주주의인민공화국의 인민이 되었다. 조선족은 중국 내 소수민족으로 승인되어, 1952년에 옌볜조선족자치주를 창립했다. 해방 당시 만주에 잔류한 조선인이 옌볜조선족자치주의 중핵을 이루었다. 일본에는 해방 당시 210만 명이 있었는데 반년 남짓한 기간 동안 140만 명이 귀국했다. 나머지 조선인들의 사정은 만주와 비슷해서, 대부분이 귀국을 희망했지만 실

돌아오는 조선인과 떠나는 일본인
일본으로부터 부산항에 도착한 조선인 난민(왼쪽)과
귀환선을 거쳐 귀환선이 떠날 항구로 가는 기차를
기다리는 일본인 난민(오른쪽).

제 귀국선을 탄 사람은 여섯 명에 한 명꼴이었다.

1947년, 외국인 등록령에 따라 재일 조선인으로 등록한 자는 약 60만 명으로 이들이 오늘날 재일 조선인의 원형이 되었다. 당시 맥아더 사령부는 재일 조선인을 '해방 인민'으로 대우하면서도 일본인에는 포함시키지 않았다. 당시 일본 정부는 이처럼 애매한 규정을 이용해 재일 조선인을 때로는 일본인으로 때로는 외국인으로 취급했다. 1952년 샌프란시스코 강화조약 후 주권을 회복한 일본은 재일 조선인의 일본 국적을 일방적으로 박탈했다. 그 대신 1945년 9월 이전까지 일본 국내에서 태어난 재일 조선인 및 그 자녀들에게는 일본에 체류할 수 있는 지위를 부여했다.

재일 조선인은 대한민국과 일본이 관계를 정상화하기까지 무국적 상태로 남아 있었다. 일본 정부는 1965년의 한일기본조약에서 한국을 국제연합UN이 인정한 유일한 합법 정부로 승인하면서 한국 국적을 선택한 한인에게만 협정 영주권을 주었다. 한국 국적을 선택하지 않았거나 거부한 조총련계 한국인은 무국적 상태로 남았다가 1982년이 되어서야 일본이 난민조약에 가입하면서 특례 영주자의 지위를 갖게 되었다.

잔류의 사연

왜 많은 사람이 귀국하기를 바라면서도 끝내 고국으로 돌아가지 않았을까?

첫째는, 해방 후 한국의 정치·사회적 상황이 불안정했기 때문이다. 당시 재일 조선인 중에는 경상도, 전라도 등 남쪽 출신이 많았는데, 격심한 좌우 대립과 경제적인 어려움을 보고는 귀국을 보류한 채 정세를 관망했다. 일단 귀국했다가 남한의 정세가 불안하자 되돌아가는 사람도 있었다.

둘째는, 경제적 이유 때문이었다. 맥아더 사령부는 재일 조선인이 귀국할 때 현금 1000엔, 화물 250파운드까지만 가지고 가도록 제한했다. 이 기준은 대부분의 조선인들에게는 별 문제가 되지 않았다. 그러나 어느 정도 경제적 기반을 가진 사람들은 어렵게 모은 재산을 포기해야 하는 상황이 되었다. 더욱이 귀국한 뒤에도 생활 터전을 마련할 수 있는 보장은 어디에도 없었다.

라디오를 통해 들리는 일본 천황의 항복 선언을 듣고 통곡하는 일본인들

春來不似春

춘래불사춘, 1945년 해방의 그날

1945년 8월 15일, 그렇게 갈망하고 열망하던 해방이 누군가의 말마따나 도둑처럼 와버렸다. 그날 정오, 일본 천황의 중대 발표가 있었다. 이른바 '옥음 방송'으로 알려진 천황의 항복 선언이었다. 하지만 라디오를 통해 들리는 천황의 부정확한 목소리와 선언의 모호성으로 인해 그 방송이 무엇을 의미하는지 정확하게 파악한 이는 드물었다. 8월 15일 해방의 그날, 대부분의 조선 민중은 해방의 감격과는 거리를 두고 있었다. 천지를 뒤흔든 격동은 8월 16일에 일어났다. 휘문중

1945년 8월 16일 서대문형무소에서 석방된 후 해방의 기쁨을 표현하고 있는 이들

학교 교정에서 열린 해방 후 최초의 대중 집회에서 여운형이 민족 해방의 사자후를 토해낸 것도, 서대문형무소에서 석방된 정치범들이 목 놓아 만세를 외친 것도 16일이었다. 이후 전국이 해방의 기쁨으로 외치는 만세의 함성 속에 휩싸였다.

일본인의 안전한 귀국을 조건으로 건국 사업을 추진하기로 조선총독부와 협상을 한 여운형은 해방이 되자 건국준비위원회 활동을 전개했다. 전국 각지에서 건국준비위원회 지부가 조직되었고, 16일에는 치안대가 조직되어 해방 후의 격동을 정비하기 시작했다. 식민지에서 벗어난 조선인들은 새로운 자주적 민족국가를 만들기 위해 주체적으로 움직였다. 해방과 함께 진정한 봄날이 찾아온 듯했다.

9월 8일, 주한 미군 사령관 하지 중장의 미 24군단이 인천에 상륙했다. 제2차 세계대전을 승리로 이끈 연합군의 주축으로서, 조선에 주둔해 있던 일본군을 무장해제하고 군정을 실시하기 위해서였다. 조선인들은 일제의 식민 지배를 종식시킨 미군을 환영하기 위해 모였으나, 미군

내려가는 일장기와 올라가는 성조기

카메라 앞에 모습을 드러낸 맥아더와 천황
1945년 9월 27일 미국 대사관에서 회견 뒤 찍은 이 기념사진은 일본 각료가 '불경스럽다'고 한때 신문 게재를 금지시키기도 했다. 당시 일본인들은 이 사진을 보고 눈물을 흘리며 패전의 아픔을 곱씹어야만 했다.

은 이를 달가워하지 않았다. 그 과정에서 조선인 두 명이 일본군이 쏜 총에 맞아 죽는 사건이 발생했다. 해방된 지 20여 일이 지난 시점에 해방된 조선에서 연합군을 환영하려던 조선인들이 일본군의 총에 맞아 죽임을 당하는 황당한 일이 일어난 것이다.

9월 9일에는 미국 태평양 방면 육군 총사령관인 맥아더가 포고 제1호 조선 인민에게 고함을 통해 "본관의 지휘하에 있는 승리에 빛나는 군대는 금일 북위 38도선 이남의 조선 영토를 점령했음"을 천명했다. 그리고 그날 아베 조선총독과 하지 중장 사이에 항복 조인식이 열렸고, 조선총독부 앞에는 일장기 대신 성조기가 게양되었다. 이어 조선총독부의 기구를 미 군정 기구로 전환하고 일본인 관리들을 행정 고문으로 임명하는 조치를 시행했다. 현상 유지 정책을 전개한 미 군정이 친일파 관리와 경찰들을 다시 등용함으로써 해방과 함께 숨을 죽였던 이들이 다시 전면에 나서게 되었다. 또한 미 군정은 조선인들이 조직한 조선인민공화국과 대한민국 임시정부를 모두 인정하지 않았다.

모든 것이 혼돈 속에 휩싸였다. 봄은 왔건만 진정한 봄이 아니었다. 식민지에서 해방되어 자유, 평등, 민주의 원칙 아래 새로운 나라를 건설하려던 조선인들의 이상은 지난하고 고통스런 세월을 필요로 하게 될 것이다.

| 특 집 |

강제 병합 100년사, 아직 끝나지 않은 이야기

21세기 첫 10년의 끝인 2010년은 일제가 조선을 강제 병합한 지 100년이 되는 해였다. 2010년 한·일 양국의 정부와 학계, 시민 단체는 20세기 한국과 일본의 역사를 다시 바라보고 양국의 새로운 미래를 모색하기 위해 다양한 행사를 개최하였다. 특히 한·일 양국의 지식인들은 21세기 동아시아의 평화로운 삶을 위해 식민사의 청산을 주장하고 강제 병합의 무효를 선언하기도 했다.

그러나 20세기 전반의 불행했던 한·일 양국의 과거가 '역사'가 되지 못하는 한 21세기 동아시아의 평화는 요원하기만 하다. 역사의 평화는 침략과 억압의 과거를 일본이 스스로 말끔히 씻어낼 때 시작될 것이다. 아직 끝나지 않은 강제 병합 100년의 이야기를 다시 돌아보는 이유이다.

한·일 관계 100년의 역사

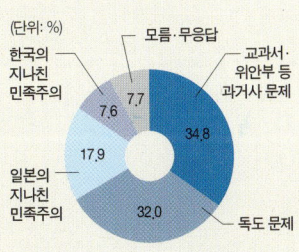

• 한국인에게 물었습니다 —
한·일 관계의 가장 큰 걸림돌은?

(단위: %)
- 한국의 지나친 민족주의: 7.6
- 모름·무응답: 7.7
- 교과서·위안부 등 과거사 문제: 34.8
- 독도 문제: 32.0
- 일본의 지나친 민족주의: 17.9

한일 관계 100년		
1910년	8월	일본의 한국 강제 병합
1919년	3월	3·1운동
1945년	8월	일본 패망으로 해방
1965년	6월	한·일기본조약 조인, 국교 정상화
1983년	1월	나카소네 총리, 일본 총리로서 첫 방한
1984년	9월	전두환 대통령, 한국 대통령으로서 첫 방일
1995년	9월	무라야마 담화, 식민 지배에 대해 "통절한 반성과 마음으로부터의 사과" 표명
1998년	10월	김대중-오부치 선언 발표, 일본 대중문화 개방
2002년	5월	2002년 한·일 월드컵 공동 개최
2004년		일본에 한류 붐 현상
2005년		'한·일 우정의 해' 선포, 야스쿠니 참배·독도 문제 등으로 한·일 관계 악화
2008년	4월	이명박 대통령 방일, 일왕 방한 초청

강제 병합 100주년 기념 일본 총리의 담화

무모한 전쟁을 일으켰다가 패망한 일본의 제2차 세계대전 종전일과 무력으로 대한제국의 국권을 집어삼킨 강제 병합 100주년이 걸쳐 있던 2010년 8월, 일본 정계는 분주하게 움직였다. 진통 끝에 일본 정부는 과거 한국에 대한 식민지 지배를 사죄하고 일부 강탈 문화재를 반환한다는 내용의 총리 담화를 발표했다.

주요 내용 ▶

1. 올해는 한·일 관계에 있어 커다란 전환점이 되는 해입니다. 정확히 100년 전 8월 한·일병합 조약이 체결된 이후 36년에 걸친 식민지 지배가 시작됐습니다. 3·1운동 등 격렬한 저항에서도 나타났듯이, 정치적·군사적 배경하에 당시 한국인들은 그 뜻에 반(反)하여 이뤄진 식민지 지배에 의해 국가와 문화를 빼앗기고, 민족의 자긍심에 깊은 상처를 입었습니다.

2. 저는 역사에 대해 성실하게 임하고자 합니다. 역사의 사실을 직시하는 용기와 이를 인정하는 겸허함을 갖고 스스로의 과오를 되돌아보는 것에 솔직하게 임하고자 합니다. 아픔을 준 쪽은 잊기 쉽고, 받은 쪽은 이를 쉽게 잊지 못하는 법입니다. 이러한 식민지 지배가 가져다준 많은 손해와 고통에 대해 여기에 다시 한번 통절한 반성과 마음으로부터의 사죄의 심정을 표명합니다.

3. 이러한 인식에 따라 앞으로의 100년을 바라보면서 미래 지향적인 한·일 관계를 구축해갈 것입니다. 또한 지금까지 실시해온 이른바 재(在)사할린 한국인 지원, 한반도 출신자의 유골 반환 지원이라는 인도적 협력을 앞으로도 성실히 실시해갈 것입니다. 또한 일본이 통치하던 기간에 조선총독부를 거쳐 반출돼 일본 정부가 보관하는 『조선왕실의궤』 등 한반도에서 유래한 귀중한 도서에 대해 한국민의 기대에 부응하여 가까운 시일에 이를 반환하고자 합니다.

어떻게 해석할 것인가 강제 병합 100주년을 맞이해 일본 총리는 반성과 사죄의 심정을 표명했다. 담화 내용만 보면 이제 한국인이 용서와 화해로 답할 차례인 듯 보인다. 그러나 15년 전에도 일본 총리는 반성과 사죄를 표명했었다. 그런데 그후 이를 비웃기라도 하듯 일본 정부의 관료들은 정반대로 식민 지배를 찬양하는 '망언'을 쏟아낸 바 있다. 반성과 사죄의 표명은 21세기 한·일 양국의 동반자적 미래를 여는 초석임이 분명하다. 미래는 일본이 스스로의 과오를 통절하게 반성하고 역사적 실천을 동반할 때 열릴 것이다. 단순히 문화재 몇 점이 돌아오는 정도로 새로운 미래가 열리지는 않는다.

한·일 지식인 공동성명
2010년 8월, 한·일 양국 지식인 1000여 명은 100년 전 강제 병합이 원천적으로 무효였다는 성명을 발표했다.

한국인과 일본인, 미래를 말하다

주요 이슈에 대한 여론조사 결과

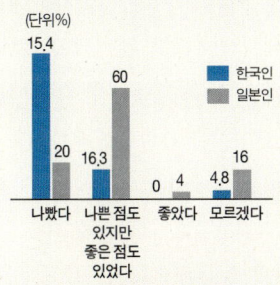
■ 강제 병합에 대한 평가

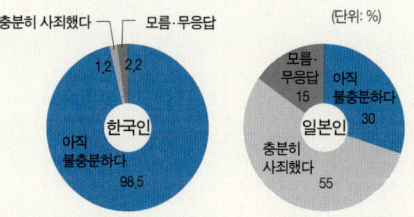
■ 식민지 지배에 대한 일본의 충분한 사죄 여부

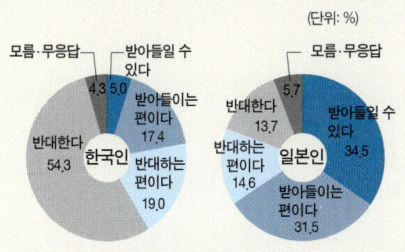
■ 야스쿠니 신사 참배에 대한 인식

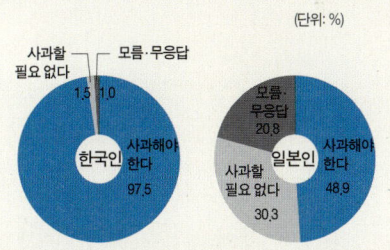
■ 일본군위안부 문제에 대한 일본 정부의 사과 필요성

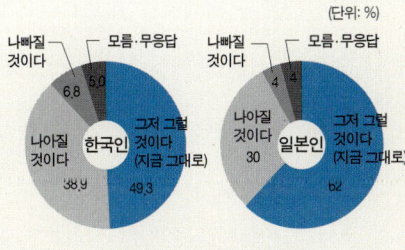
■ 향후 한·일 관계에 대한 전망

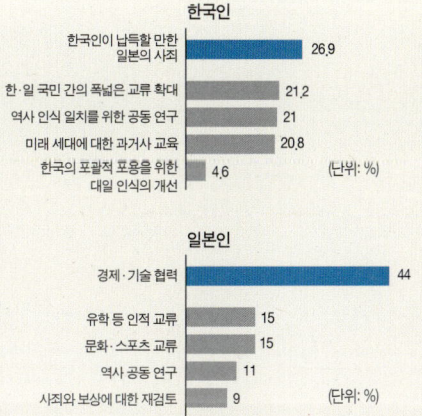
■ 새로운 한·일관계를 위한 조건

본 페이지는 2009~2010년 시행된 『중앙일보』와 『니혼케이자이신문』의 공동 조사, 『동아일보』의 여론조사 결과를 참고한 것임.

여론조사 결과 분석 ≫ 한·일 양국 국민들은 개항 이후 근대 들어 새롭게 정립되었던 한·일 관계의 역사, 현재의 한·일 관계, 그리고 미래의 한·일 관계를 어떻게 인식하고 있을까?

기본적으로, 대부분의 한국인은 강제 병합에 대해 부정적으로 인식하는 반면, 다수의 일본인은 '나쁜 점도 있었지만 좋은 점도 있었다'라고 인식하고 있었다. '야스쿠니 신사 참배', '일본군위안부 문제에 대한 일본 정부의 사과 필요성', '식민지 지배에 대한 일본 정부의 충분한 사죄 여부' 등을 포함한 한·일 양국의 과거사 문제에 대해서도 상당한 인식의 차이를 보이고 있다. 한국인의 대다수(90퍼센트 정도)가 한·일 양국의 과거사 문제가 해결되지 않았다고 보는 반면, 일본인의 30퍼센트 정도는 과거사 문제가 해결된 것으로 인식하고 있다. 이러한 인식 차이는 미래의 한·일 관계에도 영향을 미칠 것으로 보인다.

향후 한·일 관계의 전망에 대해 양국 국민의 약 50퍼센트는 '그저 그럴 것이다'라고 인식하고 있어, 미래에 대한 긍정적 전망보다는 현상 유지를 예상하고 있다. 또한 새로운 한·일 관계의 조건으로, 한국인은 '한국인이 납득할 만한 일본의 사죄'를 제1조건으로 제시한 반면, 일본인은 경제·기술적 협력을 들고 있어 차이를 보였다. 한국인이 식민지 경험을 통해 21세기 한·일 관계를 바라보고 있는 반면, 일본인은 침략 경험을 기억에서 지운 채 경제적 차원에서 새로운 21세기를 전망하고 있다. 20세기 전반에 펼쳐진 한·일 양국의 암울한 과거는 여전히 미래의 한·일 관계를 흐릿하게 만들고 있다.

연 표

연도	월	정치	사회·경제	문화	대외관계
1910	8	한국 병합 조약 체결 및 공포로 국권 침탈	-	-	-
	9	-	황현, 자결	-	-
	10	초대 조선총독에 데라우치 마사타케 임명	-	-	-
	12	-	회사령 공포	-	-
1911	1	105인사건 발생	-	-	-
	8	-	-	조선교육령 공포	-
	11	-	압록강 철교 준공 및 개통	-	-
1912	8	-	토지조사령 공포, 토지조사사업 시작	-	-
	12	임병찬 등, 독립의군부 조직	-	-	-
1913	1	-	-	최초의 어린이 신문 『붉은 저고리』 창간	-
	5	안창호 등, 샌프란시스코에서 흥사단 조직	-	-	-
1914	1	-	호남선 개통	-	-
	8	-	경원선 개통	-	-
1915	3	-	-	사립 학교 규칙 개정 및 전문 학교 규칙 공포	-
	7	박상진 등, 대한광복회 결성	-	-	-
	9	-	시정 5주년 기념 조선물산공진회 개최	-	-
	12	-	조선광업령 공포	-	-
1916	6	경복궁 자리에 조선총독부 청사 기공	-	-	-
1917	1	-	-	이광수, 장편소설 『무정』을 『매일신보』에 연재	-
	7	조소앙 등, 대동단결선언	-	-	-
	8	신규식 등, 상하이에서 조선사회당 결성	-	-	-
1918	1	-	-	-	러시아 이르쿠츠크에서 공산당 한국 지부 결성
	6	이동휘 등, 한인사회당 조직	토지조사사업 완료	-	-
	8	여운형, 김구 등, 상하이에서 신한청년당 조직	-	-	-
	10	-	조선식산은행 설립	-	-
	11	중광단 인사, 대한독립선언서 채택	-	-	-
1919	1	고종 승하	-	-	-
	2	도쿄 유학생, 2·8독립선언서 발표	-	-	-
	3	3·1운동 발발	-	-	-
	4	상하이에서 대한민국 임시정부 수립, 국민 대회의 이름으로 한성 정부 조직	-	-	-
	5	-	-	-	김규식, 파리강화회의에 독립청원서 제출

연도	월	정치	사회·경제	문화	대외관계
	8	사이토 총독 부임 및 문화정치 공표	-	-	-
	9	강우규, 사이토 총독에 폭탄 투척	-	-	-
	10	-	김성수 등, 경성방직주식회사 설립	-	-
	11	김원봉 등, 의열단 조직	-	-	-
1920	3	-	-	『조선일보』 창간	-
	4	-	회사 설립 허가제를 신고제로 개정	『동아일보』 창간	-
	6	홍범도 등, 봉오동 전투에서 승리	-	-	-
	9	훈춘 사건	-	-	-
	10	김좌진 등, 청산리 전투에서 승리	-	-	간도참변
1921	6	자유시사변	-	-	자유시사변
	9	-	부산 부두 노동자 파업	-	-
1922	2	-	-	도쿄 유학생, 동우회 선언으로 사회주의 이념 전파	-
	5	-	-	이광수, 『개벽』에 「민족개조론」 발표	-
	11	-	-	민립대학 설립 기성회 발기	-
	12	-	-	-	코민테른 산하 고려국 설치
1923	1	김상옥, 종로 경찰서에 폭탄 투척	조선물산장려회 조직	-	-
	3	-	-	방정환, 5월 1일을 어린이날로 제정	-
	4	-	조선형평사 창립	-	-
	9	간토대지진과 조선인 학살 사건	전라도 암태도에서 소작쟁의 발생	-	-
1924	4	-	조선노농총동맹 및 조선청년총동맹 창립	-	-
	5	-	-	경성제국대학 설립	-
1925	4	-	조선공산당과 고려공산청년회 결성	-	-
	5	치안유지법 공포	-	-	-
	6	-	-	김기진 등, 조선프롤레타리아예술동맹(카프) 결성	-
	8	순종 승하	-	-	-
1926	6	6·10만세운동	-	조선사편수회 설치	-
	10	-	-	나운규 감독의 영화 「아리랑」 개봉	-
	11	-	-	조선어학회, 가갸날 제정	-
	12	나석주, 조선식산은행과 동양척식주식회사에 폭탄 투척	-	-	-
1927	1	-	신간회 창립	-	-
	2	-	-	경성방송국, 라디오방송 개시	-

연도	월	정치	사회·경제	문화	대외관계
1928	4	-	경성 시내 부영버스 운행	-	-
	11	-	-	홍명희, 장편소설 『임꺽정』을 『조선일보』에 연재	-
1929	1	-	원산 총파업	-	-
	3	정의부·참의부·신민부 등 3부 통합하여 국민부 조직	-	-	-
	11	광주학생운동이 일어나 전국으로 확산	-	-	-
	12	만주에서 조선혁명군 조직	-	-	-
1930	7	안창호 등, 상하이에서 한국독립당 창당	-	-	-
1931	5	-	신간회 해소	-	-
	6	-	-	『동아일보』, 브나로드 운동 전개	-
	7	-	-	-	완바오산사건
	9	-	-	-	만주사변
1932	1	이봉창, 일본 천황에 폭탄 투척 실패	-	-	-
	2	-	-	-	조선혁명당, 중국의용군과 한중연합군 조직
	4	윤봉길, 훙커우 공원에서 폭탄 투척	-	-	-
1933	3	-	미곡통제령 공포	-	-
	11	-	-	조선어학회, 「한글 맞춤법 통일안」 발표	-
1934	4	-	조선농지령 공포	-	-
	5	-	-	이병도 등, 진단학회 창립	-
1935	5	-	-	카프, 해체 결의	-
	7	김원봉 등, 조선민족혁명당 조직	-	-	-
	10	-	-	단성사에서 최초의 발성영화 「춘향전」 개봉	-
1936	5	만주에서 조선광복회 결성	-	-	-
	8	-	-	손기정, 베를린올림픽에서 마라톤 우승	-
	12	-	-	조선사상범보호관찰령 공포로 사상 탄압 본격화	-
1937	6	동북항일연군, 보천보주재소 습격(보천보사건)	-	-	-
	8	난징에서 임시정부를 중심으로 한국광복운동단체연합회 결성	-	-	-
	9	-	-	-	소련, 연해주 거주 조선인을 중앙아시아로 강제 이주
	10	-	「황국신민의 서사」 제정	-	-
	11	난징에서 민족혁명당을 중심으로 조선민족전선연맹 결성	-	-	중일전쟁
1938	3	-	-	조선교육령 개정으로 한글 교육 금지	-

연도	월	정치	사회·경제	문화	대외관계
	7	-	국민정신총동원 조선연맹 창립	-	-
	10	김원봉 등, 조선의용대 결성	-	-	-
1939	9	-	국민징용령 실시	-	-
1940	2	-	창씨개명 실시	-	-
	5	한국독립당으로 통합 창립	-	-	-
	8	-	-	『조선일보』, 『동아일보』 강제 폐간	-
	9	임시정부 충칭으로 이전, 한국광복군 창설	-	-	-
	10	-	국민총력연맹 조직, 황국신민화 본격화	-	-
1941	6	조선의용군 조직	-	-	-
	11	임시정부, 「대한민국 건국강령」 발표	-	-	-
1942	3	-	금속류 강제 공출	-	-
	7	-	-	조선어학회사건 발생	-
	10	-	-	-	중국 옌안에서 화북조선독립동맹으로 재편, 중국공산당과 연계하여 항일 전쟁 수행
1943	5	김원봉 등, 임시정부에 합류	-	-	-
	8	-	징병제 시행	-	-
	10	-	조선인 학생의 징병 유예 폐지, 학병제 실시	-	-
	11	-	수풍댐 완공	-	-
1944	2	-	총동원법에 의한 징용제 전면 실시	-	-
	8	-	여자정신대근무령 공포	-	-
	9	여운형 등, 조선건국동맹 조직	-	-	-
1945	7	-	-	-	포츠담 선언에서 열강들이 한국의 독립 확인
	8	8·15광복, 일본 천황의 항복 발표	-	-	한국광복군, 미국 특수부대(OSS)와 국내 진공 작전 수립
	9	조선건국준비위원회, 조선인민공화국 수립 발표	-	-	-
	11	김구 등 임시정부 요인, 충칭에서 개인 자격으로 귀국	-	-	-

찾아보기

ㄱ

간도협약 76, 149
간도대지진(關東大地震) 90, 142~144, 147
강우규 88
강제 동원 274, 276, 278~279
강제 병합 → 한국 병합
강제 이주 275
강제징용 230, 277
개조파 70
건국준비위원회 285
경복궁 23, 26, 34~36, 49, 172
경성방직주식회사 114, 117
「경성유람기」 38
『경성일보』 55, 196
경성제국대학 118~121, 198, 263
경성콤그룹 261~264, 270
경신참변 73
경제공황 → 대공황
고려공산동맹 131, 134
고려공산청년회 137~138, 194
고이소 구니아키(小磯國昭) 99
고종(高宗) 36, 50~51, 64, 93
고종독살설 64
『공산당선언(Manifest der Kommunistischen Partei)』 140~141
공출제 229
공화정 50~52
공화주의(Republicanism) 51~53, 67, 69, 72~73
광복군총영 72~73
광주학생운동 135, 138~139
『구운몽』 56
국민대표회의 70~71
국민정신총동원 235
국민총력조선연맹 227, 235
궁성요배 226, 237, 239, 242
근대화 22, 101~102, 168
근로보국대 243~244
금광(金鑛) 178~181
『금색야차(金色夜叉)』 58
금속류 회수령 229
금융공황 144

ㄱ

「기미독립선언서」 62
김구(金九) 152, 200~201, 268~269, 273
김삼룡 264~265
김성수(金性洙) 117, 119
김알렉산드라 130, 195
김우진 107
김원봉 267~269
김일성(金日成) 204~205, 273
김좌진(金佐鎭) 72
김태준 262~266

ㄴ

나운규 177
나치(Nazi) 161, 182, 251
나치즘(Nazism) 161
난징대학살(南京大屠殺) 221
남촌 37, 105, 108, 175
내선일체(內鮮一體) 33, 220, 225, 234, 240, 242, 253
내지 시찰단 112~113
노천명 256
농업공황 109, 158, 160, 164, 216
농촌 진흥 운동 162
「눈물 젖은 두만강」 126~127

ㄷ

다이쇼 데모크라시(大正 Democracy) 90, 161
단성사 177
대공황(Great Depression) 155~158, 160, 164, 178, 198, 200, 209, 251
대동단 사건 51
「대동단결선언」 52
대동아공영 220
대동아공영권(大東亞共榮圈) 221, 223~224
대한광복회 52, 63
대한국민회의 68~69
대한독립군 72~73, 203
『대한매일신보』 55, 71
「대한민국 건국강령」 269
대한민국 임시정부 21, 51~52, 62, 67~72, 201, 266~269, 273, 287
대한제국 22~23, 30, 35, 49~52, 64, 72~73, 93, 113, 168, 184

덕혜옹주(德惠翁主) 51
데라우치 마사타케(寺內正毅) 25, 57, 94, 98
도쿄삼재(東京三才) 60~61
독립의군부 51
동북항일연군 204~205, 266, 273
『동아일보』 55, 72, 91, 101~102, 117, 127, 129, 139, 179, 182~183, 190~191, 207
동양척식주식회사 29~30, 112~113
동화정책 → 동화주의
동화주의(同化主義) 28, 29, 33, 91, 145, 184, 225
디아스포라(Diaspora) 74, 82

ㄹ

러시아혁명 50, 63
러일전쟁 23, 32, 39~40, 60, 220
레닌, 블라디미르(Lenin, Vladimir Il'ich) 63, 131~132

ㅁ

마르크스, 카를(Marx, Karl Heinrich) 140~141
마르크스주의(Marxism) 128, 130~131, 140, 188
마오쩌둥(毛澤東) 140
만몽조약(滿蒙條約) 77
만주국 33, 78, 150, 159~161, 166, 200, 204, 208~210, 216~217, 221, 262
만주사변 158~161, 184, 204
『매일신보』 44, 55, 57, 59, 112, 255
맥아더, 더글러스(MacArthur, Douglas) 272, 283, 287
메이데이(Mayday) 206~207
메이지유신(明治維新) 29, 32, 186
명동촌 209, 211
명성황후(明成皇后) 51, 93
명치정(明治町) 108
명치좌 176
무단통치 21, 24, 27, 34, 91~92
무솔리니, 베니토(Mussolini, Benito) 249
무장투쟁론 68~69, 73, 115
『무정(無情)』 59
문일평 185, 187~188
문자 보급 운동 189, 191
문화정치 87~88, 91~93, 113

물산공진회 34~36, 48
물산장려운동 114~118, 124, 131
미 군정 269, 272~273, 287
미나미 지로(南次郞) 99, 220, 232, 240
미두(米豆) 178~180
미쓰야협정(三矢協定) 148~149, 151
미쓰코시(三越)백화점 174~175
민립대학 기성회 118~119
민립대학 설립 운동 114~115, 118~119
「민족개조론」 124
민족말살정책 220
민족자결주의 63~64
민족주의자 → 민족주의 계열 민족운동
민족주의 계열 민족운동 73, 87, 114~116, 118, 124, 129, 131, 134~135, 137, 185, 203, 257, 270~271
민족주의 단체 → 민족주의 계열 민족운동
민족주의 세력 → 민족주의 계열 민족운동

ㅂ

박간(迫間) 농장 소작쟁의 199, 202
박달(朴達) 205
박은식(朴殷植) 52, 54, 187
박진순 131~132
박진홍 262~266
박헌영(朴憲永) 263~266, 272
박흥식 175, 254
반민족행위특별조사위원회 258
방각본 56
방응모 181
백남운 188
105인사건 23, 47, 272
베를린 올림픽 178, 182~183
보천보사건 205
복벽주의(復辟主義) 51~52, 72
본정(本町) 174
봉오동 전투(鳳梧洞戰鬪) 72~73, 115
부르주아 민족운동 → 민족주의 계열 민족운동
부르주아 민족운동 세력 → 민족주의 계열 민족운동
부르주아 민족주의 계열 → 민족주의 계열 민족운동
부르주아 민족주의 세력 → 민족주의 계열 민족운동

부산 부두 노동자 파업 133
북로군정서 72~73
북촌 37, 105, 108, 174~175
불이흥업 소작쟁의 199
불함 문화론(不咸文化論) 185~186
브나로드(V narod)운동 190~191

ㅅ

사상범보호관찰법 252
『사씨남정기(謝氏南征記)』 56
사이토 마코토(齋藤實) 88, 91, 98~99, 113
사진 신부 84~85
사진결혼 84~85
사회주의(Socialism) 68, 114, 128~129, 137, 140, 194, 251
사회주의 계열 민족운동 73, 87, 115, 117, 119, 128, 130~131, 134~136, 141~142, 149, 169, 195, 197~199, 203~206, 252, 264, 266~267, 270~273
사회주의 세력 → 사회주의 계열 민족운동
사회주의 운동 → 사회주의 계열 민족운동
사회주의 운동 계열 → 사회주의 계열 민족운동
사회주의사상 → 사회주의
사회주의자 → 사회주의 계열 민족운동
산미 증식 계획(産米增殖計畵) 95~97, 133, 148, 160, 164, 169, 227
산미 증식 정책 → 산미 증식 계획
3·1운동 21, 26~27, 47, 52, 55, 61~62, 64~68, 72, 83, 88, 90~91, 93, 101~102, 113~115, 120~122, 124, 129~130, 137~138, 144, 149, 190, 269
『상록수(常綠樹)』 190
상해파 고려공산당 73, 130, 195
서로군정서 72~73
서·상파 132, 195~196
소: 다케유키(宗武志) 51
『소년』 60~61
소작쟁의 133, 136, 162, 199
손기정 178, 182~183
쇼와(昭和) 공황 157~158
수리조합 96
수풍댐 166
순종(純宗) 23~24, 50~52, 57, 93
식민지 근대화론 169

식민지 수탈론 168
신간회 134~135, 139, 185, 188, 270
신궁 참배 236
신문종람소 55
신생활사 필화 사건 128
신순남 276
신여성 106~107
신채호(申采浩) 52, 54, 70~71, 75, 187
실력 양성 운동 102, 129
실력 양성론 68~69, 73, 115
심전 개발 운동 163
심훈 190, 257~258
12월 테제 194~195
쌀 증산 정책 → 산미 증식 계획
쌀 증식 계획 → 산미 증식 계획

ㅇ

「아리랑」 177
아베 노부유키(阿部信行) 99
안재홍 185, 187~188
암태도 소작쟁의 133
압록강 철교 31
애국반 235~237, 244, 246~247
야마나시 한조(山梨半造) 98
양세봉 203~204
엔 블록 경제권 159
ML파 195
엥겔스, 프리드리히(Engels, Friedrich) 140
여운형(呂運亨) 141, 264, 270, 272, 285
『여유당전서(與猶堂全書)』 184
여자근로정신대 279
영친왕(英親王) 50·51
5·4운동 90
5·15사건 161
오족협화(五族協和) 210~211, 216
완바오산(萬寶山)사건 149~150, 158
외교 독립론 68~70, 73, 115
외교론 → 외교 독립론
요시노 사쿠조(吉野作造) 90
우가키 가즈시게(宇垣一成) 99, 156, 160, 162

『우수인생(憂愁人生)』 214~215
원산 총파업 136, 198
위안부 230, 276, 279~281
윌슨, 우드로(Wilson, Woodrow) 63~64
6·10만세운동 132, 138
윤동주 210~211, 213, 258
윤봉길(尹奉吉) 200~201, 268
윤심덕 107
윤치호(尹致昊) 99, 115, 233, 255
의열 투쟁론 68, 70~71
의친왕(義親王) 51~52
이강 → 의친왕
이관술 264~265
이광수(李光洙) 59~61, 124~125, 233, 254~255
이동휘(李東輝) 69, 130, 195
이르쿠츠크파 고려공산당 73, 130, 195
이방자 51
이봉창(李奉昌) 200~201, 268
이상(李箱) 123
이상룡 152
이상설 51
이상재 134
이순금 264~265
이승만(李承晚) 69~70, 272
「21개조」 77, 89
이완용 57
이육사 153, 258
이은 → 영친왕
이은숙 152~153
2·26사건 161
이인석 246~247
이재유(李載裕) 196~197
이재유 그룹 196~198, 264~265
이중 도시 37, 40, 105
2·8독립선언 64~65
이현상 264~265
이회영(李會榮) 74~75, 77, 80~81, 83, 153
일본 천황 24~25, 28, 220, 224, 226, 235~236, 240, 242, 247, 250, 284, 287
일선동조론(日鮮同祖論) 186

일장기 말소 사건 182~183
임병찬 51
임시의정원 68~69, 268

ㅈ

자경단(自警團) 143~144
자본주의(Capitalism) 28, 48, 100, 102, 105, 107, 110, 114, 140, 161, 168~172, 178, 198, 206
자유시사변 73
장시 43, 101~103
장혁주 213~215
재조(在朝) 일본인 192~193
전조선민중운동자대회 137
「절명시(絶命時)」 23
정오묵도 237
정의부·참의부·신민부(3부) 73, 151, 203
정인보 185, 187~188
제1차 세계대전 36, 50, 63, 77, 89, 91, 94, 110
제2차 세계대전 221, 252, 267, 285
『조광』 58~59
조국광복회 205
조만식(曺晩植) 115
조선건국동맹 266~267, 270, 272
조선공산당 130~132, 134, 137, 151, 194~197, 264~266, 270, 272
조선공산당 재건 운동 135, 194~198, 203, 264~265
조선교육령 92, 122
조선국민회 63
조선노농총동맹 136
조선노동총동맹 134, 136, 199
조선농민총동맹 134, 136, 199
조선농지령 162
조선물산장려회 117, 134
조선민주주의인민공화국 264, 268, 273, 282
조선박람회 49
『조선사』 54, 187
조선사편수회 54, 187
『조선사회경제사』 188
조선식산은행 95
조선어학회 189, 191, 250, 256
조선어학회사건 256~257

조선은행 32, 95, 173
조선의용군 264, 266~267
조선의용대 201, 267, 269
조선인민회 148~149, 151, 210
『조선일보』 55, 72, 91, 107, 134, 181, 189~190, 197
조선족 282
『조선중앙일보』 183
조선청년총동맹 134, 137~138
조선총독 25~26, 34, 37, 88, 91~92, 98~99, 220, 287
조선총독부 22, 24~31, 34~37, 43~44, 47~48, 57, 59, 64, 88, 91, 95, 100~102, 107~108, 112~113, 116, 118, 121, 123, 149, 155, 160, 163~165, 172, 186, 191~192, 196, 226~227, 230, 236, 240, 242, 245, 247, 252, 287
조선태형령 28
조선학 운동 135, 155, 184~186
조선혁명군 203~204
조선혁명당 204
「조선혁명선언」 71
조소앙(趙素昻) 52, 269
조지아백화점 175
주요한 233, 246~247
중일전쟁 160~161, 220~321, 225, 227, 229~230, 240, 242, 250, 254, 260, 262, 271, 274, 276, 280
중추원 26
지원병제도 240, 247, 254~255, 277
지청천(池靑天) 201, 203~204, 268
진주만(Pearl Harbor) 공습 222~223
징병제 220, 230~231, 236, 254, 277

ㅊ

창씨개명(創氏改名) 226, 232~233, 240
창조파 70
채응언 63
천황 → 일본 천황
「청년경계가」 126~127
청산리 전투(靑山里戰鬪) 72~73, 115
『청춘』 59, 61
총독 → 조선총독
총독부 → 조선총독부
최남선(崔南善) 59~62, 186, 254, 255

최승희 106
최준례 152
최창학 181
『춘향전』 56, 58
「춘향전」 260
치안유지법 93, 197
『친일인명사전』 258

ㅋ

카레이스키(高麗人) 275
코민테른(Communist International) 130~132, 135, 194, 198, 264

ㅌ

태평양전쟁 160, 222~223, 230, 253~255, 260, 262, 280
토막민 108~109
토막촌 108~109
토지조사령 29~30
토지조사사업 29~31, 63, 133, 146, 168~169
통일조선공산당 132, 134

ㅍ

파시즘(Fascism) 161, 250~251, 271
8·15광복 26, 36, 92, 101, 141, 146~147, 153, 169, 203, 207, 217, 219, 224, 257~258, 263~266, 269~273, 278, 280, 282~285
평양 양말 직공 파업 133
푸이(溥儀) 159~160, 216
프랑스혁명 51, 53, 206
필사본 56

ㅎ

하마구치 오사치(濱口雄幸) 158
하세가와 요시미치(長谷川好道) 98
한국 병합 22~24, 26, 29, 51~52, 57, 93, 113, 186
「한국 병합에 관한 조약」 23
한국광복군 201, 266, 268~269
한국독립군 201, 203~204
한국독립당 268~269
『한국독립운동지혈사(韓國獨立運動之血史)』 54
『한국통사(韓國痛史)』 54~55

「한글 맞춤법 통일안」 189
한글 보급 운동 184, 189
『한글학회 지은 큰 사전』 257
한성정부 68~69
한용운 62, 257~258
한인사회당 69, 130~131, 195
한인애국단 200~201, 268
해방 → 8·15광복
허은 153
헌병경찰제도 27, 91
혁명적 노동조합 195~196
혁명적 노동조합운동 135~136, 198~199, 202~203
혁명적 농민조합 160, 195~196
혁명적 농민조합운동 135~136, 198~199, 202~212
협화회(協和會) 278
혜산사건(惠山事件) 205
홍명희(洪命熹) 60~61, 134
홍범도(洪範圖) 72
화북조선독립동맹 264, 266~267, 268, 271
화신백화점 172~174, 254
화요파 195
「황국신민의 서사」 225, 237, 242, 260
황국신민화 정책 225, 227, 254, 277
황민화 정책 → 황국신민화 정책
『황성신문』 55, 60, 71
황현 23
히로시마(廣島) 원폭투하 224
히틀러, 아돌프(Hitler, Adolf) 182, 251

이 미 지 제 공 처

- 이 책은 아래의 단체 및 저작권자의 도움으로 만들어질 수 있었습니다. 사진을 제공해주신 분들께 감사드립니다.
- 저작권자를 찾지 못하여 게재 허락을 받지 못한 사진에 대해서는 저작권자가 확인되는 대로 게재 허락을 받고 통상의 기준에 따라 사용료를 지불하도록 하겠습니다.

국사편찬위원회
뉴스뱅크
도서출판 눈빛
독립기념관
동아일보
문화방송(MBC)
민속박물관
민족문제연구소
박종린
백범기념관
부산근대역사관
서문당
서울대학교병원 역사문화센터
서울시립대박물관
서울시사편찬위원회

서울신문
서울역사박물관
신문박물관
역사문제연구소
연합포토
이미지클릭
인천광역시 역사박물관
조선일보
코비스
토픽포토
한겨레신문
한국언론진흥재단
한국영상자료원
한길사
한미사진미술관

미래를 여는
한국의 역사 5

초판 1쇄 발행 2011년 2월 14일
초판 10쇄 발행 2022년 5월 16일

기획 역사문제연구소 **기획총괄** 이승렬 **책임기획** 박종린
지은이 류시현 문영주 박종린 허수 허영란

발행인 이재진 **단행본사업본부장** 신동해 **편집장** 김경림
교정 박사례 **디자인** 매핑, 디자인아이엠
마케팅 최혜진 **홍보** 최새롬
국제업무 김은정 **제작** 정석훈

브랜드 웅진지식하우스
주소 경기도 파주시 회동길 20
문의전화 031-956-7066 (편집) 031-956-7567 (마케팅)
홈페이지 www.wjbooks.co.kr
페이스북 www.facebook.com/wjbook
포스트 post.naver.com/wj_booking

발행처 ㈜웅진씽크빅 **출판신고** 1980년 3월 29일 제406-2007-000046호

글 ⓒ 역사문제연구소, 2011
이미지 및 편집 ⓒ 웅진씽크빅, 2011

ISBN 978-89-01-11727-0 04910
ISBN 978-89-01-11722-5 (세트)

웅진지식하우스는 ㈜웅진씽크빅 단행본사업본부의 브랜드입니다.
저작권법에 의해 한국 내에서 보호를 받는 저작물이므로 무단전재와 무단복제를 금합니다.
이 책 내용의 전부 또는 일부를 이용하려면 반드시 저작권자와 ㈜웅진씽크빅의 서면동의를 받아야 합니다.

* 잘못 만들어진 책은 구입하신 곳에서 바꾸어 드립니다.
* 책값은 뒤표지에 있습니다.